CHWARAEON Y GYMANWLAD YN YR UGEINFED GANRIF - Y PERSBECTIF CYMREIG

gan Myrddin John

HAWLFRAINT | COPYRIGHT

Mae Myrddin John wedi datgan ei hawl dan y Ddeddf Hawlfreintiau, Dyluniadau a Phatentau 1958 i gael ei gydnabod fel awdur y llyfr hwn.

Hawlfraint © 2014 Myrddin John
ISBN 978-0-9928690-1-4

Cedwir pob hawl. Ni chaniateir atgynhyrchu unrhyw ran o'r cyhoeddiad hwn, na'i gadw mewn cyfundref adferadwy, na'i drosglwyddo mewn unrhyw ddull na thrwy unrhyw gyfrwng electronig, photogopïo, recordio, nac fel arall, heb ganiatâd ymlaen llaw gan y cyhoeddwr, ac eithrio dyfyniadau byrion wedi eu ymgorffori mewn erthyglau beirniadol ac adolygiadau.

The right of Myrddin John to be identified as the author of this work has been asserted by him in accordance with the Copyright, Designs and Patents Act, 1988

Copyright ©2014 Myrddin John
ISBN 978-0-9928690-1-4

All rights reserved. No part of this publication may be reproduced, stored in retrieval system or transmitted in any form or by any means electronic, mechanical, photocopying, recording or otherwise, without the prior permission of the publisher, except in the case of brief quotations embodied in critical articles and reviews.

Published by Llyfrau Cambria Books, Sir Gaerfyrddin, Cymru

TÎM CYMRU XVI CHWARAEON Y GYMANWLAD

KUALA LUMPUR 1998

I Sheila

Y peth pwysig yn y Chwaraeon Olympaidd yw nid i ennill ond i gymryd rhan, yn union fel mai y peth pwysig mewn bywyd yw nid y llwyddiant ond yr ymdrech.
Y peth hanfodol yw nid fod wedi gorchfygu ond bod wedi brwydro'n dda.

Pierre de Coubertin   Ethelbert Talbot

Ar y nawfed ar ddeg o Orffennaf, 1908, yn ei bregeth yn Eglwys Gadeiriol, St. Paul, Llundain, i ddathlu cynnal y bedwaredd Gemau Olympaidd mynegodd Y Gwir Barchedig Ethelbert Talbot, Esgob Canolbarth Bensylfania, America, yn ei bregeth - **'y peth pwysig yn Y Chwaraeon Olympaidd yw, nid i fod yn fuddigol ond fod wedi cymryd rhan'**.

Cafodd y datganiad hwn ddylanwad gref ar Pierre de Coubertin. Mewn araith pum diwrnod yn ddiweddarach, ailadroddodd Coubertin y syniadaeth hon gan ychwanegu at y geiriau fel gweler ar frig y dudalen hon. **(Atodiad 15)**.

Dyfynnir y rhain yn aml yn ystod achlysuron lu yn ymwneud â Chwaraeon Olympaidd. Teimlaf byddau'n addas i'w defnyddio hefyd, pan yn sôn am Chwaraeon Y Gymanwlad ac unrhyw chwaraeon eraill.

MJ

Cynnwys   Tud

YR AWDUR – MYRDDIN JOHN, M.B.E. 10

RHAGAIR..13

GWERTHFAWROGIAD..17

LLYFRYDDIAETH..19

RHAN 1...21

    Y GYMANWLAD..21

PENNOD UN...23

    FFEDERASIWN CHWARAEON Y GYMANWLAD...24

    GŴYL YR YMERODRAETH BRYDEINIG 1911 27

    CWPAN LONDSDALE..31

    AMCAN Y GÊMAU 33

    ENWAU'R GÊMAU 34

    DATHLIADAU GÊMAU'R GYMANWLAD A'R GÊMAU OLYMPAIDD 35

    PWYLLGOR TREFNU'R GÊMAU 38

    GWLEDYDD SYDD WEDI CYSTADLU YN Y GÊMAU YN YR UGEINFED GANRIF......................40

PENNOD DAU..45

    RHESTR SWYDDOGION Y FFEDERASIWN HYD 2000......47

PENNOD TRI 56
   AELODAU FFEDERASIWN CHWARAEON Y GYMANWLAD YN 2000 57

PENNOD PEDWAR 62
   SAFLEOEDD SEREMONIAU AGORIADOL GÊMAU'R GYMANWLAD A PHENCAMPWYR 63
   NIFER YN Y GÊMAU 69
   CHWARAEON â GYNHALIWYD YN Y GÊMAU 70
   NIFER Y CAMPAU YN Y GÊMAU 1930 - 1998 73
   SAFLE CYMRU YNH Y GÊMAU 1930 - 1998 74
   GÊMAU'R GYMANWLAD 75
   PENCAMPWYR GÊMAU'R GYMANWLAD 1930 – 1998 102

RHAN 2 247
   CYMRU 247

PENNOD PUMP 249
   CYNGOR CHWARAEON Y GYMANWLAD DROS GYMRU 250
   Y DECHREUAD YNG NGHYMRU 250

PENNOD CHWECH 253
   RHESTR SWYDDOGION CYNGOR CHWARAEON Y GYMANWLAD DROS GYMRU 254

PENNOD SAITH 266
   SWYDDOGION Y TIMAU 266

PENNOD WYTH 270

TIMAU CYMRU YN YR UGEINFED GANRIF	271
PENNOD NAW	369
PENNOD DEG	422
Y GÊMAU YNG NGHAERDYDD 1958	423
PENNOD UN AR DDEG	437
Y CHWARAEON OLYMPAIDD	438
MEDALAU GAN GYMRU YN Y GÊMAU OLYMPAIDD	439
PENNOD DEUDDEG	444
GWOBR RHYNGLADOL Y CYNGOR	445
GAN YR AWDUR	448
RHAN 3	449
ATODIADAU	450

MYRDDIN JOHN

YR AWDUR – MYRDDIN JOHN, M.B.E.
gan Dr Wayne Griffiths, M.B.E.

Mae meddu ar uchelgais o ennill ac i lwyddo yn y modd gafaelgar, yn nodweddion sy'n adlewyrchu cymeriad awdur y gyfrol yma, ac sydd wedi bod yn sylfaen ddibyniadwy wrth godi i'r brig mewn rhychwant eang o feysydd yn y byd chwaraeon.

Mae Myrddin John yn weithiwr brwd dros chwaraeon ledled y byd ac wedi ei fendithio â doniau niferus ac amrywiol. Mae ganddo'r sgiliau llydan a thraws-ffiniol sydd wedi dylanwadu'n fawr ar y gymuned chwaraeon yng Nghymru ac ymhell tu hwnt i'w gartref ym Mlaenau, Rhydaman, a Glanaman, gynt. Cafodd Myrddin ei fagwriaeth yn Nyffryn Aman lle ysbrydolodd nifer o'r trigolion ac mae wedi ymestyn y traddodiad ar lwyfan rhyngwladol. Credaf, wedi cael y fraint o gydweithio ag ef ers hanner can mlynedd, bod ei awydd i wneud ei orau dros Gymru a mynnu cydnabyddiaeth haeddiannol iddi fel gwlad sy'n cystadlu'n annibynnol o weddill Prydain, wedi tynnu'r sylw gorau iddi ar draws gwledydd y Gymanwlad.

Mae ganddo'r brwdfrydedd i dorri ar draws cyfyngderau'r arferol gan ddefnyddio ei brofiad a'i sgiliau fel cyn athletwr ac hyfforddwr llwyddianus, i adnabod gallu'r athletwr ifanc a chyfundrefnau chwaraeon a chyfrannu at eu llwyddiant mewn modd amlddisgybledig mor hawdd a diffwdan.

Enillodd radd mewn Addysg o Goleg y Drindod, ac wedi dysgu ymarfer corff am dros ugain mlynedd, treuliodd gyfnod yn gweithio i hyrwyddo chwaraeon yn y gymuned cyn gorffen ei yrfa fel Cyfarwyddwr dros Chwaraeon Addysg Bellach Di-Alwedigaethol yn ardal Llanelli yn Sir Caerfyrddin. Mesur ei lwyddiant yn y meysydd yma oedd ei allu i gyfathrebu'n effeithiol a phobl â bob oed a chefndir. Bu ei brofiad fel athro, hyfforddwr a Rheolwr, yn ei alluogi i adnabod a meithrin sgiliau cynhenid, dyfalbarhau gyda'r addawol, a llwybro eraill i chwaraeon mwy addas er mwyn iddynt gyrraedd eu potensial llawn. Daw cyfleoedd yn aml i bob yr un ohonom a chawn y dewis yn ogystal, i dderbyn neu gwrthod y cyfleoedd hynny. Manteisiodd Myrddin arnynt, ac o ganlyniad mae ganddo ystod o alluoedd ymarferol a diwylliannol, ac fe all felly grwydro ar draws nifer o feusydd gwahanol a chyfrannu'n helaeth iddynt.

Bwrodd ei brentisiaeth cynnar mewn chwaraeon fel athletwr wedi iddo gipio Pencampwriaeth Cymru pan oedd ond yn ddeunaw mlwydd oed. a hwyrach gyda Ffederasiwn Codi Pwysau Cymru, lle bu'n ysgrifennydd am dros hanner can mlynedd. Bu ei wybodaeth eang o wahanol chwaraeon ar lefel lleol a rhyngwladol yn fanteisiol, er mwyn iddo symud yn hawdd rhwng y disgyblaethau hyn ac ennill parch arweinwyr a chystadleuwyr campau Chwaraeon y Gymanwlad yng Nghymru a gweddill y Gymanwlad. Bu'n Brif Weithredwr Cyngor Chwaraeon y Gymanwlad dros Gymru am saith mlynedd ar hugain, yn Aelod Weithredol o Ffederasiwn Codi Pwysau Ewrop, Is-Lywydd Ffederasiwn Codi Pwysau Rhyngwladol, Cadeirydd Cymdeithas Codi Pwysau Prydain, Prif Reolwr Cyffredinol Tîm Chwaraeon y Gymanwlad yn Auckland a Chaeredin, ac yn ddarlithydd ar nifer o bynciau yn ymwneud â chodi pwysau ar draws y byd. Bu hefyd yn hyfforddwr a Rheolwr ar dimau Codi Pwysau Cymru a Chwaraeon y Gymanwlad, yn Aelod o Gyngor Chwaraeon Cymru am gyfnod ac yn gyfrifol am lwyddiant Râs Cyfnewid y Frenhines ar ddwy achlysur ar ei thaith drwy Gymru.

Mae ganddo allu rhyngbersonol effeithiol yn y gampfa ac mewn cyfarfodydd fel ei gilydd, ac mae yr un mor gyfforddus yn hyfforddi newyddian ac ydyw ar lwyfannau cyhoeddus, teledu neu radio. Gweithiau gyda'r breintiedig a'r difreintiedig, gan ddefnyddio dychymyg a thechnegau cyfoes i gyfathrebu. Mae yn gwnselwr craff ac yn arweinydd doeth ac mae yr un mor ddiwyd yn mentora, ag ydyw fel llywydd neu cadeirydd y nifer o bwyllgorau mae yn rhan ohonynt.

Yn ogystal mae ganddo allu anhygoel i drefnu, a'r rheswm am y llwyddiant yma yw iddo fuddsodi'n hir a gofalus yn y broses o baratoi, a'i ddygnwch a'i dyfalbarhad i geisio mynnu'r gorau bob tro. Cafodd ei gydnabod gan nifer o sefydliadau a oedd wedi elwa o'r nodweddion yma a rhestraf y canlynol fel trawsdoriad yn unig o'r anrhydeddau hyn. Ym

1983 derbyniodd yr M.B.E. ac ym 1990 enillodd fedal Anrhydedd Cyngor Chwaraeon Cymru, Medal Er Anrhydedd Cymdeithas Codi Pwysau Prydain ym 1988, a Gwobr Rhyngwladol Cyngor Chwaraeon y Gymanwlad Dros Gymru yn 2000. Yn 2001 derbyniodd fedal aur Asia am ei gyfraniad i Godi Pwysau a Chadwyn Aur gan y Ffederasiwn Codi Pwysau Rhyngwladol am gyfraniad hir oes i Godi Pwysau.

Mae Myrddin yn gyfaill tyner mewn cyfyngder ac hael ei gefnogaeth mewn argyfwng. Mae ganddo bersenoliaeth gynnes a sensitif ond bydd ei fwriad eglur a'i awydd i oresgyn a goroesi, yn mynnu ond y gorau bob tro allan o'i gydweithwyr. Mae ei ddychymyg byw a'i steil gynhwysol yn ei wneud yn aelod cyfrannog a phoblogaidd ar bob haen o'r byd chwaraeon.

Prif nodwyddion ei lwyddiant yw ei weledigaeth a'i ddawn i adnabod pwy i'w mheithrin a'u hannog i gyfrannu i'r weledigaeth honno. Mae ganddo brwdfrydedd mwyaf heintus a bydd yn manteisio ar gyfle yn sydyn ond eto yn barod i ddyfal barhau er mwyn dwyn y maen i'r wal. Mae'n fentrus heb ollwng golwg ar y testun na'r bwriad, ac mae yn weithiwr cydwybodol sy'n derbyn ei gyfrifoldeb o ddifri. Nid yw'n anodd deall pam cafodd ei anrhydeddu gan Orsedd y Beirdd â'r Wisg Wen. ac yn hwyrach â'r M.B.E. pan sylweddolwn ei ymdrechion ddi-flino i'r sector wirfoddol dros y blynyddoedd. Hefyd yn 2006 derbyniodd Medal y Canghellor, oddi wrth Prifysgol Morgannwg am ei gyfranniad i chwaraeon. Dyn y dadeni yw Myrddin John, ac mae ei deyrngarwch dros Gymru a'i phobl yn dal i'w yrru ymlaen.

Dr Wayne Griffiths, M.B.E.
Prif Reolwr Tîm Chwaraeon y Gymanwlad Cymru 2002
Cyn Lywydd Cyngor Chwaraeon y Gymanwlad Dros Gymru

RHAGAIR
gan Randall Bevan, Y.H. M.Sc.

Mae'n anrhydedd mawr i mi gael dweud ychydig am y gwaith dysgedig yma gan ffrind i mi o dros saith deg o flynyddoedd sydd, drwy gasglu'r wybodaeth a'r manylion yma, wedi cyfrannu yn ddirfawr, nid yn unig i sefyllfa uchel Chwaraeon y Gymanwlad, ond hefyd i'r nifer fawr o athletwyr sydd wedi ein gwefreiddio â'u perfformiadau dros lawer o flynyddoedd ac sydd wedi bod o gysur i anghenion pob cenhedlaeth am arwyr.

Ysbrydoliodd Dyffryn Aman, lle cafodd Myrddin John ei fagwraeth, lawer o'i drigolion i gymryd rhan ac i arbenigo ar y lefel uchaf mewn amryw o chwaraeon. Drwy gydol ei oes mae Myrddin wedi ymestyn â'r traddodiad yma ar lwyfan bydol a rhyngwladol, fel cystadleydd, Rheolwr ac hefyd fel ysgrifennydd cyffredinol Cyngor Chwaraeon y Gymanwlad Dros Gymru dros lawer iawn o flynyddoedd.

Yn ei gamp personol, Codi Pwysau, mae ei ymroddiad yn chwedlonol. Bu am bedair blynedd yn Is-Lywydd Ffederasiwn Codi Pwysau Rhyngwladol sydd a bron dau gant o wledydd yn aelodau ac mae heddiw yn Is-Lywydd Am Oes. Hefyd cafodd yr anrhydedd o'i osod yn 'Hall of Fame' y Ffederasiwn Rhyngwladol. Nid oes acolad yn uwch i'w gael yn y gamp yma, ac hefyd i'n gwlad.

Drwy greu detholiad o gampau mae'n dangos profiad ac awdurdod, sydd, rwy'n ffyddiog, yn unigryw. Ysgrifenwyd y llyfr yma gan rhywun "roeddwn i yno". Mae Myrddin wedi profi teimliadau dwys fel cystadleuwr, wedi anadlu y cynnwrf, trechu, ymfalchder, gwroldeb, siom, drama, ymdrech a'r uchafbwynt mae ysbryd dynol yn medru ymestyn tuag ato, ac hyd yn oed ei drechu yn yr eiliadau hudol yn ystod cystadleuaeth. Ni fedraf feddwl am unrhyw berson yn ymwneud a Chwaraeon y Gymanwlad sydd a mwy o ddyfnder gwybodaeth a phrofiad na Myrddin.

Fe ystyrier Chwaraeon y Gymanwlad i fod y trydydd Gêmau mewn maint, wedi y Chwaraeon Olympaidd, a Chwaraeon Asia. Bu Myrddin yn bresennol mewn nifer fawr o rhain yn ystod ei yrfa. Cofnodwyd stori'r Gêmau mewn erthyglon a bywgraffiadau niferus ac hefyd gan ddeddfwyr gwleidyddol. Roedd ei fwriad i weireddu Chwaraeon y Gymanwlad yr un peth â phrif Gêmau eraill sef yr ymchwil am ragoroldeb, cystadlu moesegol, cydweithio rhyngwladol a chyfeillgarwch. Mae'r Gêmau wedi denu cyfranogwyr o bellderoedd byd ers y cychwyn ym 1930 â'r safon cystal â'r Gêmau Olympaidd ag Asia.

Mae'r gwaith yma yn galeidosgop penigamp o'r 'Gêmau Cyfeillgar'. Fel cyn fyfyriwr Gwyddoniaeth Chwaraeon ym Mhrifysgol Loughborough (Adran Technoleg, Ergonomig a Seiberneteg), ac wedi gorfod ymchwilio dros y byd am ddata perthnasol i'r ymchwil 'roeddwn yn ymwneud â'r projectau 'oeddwn yn eu hastudio, mae'n amlwg i mi fod y casgliad o ganlyniadau yn y llyfr hwn yn mynd i fod yn hanfodol werthfawr i unrhyw berson sy'n gwneud ymchwil i Êmau a phynciau ymylol â chwaraeon yn gyffredinol. Mae hwn yn waith lle gellir mesur perfformiadau y goreuon yn yr ugeinfed ganrif.

Felly credaf yn gryf, a hyn wedi ei selio ar fy mhrofiad mewn ymchwil a chasglu data, fod y gwaith hwn yn un safonol a fydd yn caffaeliad i ysgolion, colegau, prifysgolion, ac i rai sy'n ymwneud â phrojectau ymchwil. Bydd hwn o fudd i lawer o genhedlaethau yn y dyfodol ac yn cael ei ddefnyddio i helpu i ysbrydoliaethu ac i wella perfformiadau yn y campau. Gellir meddwl hefyd bydd yn 'gyfrifydd parod' ac yn dystiolaeth i lwyddiant a gorchestion athletwyr a allai efallai symud yn dawel mewn i anhysbysrwydd yn hanes Chwaraeon y Gymanwlad. Maent nawr i'w cadw yn barchus ac yn gyfiawnadwy yn y rhestrau yn y gwaith yma.

Mae'r casgliad eang hwn o gyflawniad dynol cystadleuwyr Cymru. yn un garreg filltir eto yn gyfraniad y Cymro hynod yma i addysg corfforol a chwaraeon. Bydd yn cael ei gydnabod gan genhedlaethau lawer yn y dyfodol a byddant, fel Myrddin a mi, â'u gwreiddiau mewn dyffrynnoedd hyfryd, cain ac uchelgeisiol Cymru, ac yn gweld chwaraeon fel mynediad i anturiaethau rhyfeddol bydd yn cyfoethogi bywyd ein ieuenctid.

Randall Bevan, Y.H., M.Sc., Dip PE (Dist)., Cert Ed., F.B.I.M.

Pencampwr Trampolîn Prydain 1961, 1962.
Cyn Hyfforddwr Trampolîn Cenedlaethol Prydain

GWERTHFAWROGIAD

Dymunaf ddiolch i lawer o bobl am fy ysbarduno i gychwyn ac hefyd i ddyfalbarhau ac i'm hannog i ddal ymlaen â'r gwaith hwn pan oeddwn yn cloffi dan bwysau'r holl bapurau ymchwil. Rwy'n dra diolchgar hefyd i eraill sydd wedi rhoi eu cefnogaeth i mi ac sydd wedi ychwanegu tuag at fy ngwybodaeth mewn chwaraeon, fel ffrindiau a thrwy eu cyfraniadau mewn pwyllgorau lu.

Diolch o galon i fy ffrind annwyl Ieuan Owen o Gaernarfon am ddylunio a chreu clawr y llyfr, sy'n adlewyrchu ei ddawn a'i fedrusrwydd yn y maes dylunio. Hefyd, dymunaf dalu teyrneg i Dr Wayne Griffiths, M.B.E., am ei eiriau caredig am Yr Awdur ac hefyd i Randall Bevan, Y.H., M.Sc. am ysgrifennu'r Rhagair. Derbynnaf eu canmolaeth â phob gostyngeiddrwydd. (Rwyn meddwl hoffwn gwrdd â'r person yma maent yn sôn amdano!).

Diolchaf i fy mab yng nghyfraith, Y Parchedig Paul Mainwaring, B.A. a fy wyron Aled Mainwaring, B.Sc., M.A. a Penri Mainwaring, M.A. am eu cymorth â'u harbenigedd cyfrifiadurol, pan oedd y creadur yma'n bwgwth mynd yn drech na mi. Rwy'n ddyledus i ffrind arall, sef Alun M. Lloyd, B.Ed., am ei gefnogaeth ac hefyd, yn awr ac yn y man, darllen y proflenni a mynegu ei sylw arndanynt. Diolch i Wynne Oliver, oedd yn fyfyriwr yn Ysgol Ramadeg Llanelli pan yn nhîm Cymru ym 1958, am rhannu rhai o'i brofiadau yn y Gêmau â mi.

Dymunaf gydnabod y cymorth difesur gefais gan Mair Cooper o Gelli Aur a Bethlehem gynt, am olygu'r llyfr hwn mor ofalus, ac rwyn cyfaddef fy nhyletswydd iddi heb unrhyw amheuaeth. Rwyn gwerthfawrogi y cyngor gefais gan Chris Jones ac yn ddyledus iddo ef a'i gwmni, Llyfrau Cambria, am eu gwaith hyddysgol sy'n amgylchynu yr hyn sy'n anghenreidiol i gynyrchu y llyfr hwn.

Yn ystod gwneud y gwaith ymchwil, roedd angen darllen traethodau, gan lawer o awduron. Rwyn cydnabod yn ddigamsyniol fod unrhyw wall yn adlewyrchiad arna innau yn unig.

Yn olaf diolchaf i fy ngwraig Sheila, am ei chefnogaeth, ei chymorth a'i hamynedd.

MJ

LLYFRYDDIAETH

Defnyddais lawer o wybodaeth o'r lyfryddiaeth isod, sydd yn fy llyfrgell bersonol, - nid yn unig i gadarnhau fy ngwaith ond hefyd i ddangos parch tuag at yr ymchwil manwl mae'r awduron yma wedi'i wneud. Efallai bydd yna anghysondeb ffeithiol o dro i dro ac rwyf wedi ymateb i'r rhain trwy ddefnyddio fy mrofiad personol. Byddaf yn ddiolchgar i dderbyn unrhyw sylw gan ddarllenwyr y gyfrol.

The Commonwealth Games Orca Book Publishers Cleve Dheensaw

Crossing the Finishing Line Bernama, Publishers National News Agency. SUKOM Committee Of Malaysia

Canada at the Vth British Empire and Commonwealth Games 1954 Published by the British Empire and Commonwealth Games Association of Canada

Official History 8th British Empire and Commonwealth Games. Kingston. Jamaica Published by Organising Committee. Sir Herbert MacDonald. K.B.E' assisted by Keith St. and G. Brown

Official History Of The 1Xth British Commonwealth Games. Edinburgh. Scotland Published by Organising Committee. William Carmichael and M. McIntyre Hood

X1 Commonwealth Games Official Pictorial Record Publishers Executive Sport Publications Ltd.

Brisbane '82 XII Commonwealth Games- Official Pre Commonwealth Games Souvenir Book Committee Joint Tourist Capital

Official History XII Commonwealth Games Brisbane 1982 Publishers O & B Holdings

The Games-Brisbane Telegraph Souvenir Magazine Queensland Newspapers Pty Ltd.

1958 Brochure Committee British Empire and Commonwealth Games Wales 1958. Printed by Western Mail

The Complete Book of the Olympics Published by the Penguin Group. David Wallechinsky

The Olympaidd Games Publisher MacDonald & Jane's Ltd. Lord Killanin and John Rodda

The Commonwealth Games Manchester 2002 Chris Murray

Crossing The Finishing Line 1998 Kuala Lumpur Published by Bernama

The History of Welsh Athletics John Collins. Alan & Brenda Currie. Mike Walters and Clive Wiliams. Publishers Dragon Sports Books Ltd. Llanelli

100 Greatest Olympians From-1896 Jim Tracy Publisher Savvas Publishing

Let The Spirit Live On Publisher Victoria Commonwealth Games Society. Director Ben J Pires

The Commonwealth Games Council for Scotland Golden Jubilee 1931-1981 Bill Grant. Printed by Graphic Arts Services

Following The Flame/Dilyn Y Fflam Phil Cope. Ariennir gan Y Loteri (Legacy Trust UK)

The Phenomenon of Welshness II Siôn Jobbins. Published by Carreg-Gwalch

RHAN 1

Y GYMANWLAD

PENNOD UN

FFEDERASIWN CHWARAEON Y GYMANWLAD

Y DECHREUAD

Ganwyd y syniad o gynnal Gêmau Yr Ymerodraeth Brydeinig gan y Sais, Y Parchedig J. Astley Cooper (1858-1930) pan ysgrifennodd yn y cylchgrawn 'Greater Britain' yn Awst 1891 am ei freuddwyd o greu y fath Gêmau, a'r pwrpas oedd -

'to draw closer the ties between the Nations of the Empire'.

Yn ogystal ysgrifennodd yn y papur newydd, The Times, yn Hydref 1892, fod eisiau creu Gŵyl Chwaraeon Yr Ymerodraeth Brydeinig. Cynhaliwyd y Gêmau Olympaidd modern ym 1896 ac efallai bod y wybodaeth am hyn wedi dylanwadu ar Astley Cooper neu, efallai, pwy a ŵyr, mai y ffordd arall oedd hi, a bod Y Barwn Pierre de Coubertin o Ffrainc wedi rhywsut, clywed am syniadau Astley Cooper? Efallai bod hyn wedi dylanwadu ar Pierre de Coubertin a'i ysbarduno, i ail newyddu y Gêmau Olympaidd, pan yn ei araith gyntaf yn y Brifysgol Sorbonne, ym Mharis ar y pumed ar hugain o Dachwedd 1892 pwysleisiodd ei bod hi'n hen bryd i ail gychwyn y Gêmau Olympaidd. Cynhaliodd Coubertin gyhadledd ym Mehefin 1894 yn Y Sorbonne i wledydd y byd, a rhoddodd wahoddiad i arweinwyr blaenllaw y gwledydd er mwyn rhoi pwyslais ar bwysigrwydd y gynhadledd. Y pwrpas oedd i ail gychwyn y Gemau Olympaidd. Wedi cychwyniad arafaidd, cytunodd y dirprwyon yn unfrydol i ailfywiogi y Gêmau Olympaidd. Bu'r gynhadledd yn llwyddiant.

Mae'n debyg i'r Chwaraeon Olympaidd cyntaf cael ei cynnal yn Athen yn 776 BC a'r unig gamp oedd y sbrint. Yn y Gêmau dilynol ehangwyd y nifer o gampau gan gynnwys Ras Canllath a hanner, Naid Hir, Taflu Disgen, Ymaflyd Codwm a Rasio Cerbydiau Rhyfel. Diddorol sylwi bod y campau hyn a'u sylfaen, i'w priodoli ym medusrwydd rhyfela. Cafodd y Gêmau eu gwahardd yn 393 AD gan yr Ymerawdr Theodosius.

Trefnwyd y Gêmau Olympaidd Modern cyntaf yn Athen. Y campau yn y rhain oedd Athletau, Beicio, Cleddyfaeth, Codi Pwysau, Gymnasteg, Nofio, Rhwyfo, Saethu, Tenis, ac Ymaflyd Codwm. Roedd y nesaf ym 1900 ym Mharis a'r drydedd yn Sant Louis, ond roedd yr holl Gêmau yma wedi eu trefnu mor wael nes bu bron i'r syniad o ffurfio Gêmau Olympaidd gael ei ddinistrio. Nid oedd pethau lawer yn well yn Llundain ym 1908 oherwydd llawer o anghydfod gwleidyddol ac hefyd dadleuon yn ymwneud â'r rheolau oedd dan ddisgyblaeth Prydain. Yn y diwedd achubwyd y freuddwyd gan Stockholm, Sweden, ym 1912.

Er y daeth dymuniad Coubertin i ffrwythlondeb ym 1896, roedd yn rhaid i freuddwyd J. Astley Cooper aros tan 1930, y flwyddyn bu farw, cyn y cynhalwyd y Gêmau Ymerodraeth Brydeinig cyntaf. Trefnwyd wyth o'r Chwaraeon Olympaidd cyn y Gêmau Ymherodraeth Brydeinig cyntaf. Cefnogwr cryf o syniadau Astley Cooper oedd Richard Coombes (18.03.1858- 15.04.1935). Ganwyd Richard Coombes yn Hampton Court, Middlesex ond ymfudodd i Sydney, Awstralia ym 1886 lle bu'n lywydd ar Undeb Amatur Athletau Awstralia o 1897 i 1934.

Roedd Coombes yn feirniadol o ddiffyg arweiniad Astley Cooper er iddo barchu ei syniad gwreiddiol i greu Gêmau Ymerodraeth Brydeinig. Yn dilyn ei araith olaf yn ystod ei ymddeoliad ym 1924 difynnodd Norton H. Crowe, ysgrifennydd Undeb Amatur Athletau Canada -

"I would again bring before the Union the advisability of taking the initiative in an all British Empire Games to be held between the Olympic Games".

Roedd Norton Crowe wedi bod yn y swydd hon am bedair blynedd ar bymtheg, ac yn gefnogwr mawr o Richard Coombes. Yn ystod y Chwaraeon Olympaidd ym 1928 yn Amsterdam. trefnodd Mr Melville Marks 'Bobby' Robinson gyfarfod er mwyn adfywio'r syniad yma. Gohebydd i'r Spectator yn Hamilton, Canada oedd 'Bobby' Robinson, ac yn Rheolwr ar dîm athletau Canada ar y pryd. Dadleuodd yn gryf ac effeithiol a llwyddodd o'r diwedd i ailgynnu'r fflam a chael cytundeb i drefnu y Gêmau Ymerodraeth Brydeinig cyntaf yn Hamilton, Canada ym 1930. Roedd gan 'Bobby' fferm, ond roedd hefyd ganddo ddiddordeb mawr mewn addysg yn ogystal ag Athletau. Ganwyd ar yr wythfed o Ebrill 1888 yn Peterborough, Ontario a bu farw ar y chweched o Fehefin 1974. Trigodd yn Burlington, Ontario. Roedd yn aelod o fwrdd reoli Ysgol Uwchradd Burlington ac yn lywydd o 1950 hyd 1963. Fe'i anrhydeddwyd am ei waith ym myd addysg wrth enwi ysgol newydd ar ei ôl, sef Ysgol Uwchradd M. M. Robinson.

Cefais y fraint o gwrdd ag Edna Robinson, merch 'Bobby' Robinson, yn ei chartref yn Hamilton a threuliais brynhawn yn gwrando ar hanesion a gweithgarwch ei thad dros gwpaned o goffi. Roedd Edna yn berson hyfryd a dilynodd ddiddordeb ei thad mewn addysg. Dangosodd ddiddordeb mawr hefyd, pan clywodd fy mod yn bwriadau ysgrifennu llyfr ar hanes Chwaraeon y Gymanwlad. Yn ddiweddar yn ei gyrfa roedd Edna Robinson yn brif athrawes lwyddianus yn un o'r ysgolion mwyaf yn Ontario sydd â dros dwy fil o fyfyrwyr. Bu farw ar Sul, 13 Tachwedd 2005 yn 89 mlwydd oed.

Yn eithaf anfwriadol, tynnwyd lun o Edna a minnau yn sefyll o flaen darlun oedd yn hongian yn ei lolfa. Sylwais wedi tynnu'r llun mai golygfa yng Nghymru oedd hwn. Esboniodd Edna mai anrheg oedd y llun oddi wrth grŵp o ffermwyr o Gymru. Rhoddwyd y llun i'w thad am ei gyfraniad, nid am ei waith ym myd chwaraeon, ond i'r diwydiant ffermio. Felly roedd Bobby Robinson yn ddyn galluog mewn sawl maes.

Yn ei lythyr i'r Times ysgrifennodd Astley Cooper –

"I have taken into consideration the fact that the future relationship of the various portions of the Empire rests chiefly in the hands of the young men of the Empire – of young Britain, young Awstralia, young South Africa, young Canada – an Imperial athletics contestant would be very attractive to most Britishers, whether settled in the United Kingdom or resident beyond the seas. I also believe that such a contest between selected representatives of the English-speaking races could command more attention and be more popular than any other contest which could be arranged."

GŴYL YR YMERODRAETH BRYDEINIG 1911

Ni ddaeth unrhywbeth sylweddol o syniadau y Parchedig Cooper nes Coroniad y Brenin Siôr V^{ed} ym 1911 pan ddaeth Awstralasia (Awstralia Seland Newydd a Tasmania), Canada, Prydain Fawr a Iwerddon, a De Affrica, ynghyd i gystadlu mewn Gŵyl yr Ymerodraeth â drefnwyd i glodfori'r achlysur yn Crystal Palace. Llundain ar yr 12^{fed} Mai. Defnyddiwyd yr achlysur yma - *"to stimulate trade, Strengthen bonds that bind mother Country to her Sister States and Daughters."*

Y chwaraeon â drefnwyd. a'r pencampwyr oedd:

ATHLETAU

100 llath   Halbaus. Frank J.   Canada   10.4 eiliad

220 llath   Halbaus. Frank J.   Canada   23.0 eiliad

880 llath   Hill. J. M.   Y Deyrnas Unedig   1.58.6 eiliad

1 milltir   Tait. John Lyndsay   Canada   4.46.2 eiliad

120 llath Dros Glwydi

    Powell. Kenneth   Y Deyrnas Unedig
    16 eiliad

NOFIO

100 llath Steil Rydd
    Hardwick.Harold Hampton, Awstralia

__1 milltir__   Nid yw enw'r enillydd wedi ei gofnodi yn unlle? Tynnodd Malcolm Champion o Seland Newydd allan o'r ras yma. Mae'n bosibl iddo wneud hyn gan mai ef oedd yr unig gystadleuydd. Posibilrwydd arall wrth gwrs yw iddo orfod tynnu allan oherwydd damwain. Nid oes tystiolaeth yn cadarnhau un o'r posibiliadau hyn. Pwy a wyr?

PAFFIO

__Pwysau Trwm__   Hardwick. Harold Hampton, Awstralia

YMAFLYD CODWM

__Pwysau Canol__Bacon. S. V.   Y Deyrnas Unedig

Noder fod Harold Hardwick wedi cystadlu mewn dwy gamp, - Nofio a Paffio.

Y wlad fuddugol oedd Canada a hyn o un pwynt yn unig.

Ysgrifennwyd yn y Times:

"There is only one sentiment that animates us all, that of personal loyalty and affection quickened by a common impulse of imperial solidarity and sympathy."

Tybed os yw hyn yn dangos rhyw duedd o bropoganda imperialaidd. Yn Ionawr 1930 aeth M. M.' Bobby' Robinson i Lundain a chafodd gytundeb i Gymru, Iwerddon, Lloegr a'r Alban. i gystadlu yn Hamilton ac i gymryd rhan fel pedair gwlad ac nid un teyrnas, sef Prydain Fawr. Pe bai hyn heb ddigwydd, mwy na thebyg byddau'r Gêmau, o ran nifer y gwledydd yn cystadlu, yn weddol llesg a llai o rhwysg ac urddas yn perthyn iddynt. Felly rydym yn ddiolchgar ac yn ddyledus i Melville Marks Robinson, oherwydd ni fyddai Cymru byth wedi ei hystyried fel gwlad annibynnol yn cymryd rhan yn Chwaraeon Y Gymanwlad ond am hyn.

Diddorol sylwi bod Cymru nid yn unig wedi cystadlu yng Ngêmau'r Ymerhodraeth Brydeinig gyntaf yn Hamilton, ond hefyd bod Cymru yn un o'r chwech gwlad sydd wedi cystadlu ymhob un o'r Gêmau ers hynny. Rhaid sylwi bod y Saeson yn fodlon cyfaddef bod Cymru yn wlad pan bod hyn o fudd i Loegr.

Pan gynhaliwyd y Gêmau Olympaidd yn Llundain ym 1908 trefnwyd bod Hoci yn un o'r chwaraeon am y tro cyntaf. Yn anffodus ni chafwyd ceisiadau oddi wrth y gwledydd i gymryd rhan yn Hoci. Felly trefnwyd i bedair 'gwlad' i gystadlu sef, 'GBR' Lloegr, Iwerddon, 'GBR' Yr Alban, a ***'GBR' Cymru,*** ac fel roedd y disgwyl llwyddodd y cynllun, ac fe gipiodd Lloegr y fedal aur. **(Atodiad 2)**

Heb amheuaeth credaf mai y rheswm pennaf am hyn oedd i Brydain gael ennill medal aur. Hyn oherwydd y prinder o wledydd oedd yn chwarae Hoci o safon ar y pryd.

Rwyf wedi ceisio dangos yma a thraw enwau sy'n berthnasol i Gymru mewn print italig tywyll.

CWPAN LONDSDALE

Yr Iarll Lonsdale

Cyflwynodd Hugh Cecil Lowther, sef y Pumed Iarll Lonsdale (25.01.1857-13.04.1944) cwpan arian i gydnabod llwyddiant Canada am fod y wlad fuddugol yn Chwaraeon yr Ymerodraeth. Roedd y cwpan yn werthfawr iawn, yn pwyso 340 owns ac yn ddwy droedfedd a hanner o uchder.

Yn ddiweddarach yn Nhachwedd 1934 rhoddodd yr Iarll ganiatâd i Ganada doddi'r cwpan arian yma a defnyddio'r arian i greu prif gwpan. Roedd y prif gwpan wedi ei ddylinio ar ffurf y cwpan gwreiddiol Y Frenhiness Anne, oedd wedi ei greu gan Richard Bayley yn 1712.

Rhoddwyd y brif gwpan yma i'r Ffederasiwn maes o law. Defnyddiwyd y gweddill o'r arian i greu copïau llai o faint er mwyn eu cyflwyno – un i'r Iarll Lonsdale ac un i bob cymdeithas o'r gwledydd a ffurfiodd y Ffederasiwn Gêmau Ymerodraeth Brydeinig cyntaf, sef Yr Alban, Awstralia, Bermiwda, Canada, Cymru, De Affrica, Giana Prydeinig, Gogledd Iwerddon, Lloegr, Seland Newydd a Tir Newydd.

Engrafwyd y geiriau canlynol ar y cwpan -

"At the Festival of Empire in 1911 the Earl of Lonsdale presented Great Cup which was won by Canada by whom it was generously given to theBritish Empire Games Federation at the 1934 Games.

This Cup was melted down and made into a Principal Cup to be held by the Federation with copies for the Empire Games Associations in Great Britain, the Dominions and Colonies."

AMCAN Y GÊMAU

Mae bwriad y Gêmau Ymerodraeth Brydeinig i'w cymhell yn y datganiad canlynol:

"The Empire Games will be designed on the Olympic model, both in general construction and its stern definition of the amateur. But the Games will be different, free from both the excessive stimulous and the babel of the international stadium.

They shall be merrier and less stern, and will subtitute the stimulous of a novel adventure for the pressure of international rivalry."

Mae'r datganiad hwn hefyd yn cael ei briodoli i sylfaenwyr y Gêmau mewn taflen cyn y Gêmau yn Hamilton. Hyd yn oed yn yr hinsawdd cystadleuol sy'n bodoli heddiw ym myd chwaraeon, mae'r egwyddorion yma yn dal yn ganolog i athroniaeth y Gêmau. Dim ond y swyddogion a'r cystadleuwyr sydd wedi cymryd rhan mewn Chwaraeon Y Gymanwlad sy'n medru gwerthfawrogi hyn, a deall pam y maent yn cael eu galw yn 'Gêmau Cyfeillgar.'

ENWAU'R GÊMAU

Ar Ddydd Sul, seithfed o Awst 1932 yn ystod y ddegfed Gêmau Olympaidd yn Los Angeles, ac hefyd yn ystod y ddwy flynedd wedi'r Gêmau Ymerodraeth Brydeinig cyntaf , ffurfiwyd Ffederasiwn Chwaraeon yr Ymerodraeth Brydeinig. Penodwyd Cyrnol Evan Hunter fel Ysgrifennydd. Bu farw yn Sir Fflint lle roedd ganddo eiddo. Penderfynwyd cynnal y Gêmau a'u trefnu rhwng y Gêmau Olympaidd, gan gychwyn â Hamilton 1930 fel rhif un.

Diddorol yw sylwi bod enw'r Gêmau wedi'u newid i adlewyrchu teimliadau gwleidyddol o bryd i'w gilydd ac hefyd i adlewyrchu y berthynas rhwng Prydain a'i meddiant blaenorol yn yr ugeinfed ganrif. Ar yr ugeinfed o Orffennaf 1952 newidiwyd yr enw o Gêmau'r Ymerodraeth Brydeinig i Gêmau'r Ymerodraeth Brydeinig a'r Gymanwlad.

Ar y seithfed o Awst 1966 newidwyd yr enw eto i Gêmau'r Gymanwlad Brydeinig ac yna ym 1974 i Gêmau'r Gymanwlad.

DATHLIADAU GÊMAU'R GYMANWLAD A'R GÊMAU OLYMPAIDD

GÊMAU'R GYMANWLAD - **GYM**

GÊMAU OLYMPAIDD - **OLY**

1896	Athens, Groeg	OLY	
1900	Paris, Ffrainc	OLY	
1904	Sant Louis, Yr Unol Daleithiau	OLY	1908
	Llundain, Prydain Fawr	OLY	1912
	Stockholm, Sweden.	OLY	1916

Rhyfel Byd 1*

*Penodwyd Berlin i gynnal y Gêmau ond cafwyd eu diddymu.

1920	Antwerp, Gwlad Belg	OLY	1924
	Paris, Ffrainc	OLY	1928
	Amsterdam, Iseldiroedd	OLY	

Gêmau'r Ymerodraeth Brydeinig

I	1930	Hamilton, Canada	GYM
	1932	Los Angeles, Yr Unol Daleithiau	OLY
II	1934	Llundain, Lloegr	GYM
	1936	Berlin, Yr Almaen **	OLY
III	1938	Sydney, Awstralia	GYM
	1940	**Rhyfel Byd 2 *****	OLY
	1942	**Rhyfel Byd 2**	GYM
	1944	**Rhyfel Byd 2 ******	OLY
	1946	**Rhyfel Byd 2**	GYM
	1948	Llundain, Prydain Fawr	OLY

IV	1950	Auckland, Seland Newydd	**GYM**
	1952	Helsinki, Y Ffindir	**OLY**

** Yn ystod y Chwaraeon ym 1930 penodwyd De Affrica i gynnal Gêmau'r Gymanwlad nesaf ym 1934 ond oherwydd problem apartheid roddwyd y Gêmau i Lundain.

*** Penodwyd Tokyo a Helsinki i gynnal y Gêmau Olympaidd ond cafwyd eu diddymu.

**** Penodwyd Llundain i gynnal y Gêmau ond cafwyd eu diddymu.

Gêmau'r Ymerodraeth Brydeinig a'r Gymanwlad

V	1954	Fancwfer, Canada	**GYM**
	1956	Melbourne, Awstralia	**OLY**
VI	*1958*	*Caerdydd, Cymru*	**GYM**
	1960	Rhufain, Yr Eidal	**OLY**
VII	1962	Perth, Awstralia	**GYM**
	1964	Tokyo, Siapan	**OLY**
VIII	1966	Kingston, Jamaica	**GYM**
	1968	Mecsico, Mecsico	**OLY**

Gêmau'r Gymanwlad Brydeinig

IX	1970	Caeredin, Yr Alban	**GYM**
	1972	Munich, Yr Almaen	**OLY**

X	1974	Christchurch, Seland Newydd	**GYM**
	1976	Montreal, Canada	**OLY**

Gêmau'r Gymanwlad

XI	1978	Edmonton, Canada	**GYM**
	1980	Moscow, Rwsia	**OLY**
XII	1982	Brisbane, Awstralia	**GYM**
	1984	Los Angleles, Yr Unol Daleithiau	**OLY**
XIII	1986	Caeredin, Yr Alban	**GYM**
	1988	Seoul, Corea	**OLY**
XIV	1990	Auckland, Seland Newydd	**GYM**
	1992	Barcelona, Sbaen	**OLY**
XV	1994	Fictoria, Canada	**GYM**
	1996	Atlanta, Yr Unol Daleithiau	**OLY**
XVI	1998	Kuala Lumpur, Maleisia	**GYM**
	2000	Sydney, Awstralia	**OLY**

PWYLLGOR TREFNU'R GÊMAU

1930 **Cadeirydd** Robinson, K.B.E. M. M.
Cyfarwyddwr Childs, CB., C.M.G. Wilfred

1934 **Cadeirydd** Leigh-Wood, Syr James
Cyfarwyddwr Evan, O.B.E. A. Hunter

1938 **Cadeirydd** Marks, Ernest Samuel
Cyfarwyddwr Eve. James S.W.

1950 **Cadeirydd** Moore, M.B.E. C. Rex
Cyfarwyddwr Cleal. Mrs C.L.

1954 **Cadeirydd** Smith. S.V.
Cyfarwyddwr Clerk. Blair M.

1958 *Cadeirydd* ***Llewellyn, Bt., C.B.. C.B.E., Syr Godfrey***
Cyfarwyddwr ***Newham, O.B.E. M.C., T.D. Charles E.***

1962 **Cadeirydd** Howard, K.B.E. Syr Harry
Cyfarwyddwr Howson. John F.

1966 **Cadeirydd** MacDonald, K.B.E. Syr Herbert
Cyfarwyddwr Abrahams, C.B.E., A. George

1970 **Cadeirydd** Brechin, K.B.E., Syr Herbert
Cyfarwyddwr Carmichael, O.B.E. William William

1974	**Cadeirydd**	Scott. Ronald Stewart
	Cyfarwyddwr	Barrett. Allan W.
1978	**Cadeirydd**	Van Vliet. Dr. M.I. (Maury)
	Cyfarwyddwr	McColl. D.N. (Don)
1982	**Cadeirydd**	Williams, K.B.E. Yr Anrh., Syr Edward
	Cyfarwyddwr	Whithead, Dan
1986	**Cadeirydd**	Borthwick, C.B.E., D.L. Kenneth
	Cyfarwyddwr	Grosset, C.A. Blair
1990	**Cadeirydd**	Richardson. Syr Earl
	Cyfarwyddwr	Aldridge. Tom
1994	**Cadeirydd**	Heller. George (Llywydd))
	Cyfarwyddwr	Reed. Jim (Dirprwy Lywydd)
1998	**Cadeirydd**	Ali. General Tan Sri Hashim
	Cyfarwyddwr	Chin. Siew Foong

GWLEDYDD SYDD WEDI CYSTADLU YN Y GÊMAU YN YR UGEINFED GANRIF

GWLAD	GÊMAU	NIFER
Awstralia	1930.1934.1938.1950.1954.1958.1962.1966. 1970.1974.19781982.1986.1990.1994.1998	16
Canada	1930.1934.1938.1950.1954.1958.1962.1966. 1970.1974.1978.1982.1986.1990.1994.1998	16
Cymru	***1930.1934.1938.1950.1954.1958.1962.1966. 1970.1974.1978.1982.1986.1990.1994.1998***	*16*
Seland Newydd	1930.1934.1938.1950.1954.1958.1962.1966. 1970.1974.1978.1982.1986.1990.1994.1998	16
Lloegr	1930.1934.1938.1950.1954.1958.1962.1966 1970.1974.1978.1982.1986.1990.1994.1998	16
Yr Alban	1930.1934.1938.1950.1954.1958.1962.1966 1970.1974.1978.1982.1986.1990.1994.1998	16
Giana	1930.1934.1938.1954.1958.1962.1966.1970. 1974.1978.1982.1990.1994.1998	14
Gogledd Iwerddon	1930.1934.1938.1954.1958.1962.1966.1970 1974.1978.1982.1986.1990.1998	14
Trinidad a Thobago	1934.1938.1954.1958.1962.1966.1970.1974. 1978.1982.1990.1994.1998	13
Bermiwda	1930.1934.1938.1950.1958.1970.1974.1978. 1982.1990.1994.1998	12

Ffiji	1938.1950.1954.1958.1962.1966.1970.1974. 1978.1982.1986.1998	12
India	1934.1938.1954.1958.1966.1970.1974.1978. 1982.1990.1994.1998	12
Jamaica	1934.1954.1958.1962.1966.1970.1974.1978. 1982.1990.1994.1998	12
Ynys Manaw	1958.1962.1966.1970.1974.1978.1982.1986. 1990.1994.1998	11
Barbados	1954.1958.1962.1966.1970.1974.1978.1982. 1990.1994.1998	11
Cenia	1954.1958.1962.1966.1970.1974.1978.1982 1990.1994.1998	11
Ghana	1954.1958.1962.1966.1970.1974.1978.1982 1990.1994.1998	11
Gibraltar	1958.1962.1966.1970.1974.1978.1982.1986 1990.1994.1998	11
Jersey	1958.1962.1966.1970.1974.1978.1982.1986. 1990.1994.1998	11
Singapôr	1950.1958.1962.1966.1970.1974.1978.1982. 1986.1990.1998	11
Sri Lanca	1938.1950.1958.1962.1966.1970.1978.1982 1990.1994.1998	11
Bahamas	1954.1958.1962.1966.1970.1978.1962.1990. 1994.1998	10

Hong Kong	1934.1954.1958.1962.1970.1974.1978.1982.	
	1990.1994	10
Mawrisws.	1958.1962.1966.1970.1974.1978.1982.1990. 1994.1998	10
Nigeria	1950.1954.1958.1966.1970.1974.1982.1990. 1994.1998	10
Simbabwe	1934.1938.1950.1954.1958.1962.1982.1990 1994.1998	10
Uganda	1954.1958.1962.1966.1970.1974.1982.1990 1994.1998	10
Papwa Gini Newydd	1962.1966.1970.1974.1978.1982.1990.1994. 1998	9
Tansania	1962.1966.1970.1974.1978.1982.1990.1994. 1998	9
De Affrica	1930.1934.1938.1950.1954.1958.1994.1998	8
Guernsey	1970.1974.1978.1982.1986.1990.1994.1998	8
Malawi	1970.1974.1978.1982.1986.1990.1994.1998	8
Maleisia	1966.1970.1974.1978.1982.1990.1994.1998	8
Malta	1958.1962.1970.1982.1986.1990.1994.1990	8
Pacistan	1954.1958.1962.1966.1970.1990.1994.1998	8
Sambia	1954.1970.1974.1978.1982.1990.1994.1998	8
Sant Finsent	1958.1966.1970.1974.1978.1990.1994.1998	8
Gwlad Swasi	1970.1974.1978.1982.1986.1990.1994.1998	8

Gorllewin Samoa	1974.1978.1982.1986.1990.1994.1998	7
Siera Leon	1958.1966.1970.1978.1990.1994.1998	7
Botswana	1974.1982.1986.1990.1994.1998	6
Leswtw	1974.1978.1986.1990.1994.1998	6
Y Gambia	1970.1978.1982.1990.1994.1998	6
Ynysoedd Caiman	1978.1982.1986.1990.1994.1998	6
Ynysoedd Cook	1974.1978.1986.1990.1994.1998	6
Antiga	1966.1970.1978.1994.1998	5
Belis	1962.1966.1970.1994.1998	5
Cyprus	1978.1982.1990.1994.1998	5
Dominica	1958.1962.1970.1994.1998	5
Grenada	1970.1974.1978.1982.1998	5
Sant Lwsia	1962.1970.1978.1994.1998	5
Tonga	1974.1982.1990.1994.1998	5
Ynysoedd Ffalkland	1982.1986.1990.1994.1998	5
Bangladesh	1970.1990.1994.1998	4
Ynysoedd Solomon	1982.1990.1994.1998	4
Brunei Daresalam	1990.1994.1998	3
Maleia	1950.1958.1962	3
Fanwatw	1982.1986.1990.1994	4
Maldif	1986.1990.1994.1998	4
Sant Kits	1978.1990.1994.1998	4

Ynysoedd Norfolk	1986.1990.1994.1998	4
Y Seishêls	1990.1994.1998	3
Ynysoedd Y Wyryf	1990.1994.1998	3
De Arabia	1962.1966	2
Montserat	1994.1998	2
Namibia	1994.1998	2
Sabah	1958.1962	2
Sarawak	1958.1962	2
Tir Newydd	1930.1934	2
Sant Helena	1982.1998	2
Ynysoedd Twrc a Caicos	1978.1998	2
Angwila	1998	1
Camerŵn	1998	1
Ciribas	1998	1
Mosambîc	1998	1
Nawrw	1998	1
Twfalw	1998	1

PENNOD DAU

RHESTR SWYDDOGION Y FFEDERASIWN HYD 2000

NODDWYR

1930 – 1936   Y Brenin Siôr V

1936 – 1952   Y Brenin Siôr VI

1952 -   Y Frenhiness Elizabeth II

LLYWYDDION

1932 – 1938   Yr Iarll Londsdale. K.G.,G.C.V.O.

1948 – 1955   Yr Iarll Gowrie.V.C., P.C., G.C. M.G., C.B.,D.S.O.

1955 - 2003   Ei Uchelder Brenhinol, Y Dug Caeredin. K.G.

IS-LYWYDDION AM OES

Duncan, O.B.E. K. Sandy	Lloegr
Phillips. Max B.	Awstralia
Heatley, C.B.E., D.L. Syr Peter	Yr Alban
Sales, C.B.E.. Y.H. Arnaldo De O.	Hong Kong

IS-LYWYDDION

Ynysoedd Y De

1968 - 1970   Porritt, Bt., K.C. M.G., K.C.V.O.,
                      C.B.E., F.R.C.S. Syr Arthur   Seland Newydd

Affrica

1970 - 1974   Adefope. Uwch-frigadydd

                      Henry Edmund Olufemi   Nigeria

America

1970 – 1974   Davies, C.D. Col. Jack W.   Canada

Asia

1970 – 1974   Razak. Yr Anrhydeddus

                      Tun Abdul   Maleisia

Ewrop

1970 – 1972   Yr Iarll Beatty.   Lloegr

Y Caribi

1970 – 1974   Henderson. K.

Ynysoedd y De

1970 – 1974   Austad, C.B.E. Harold   Seland Newydd

Affrica

1974 – 1978   Adefope. Uwch-frigadydd

                      Henry Edmund Olufemi   Nigeria

America

1974 – 1978   Davies, C.E. Cyrnol. Jack W.   Canada

Asia

1974 – 1978 Sales, C.B.E., Y.H.
                Analdo de O.   Hong Kong

Y Caribi

1974 – 1978 Bridge, O.B.E. Roydel Anthony   Jamaica

Y Caribi

1974 – 1978 Butler, K.C. M.G., Y.H., D.L.C.
                Syr Arlington G.   Bahamas

Ewrop

1974 – 1978 Carmichael. William   Yr Alban

Ynysoedd y De

1974 – 1978 Young. H.J.

Affrica

1978 – 1982 Adefope. Uwch-frigadydd
                Henry Edmund Olufemi   Affrica

Asia

1978 – 1982 Sales, C.B.E.,Y.H.
                Arnaldo de O.   Hong Kong

Y Caribi

1978 – 1982 Bridge, O.B.E. Roy Anthony   Jamaica

Ewrop

1978 – 1982 Howell. Cyril Montague   *Cymru*

Ynysoedd y De

1978 – 1982   Young. H.J.

Ewrop

1986 – 1990   Hunter, O.B.E. George A.   Yr Alban

Affrica

1990 – 1994   Kabaga. Raphael A.   Tansania

America

1990 - 1994   Dent. Ivor G.   Canada

Asia

1990 – 1994   Hamzah. Yr Anrh. Tan Sri   Maleisia

Y Caribi

1990 – 1994   Chapman, H.B.M. Alexander B.   Trinidad a Thobago

Ewrop

1990 – 1994   Killey, M.B.E. Ron E.   Ynys Manaw

Ynysoedd y De

1990 – 1994   Wightman. Brian J.   Tonga

America

1994 – 1998   Robertson. Bruce   Canada

Asia

1994 – 1998   Hamzah. Yr Anrh. Tan Sri   Maleisia

Y Caribi

1994 – 1998   Chapman, H.B.M.
              Alexander B.   Trinidad a Thobago

Ewrop

1994 – 1998   John, M.B.E. Myrddin   Cymru

Ynysoedd y De

1994 – 1998   Tunstall, O.B.E. Arthur   Awstralia

Affrica

1998 – 2003   Rogers. Edgar   Simbabwe

America

1998 – 2003   Robertson. Bruce   Canada

Asia

1998 – 2003   Singh. Raja Randir   India

Y Caribi

1998 – 2003   Chapman, H.B.M.
              Alexander B.   Trinidad a Thobago

Ewrop

1998 – 1999   McColgan, M.B.E.
              Richard   Gogledd Iwerddon

Ewrop

1999 – 2003   Emmerson. Ian   Lloegr

Ynysoedd y De

1998 – 2003 Tierney. John Ynysoedd Cook

CADEIRYDDION

1930 – 1938 Leigh-Wood, K.B.E.. C.B.

              Syr James   Lloegr

Syr James Leigh Wood. K.B.E.,C.B.,C. M.G

1948 – 1967 Porritt, Bt., K.C. M.G., C.B.E., F.R.C.S. Yr Arglwydd
              Arthur   Seland Newydd

1968 – 1982	Ross. Syr Alexander	Seland Newydd
1986 - 1994	Heatly, C.B.E., D.L. Syr Peter	Yr Alban
1994 – 1998	Sales, C.B.E., Y.H. Arnaldo de O.	Hong Kong
1998 -	Fennell, O.J., C.D. Yr Anrh. Michael	Jamaica

IS - GADEIRYDDION

1966 – 1968	Ross. Syr Alexander	Seland Newydd
1970 – 1982	Mbathi. Musembi	Cenia
1970 – 1982	Fennell, O.J., C.D. Yr Anrh. Michael	Jamaica
1982 -	Mukora, A.S., Yr Anrh. Charles	Cenia
1982 - 1999	Lee. Dato Alex	Maleisia

YSGRIFENYDDION

1932 – 1948	Hunter, O.B.E. Cyrnol Evan A.	Lloegr

E.A. Hunter. O.B.E.

1948 – 1982	Duncan, M.B.E. K. Sandy	Lloegr
1982 – 1999	Dixon. C.V.O. David M.	Lloegr
1999 -	Martin. C.B.E. Louise	Yr Alban

TRYSORYDDION

1932 – 1952	Holt. E. J.	Lloegr
1952 – 1962	Leigh-Wood, K.B.E., C.B., C.M.G. Syr James	Lloegr
1962 – 1986	Phillips. Max B.	Awstralia
1986 -	Sealy, S.C.M. Austin L.	Barbados

CYNGHORWR CYFREITHIOL

1982-	Rao. S. Sharad	Cenia

CYNGHORWR MEDDYGOL

1968 – 1982	Owen. Dr J.R.	Lloegr
1982 - 1986	Jones. Dr J. Howel	Lloegr
1986 -	Haigh, M.B., Ch.B., B.A. Dr Geoffrey	Canada

AELODAU PWYLLGOR CHWARAEON

1986 – 1990	*John, M.B.E. Myrddin*	*Cymru*
1990 – 1994	*John, M.B.E. Myrddin*	*Cymru*
1998 – 2003	Butt. Muhammed Latif	Pacistan
1998 - 2003	Cameron. Bruce	Seland Newydd
1998 – 2003	*John, M.B.E. Myrddin*	*Cymru*
1998 – 2003	Kabaga. Raphael	Tansania
1998 – 2003	Kent. Judy	Canada
1998 – 2003	McCook. Neville	Jamaica
1998 – 2003	Pitts, O.B.E., Y.H. Edward	Belîs

AELODAU PWYLLGOR CYLLID

1998 – 2003	Hemasiri. Fernando	Sri Lanca
1998 – 2003	Hooper. Michael	Seland Newydd
1998 – 2003	Hoskins. John	Bermiwda
1998 – 2003	Oliver. Hugo	De Affrica
1998 - 2003	Peterkin. Richard	Sant Lwsia
1998 – 2003	Wright, B.E.M. Gordon	Jersey

PENNOD TRI

AELODAU FFEDERASIWN CHWARAEON Y GYMANWLAD YN 2000

1 **Angwila**   Cymdeithas Amatur Athletau Angwila

2 **Antigwa A Barbiwda** Cymdeithas Gemau Olympaidd a Chymanwlad Antigwa

3 **Awstralia**   Cymdeithas Gemau'r Gymanwlad Awstralia

4 **Bangladesh**   Cymdeithas Olympaidd Bangladesh

5 **Barbados**   Cymdeithas Olympaidd Barbados

6 **Belîs**   Cymdeithas Gemau Olympaidd a Chymanwlad Belîs

7 **Bermiwda**   Cymdeithas Olympaidd Bermiwda

8 **Botswana**   Cymdeithas Olympaidd Cenedlaethol Botswana

9 **Briwnei Darussalam** Cyngor Olympaidd Cenedlaethol Briwnei Darussalam

10 **Camerŵn**   Pwyllgor Olympaidd Cenedlaethol Camerŵn

11 **Canada**   Cymdeithas Gemau'r Gymanwlad Canada Inc

12 **Cenia**   Pwyllgor Olympaidd Cenedlaethol Cenia

13 **Ciribas**   Cymdeithas Gemau'r Gymanwlad Ciribas

14 **Cyprus**   Cymdeithas Gemau'r Gymanwlad Cyprus

15	**De Affrica**	Cymdeithas Gemau'r Gymanwlad De Affrica
16	**Dominica**	Cymdeithas Athletau Amatur Dominica
17	**Faniwatw**	Pwyllgor Olympaidd Faniwatw
18	**Ffiji**	Cymdeithas Gemau'r Gymanwlad Ffiji
19	**Ghana**	Pwyllgor Olympaidd a Gêmau Dros y Môr Ghana
20	**Giana**	Pwyllgor Olympaidd Giana
21	**Gibraltar**	Pwyllgor Gêmau'r Gymanwlad Gibraltar
22	**Gogledd Iwerddon**	Cyngor Gêmau'r Gymanwlad Gogledd Iwerddon
23	**Grenada**	Pwyllgor Olympaidd Grenada
24	**Guernsey**	Pwyllgor Gêmau'r Gymanwlad Guernsey
25	**Gwlad Swasi**	Cymdeithas Olympaidd a Chymanwlad Gwlad Swasi
26	**India**	Cymdeithas Olympaidd India
27	**Jamaica**	Cymdeithas Olympaidd Jamaica
28	**Jersey**	Cymdeithas Gêmau'r Gymanwlad Jersey
29	**Leswtw**	Pwyllgor Olympaidd Leswtw
30	**Lloegr**	Cyngor Gêmau'r Gymanwlad Lloegr
31	**Malawi**	Cymdeithas Gêmau Olympaidd a Chymanwlad Malawi
32	**Maleisia**	Cyngor Olympaidd Maleisia
33	**Malta**	Pwyllgor Olympaidd Malta

34 **Mauwrisiws**	Pwyllgor Olympaidd Maurisiws
35 **Montserat**	Cymdeithas Athletau Amatur Montserat
36 **Mosambîc**	Pwyllgor Olympaidd Cenedlaethol Mosambîc
37 **Namibia**	Pwyllgor Olympaidd Cenedlaethol Namibia
38 **Nawrw**	Cymdeithas Gêmau'r Gymanwlad Nawrw
39 **Nigeria**	Pwyllgor Olympaidd Nigeria
40 **Niwi**	Cymdeithas Cenedlaethol Niwi
41 **Pacistan**	Cymdeithas Olympaidd Pacistan
42 **Papwa Gini Newydd**	Pwyllgor Cenedlaethol Papwa Gini Newydd
43 **Sambia**	Ffederasiwn Chwaraeon Sambia
44 **San Finsent a'r Grenadin**	Cymdeithas Olympaidd San Finsent a'r Grenadin
45 **San Helena**	Cymdeithas Cenedlaethol Chwaraeon Amatur San Helena
46 **Sant Kits a Nefis**	Cymdeithas Olympaidd Sant Kits a Nefis
47 **Sant Lwsia**	Pwyllgor Olympaidd Sant Lwsia
48 **Seland Newydd**	Pwyllgor Olympaidd Seland Newydd
49 **Sierra Leon**	Pwyllgor Gêmau Olympaidd a Dros y Môr Sierra Leon

50 Simbabwe	Cymdeithas Gêmau'r Gymanwlad Simbabwe
51 Singapôr	Pwyllgor Olympaidd Cenedlaethol Singapôr
52 Sri Lanca	Pwyllgor Olympaidd Cenedlaethol Sri Lanca
53 Tansania	Pwyllgor Olympadd Tansania
54 Tonga	Cymdeithas Gêmau Gymanwlad Tonga
55 Trinidad a Thobago	Cymdeithas Olympaidd Trinidad A Thobago
56 Twfalw	Cymdeithas Chwaraeon Amatur Twfalw
57 Uganda	Pwyllgor Olympaidd Uganda
58 Y Bahamas	Cymdeithas Olympaidd Y Bahamas
59 Y Gambia	Pwyllgor Olympaidd Cenedlaethol A Chwaraeon Y Gymanwlad Y Gambia
60 Y Seishêls	Pwyllgor Olympaidd Cenedlaethol Y Seishêls
61 Ynys Manaw	Cymdeithas Gêmau Gymanwlad Ynys Manaw
62 Ynys Norffolk	Cyngor Chwaraeon Amatur Ynys Norffolk
63 Ynysoedd Caiman	Pwyllgor Olympaidd Ynysoedd Caiman
64 Ynysoedd Cook	Cymdeithas Chwaraeon Amatur Ynysoedd Cook
65 Ynysoedd Ffalkland	Cymdeithas Reiffl FIDF

66 Ynysoedd Solomon Pwyllgor Olympaidd Cenedlaethol Ynysoedd Solomon

67 Ynysoedd Twrci a Caicos Cymdeithas Athletau Amatur Ynysoedd Twrci a Caicos

68 Ynysoedd Y Maldîf Pwyllgor Olympaidd Ynysoedd Y Maldîf

69 Ynysoedd Y Wyryf Pwyllgor Olympaidd y Wyryf Brydeinig

70 Yr Alban Cyngor Gêmau Gymanwlad Yr Alban

PENNOD PEDWAR

SAFLEOEDD SEREMONIAU AGORIADOL GÊMAU'R GYMANWLAD A PHENCAMPWYR

POSTER Y GÊMAU CYNTAF

Safleoedd Seremoniau Agoriadol y Gêmau

Rhif   Dyddiad

I   16 – 23 Awst 1930

Campau: Athletau. Bowlio Lawnt. Nofio. Paffio. Rhwyfo. Ymaflyd Codwm

Safle: Stadiwm Dinesig, Hamilton, Canada

II   4 – 11 Awst 1934

Campau: Athletau. Beicio. Bowlio Lawnt. Nofio. Paffio. Ymaflyd Codwm

Safle: Stadiwm Dinas Gwyn, Llundain, Lloegr

III   5 – 12 Chwefror 1938

Campau: Athletau. Beicio. Bowlio Lawnt. Nofio. Paffio. Rhwyfo. Ymaflyd Codwm

Safle: Maes Criced, Sydney, Awstralia

IV   **4 – 11 Chwefror 1950**

<u>Campau:</u>   Athletau. Beicio. Bowlio Lawnt. Codi Pwysau. Cleddyfaeth. Nofio. Paffio. Rhwyfo. Ymaflyd Codwm

<u>Safle:</u> Parc Eden, Auckland, Seland Newydd

V   **30 Gorffennaf - 7 Awst 1950**

<u>Campau:</u>   Athletau. Beicio. Bowlio Lawnt. Codi Pwysau. Cleddyfaeth. Nofio. Paffio. Rhwyfo. Ymaflyd Codwm

<u>Safle:</u> Stadiwm yr Ymherodraeth, Fancwfer, Canada

VI   **17 – 26 Gorffennaf 1958**

<u>Campau:</u>   Athletau. Beicio. Bowlio Lawnt. Codi Pwysau. Cleddyfaeth. Nofio. Paffio. Rhwyfo. Ymaflyd Codwm

<u>Safle:</u> *Parc yr Arfau, Caerdydd, Cymru*

VII   21 Tachwedd -1 Rhagfyr 1962

Campau: Athletau. Beicio. Bowlio Lawnt. Codi Pwysau. Cleddyfaeth. Nofio. Paffio. Rhwyfo. Ymaflyd Codwm

Safle: Stadiwm Llynnoedd Perry, Perth, Awstralia

VIII   4 – 13 Awst 1966

Campau: Athletau. Badminton. Beicio. Codi Pwysau. Cleddyfaeth. Nofio. Paffio. Saethu. Ymaflyd Codwm

Safle: Stadiwm Cenedlaethol, Kingston, Jamaica

IX   16 – 25 Gorffennaf 1970

Campau: Athletau. Badminton. Beicio. Bowlio Lawnt. Codi Pwysau. Cleddyfaeth. Nofio. Paffio. Ymaflyd Codwm

Safle: Stadiwm Meadowbank, Caeredin, Yr Alban

X   24 Ionawr – 2 Chwefror 1974

Campau: Athletau. Badminton. Beicio. Bowlio Lawnt. Codi Pwysau. Nofio. Paffio. Saethu. Ymaflyd Codwm

Safle: Parc Y Frenhiness Elizabeth II, Christchurch, Seland Newydd

XI   **3 – 12 Awst 1978**

Campau: Athletau. Badminton. Beicio. Bowlio Lawnt. Codi Pwysau. Gymnasteg. Nofio. Paffio. Saethu. Ymaflyd Codwm

Safle: Stadiwm Y Gymanwlad, Edmonton, Canada

XII   **30 Medi – 9 Hydref 1982**

Campau: Athletau. Badminton. Beicio. Bowlio Lawnt. Codi Pwysau. Nofio. Paffio. Saethyddiaeth. Saethu. Ymaflyd Codwm

Safle: Stadiwm Y Frenhiness Elizabeth II, Brisbane, Awstralia

XIII   **24 Gorffennaf – 2 Awst 1986**

Campau: Athletau. Badminton. Beicio. Bowlio Lawnt. Codi Pwysau. Nofio. Paffio. Rhwyfo. Saethu. Ymaflyd Codwm

Safle: Stadiwm Meadowbank, Caeredin, Yr Alban

XIV　　**24 Ionawr – 3 Chwefror 1990**

Campau:　　Athletau. Badminton. Beicio. Bowlio Lawnt. Codi. Pwysau. Gymnasteg. Jwdo. Nofio. Paffio. Saethu

Safle:　Stadiwm Mount Smart, Auckland, Seland Newydd

XV　　**18 – 28 Awst 1994**

Campau:　　Athletau. Badminton. Beicio.Bowlio Lawnt. Codi Pwysau. Gymnasteg. Nofio. Paffio. Saethu. Ymaflyd Codwm

Safle:　Stadiwm Canmlwyddol, Fictoria, Canada

XVI　　**11 – 21 Medi 1998**

Campau:　　Athletau. Badminton. Beicio. Bowlio Decbin. Bowlio Lawnt. Codi Pwysau. Criced. Hoci. Gymnasteg. Nofio. Paffio. Pêl Rhwyd. Rygbi 7 Pob Ochr. Saethu. Sboncen

Safle:　Stadiwm Cenedlaethol. Bukit Jalil, Kuala Lumpur, Maleisia

NIFER YN Y GÊMAU

	Gwledydd	Athletwyr	Swyddogion	Cyfanswm
1930	11	400	50	450
1934	16	500	50	550
1938	15	464	43	507
1950	12	590	73	633
1954	24	662	127	789
1958	35	1130	228	1358
1962	35	863	178	1041
1966	34	1050	266	1316
1970	42	1383	361	1744
1974	39	1276	372	1648
1978	46	1475	504	1979
1982	45	1583	571	2154
1986	26	1662	461	2123
1990	55	2073	789	2826
1994	63	2557	914	3471
1998	70	3638	1398	5036

CHWARAEON â GYNHALIWYD YN Y GÊMAU

Athletau

1930.1934.1938.1950.1954.1958.1962.1966
1970.1974.1978.1982.1986.1990.1994.1998 (16)

Badminton

1966.1970.1974.1978.1982.1986.1990.1994.1998 (9)

Beicio

1934.1938.1950.1954.1958.1962.1966.1970.

1974.1978.1982.1986.1990.1994.1998 (15)

Bowlio Decbin

1998 (1)

Bowlio Lawnt

1930.1934.1938.1950.1954.1958.1962.1970.

1974.1978.1982.1986.1990.1994.1998 (15)

Cleddyfaeth

1950.1954.1958.1962.1966.1970 (6)

Codi Pwysau

1950.1954.1958.1962.1966.1970.1974.1978.

1982.1986.1990.1994.1998 (13)

Criced

1998 (1)

Gymnasteg

1978.1990.1994.1998 (4)

Hoci

1994.1998 (2)

Jwdo

1990 (1)

Nofio

1930.1934.1938.1950.1954.1958.1962.1966.

1970.1974.1978.1982.1986.1990.1994.1998 (16)

Paffio

1930.1934.1938.1950.1954.1958.1962.1966.

1970.1974.1978.1982.1986.1990.1994.1998 (16)

Pêl Rhwyd

 1998   (1)

Rhwyfo

 1930.1938.1950.1954.1958.1962.1986.   (7)

Rygbi 7 Bob Ochr

 1998   (1)

Saethu

 1966.1974.1978.1982.1986.1990.1994.1998 (8)

Saethyddiaeth

 1982   (1)

Sboncen

 1998   (1)

Ymaflyd Codwm

 1930.1934.1938.1950.1954.1958.1962.1966.

 1970.1974.1978.1982.1986.1994   (14)

NIFER Y CAMPAU YN Y GÊMAU 1930 - 1998

D-Dynion **M**-Menywod **C**-Dynion a Menywod

GEMAU	30	34	38	50	54	58	62	66	70	74	78	82	86	90	94	98
Athletau	D	C	C	C	C	C	C	C	C	C	C	C	C	C	C	C
Badminton							C	C	C	C	C	C	C	C	C	C
Bowlio Lawnt	D	D	D	D	D	D	D		D	D	C	C	C	C	C	C
Bowlio Decbin																C
Cleddyfaeth				C	C	C	C	C	C							
Codi Pwysau				D	D	D	D	D	D	D	D	D	D	D	D	D
Criced																D
Gymnasteg										C			C	C	C	C
Hoci																C
Jwdo												C				
Nofio	C	C	C	C	C	C	C	C	C	C	C	C	C	C	C	C
Paffio	D	D	D	D	D	D	D	D	D	D	D	D	D	D	D	D
Pêl Rhwyd																M
Rhwyfo	D		D	D	D	D	D					C				
Rygbi 7 Pob Ochr																D
Saethu							C		C	C	C	C	C	C	C	C
Saethyddiaeth												C				
Sboncen																C
Beicio		D	D	D	D	D	D	D	D	D	D	D	D	C	C	C
Ymaflyd Codwm	D	D	D	D	D	D	D	D	D	D	D	D		D		
Cyfanswm	6	6	7	9	9	9	9	9	9	9	10	10	10	10	10	15

Roedd un ar ddeg o'r campau yn Kuala Lumpur yn cynnwys menywod, ond ym 1930 cystadlu mewn nofio yn unig roeddynt. Y mae tri camp wedi eu cynnwys ym mhob un o rhain sef – Athletau, Nofio a

Paffio. Y canlyniad oedd cynydd yn y nifer o gampau ac hefyd yn y nifer o gystadleuwyr.

Safle Cymru Yn Y Gêmau 1930 - 1998

Y safle uchaf llwyddodd Gymru gyrraedd yn y rhestr tabl medalau yn yr ugeinfed ganrif oedd bumed ym 1986 (Gweler Isod). **(Atodiad 3)**

Gêmau	Safle
1930	7
1934	8
1938	6
1950	12
1954	13
1958	11
1962	13
1966	11
1970	11
1974	12
1978	9
1982	8
1986	5
1990	6
1994	9
1998	10

Rhaid fod yn ofalus rhag i lwyddiant Chwaraeon Y Gymanwlad ddinistrio ysbryd ac amcan y Gêmau fel oedd Astley Cooper wedi crybwyll. Fel y gwelsom ym 1998, y Gêmau olaf yn yr ugeinfed ganrif, mae gêmau tîm wedi ychwanegu yn ddirfawr a chwyddo'r nifer o gampau yn cynnwys menywod yn ogystal a chynyddu y nifer o swyddogion. Mae hyn yn her i allu gwledydd bach llwm gynnig am y Gêmau. Yn ogystal mae'r cystadleuwyr a'r cyfryngau yn hawlio mwy o adnoddau a threfniadau manwl, personol a soffistigedig. Pedwar cant a hanner oedd nifer y cystadleuwyr a'u swyddogion ym 1930 sy'n nifer fach o gymharu â'r nifer heddiw sydd wed'u chwyddo gan lu o swyddogion technegol, gweinyddwyr a chynorthwywyr sydd yn anghenreidiol mewn Gêmau cyfoes.

Tyfodd y nifer hyn o 450 i 1,358 ym 1958 pan gynhaliwyd y Gêmau yng Nghaerdydd, ac yna i fynny i 3,471 ym 1994 cyn chwyddo i 5,036 ym 1998. Hyn i gyd yn gofyn am fedrusrwydd uchel a drud. Efallai yn y dyfodol gan bod natur dyn i wella er mwyn goroesi yn egwyddor dderbyniol, ond y mae'r tyfiant anhygoel yma yn ei gwneud yn anodd i wledydd bach ymateb i'r cynnydd. Bydd rhaid i'r Ffederasiwn edrych o ddifri ar y broblem hyn yn y dyfodol agos.

GÊMAU'R GYMANWLAD

1930   HAMILTON   Athletau. Bowlio Lawnt. Nofio. Paffio. Rhwyfo. Ymaflyd Codwm **(6)**

Ym 1930 cynhaliwyd y Gêmau Ymherodraeth Prydain cyntaf ac roedd yn hanfodol eu bod yn llwyddiannus. Er bod yr arian yn brin. roedd y Gêmau yn llwyddiant ysgubol gan gadarnhau dyfodol i'r Gêmau am y degawdau i ddilyn. Roedd breuddwyd J. Astley Cooper wedi bod yn ffrwythlon a ystyfnigrwydd Richard Coombes wedi cario'r dydd. Penderfynwyd cael y Gêmau yma yn Hamilton yn Chwefror 1930 ac agorwyd y Gêmau yn Awst 1930, felly mewn saith mis roedd popeth wedi'i drefnu i dderbyn y timoedd i Hamilton.

Anfonwyd pedwar cant o gystadleuwyr i'r Gêmau cyntaf, o unarddeg gwlad, sef Awstralia, Bermiwda, Canada, Cymru, De Affrica, Giana

Prydeinig, Gogledd Iwerddon, Lloegr, Seland Newydd, Tir Newydd, ac Yr Alban.

Y pencampwr cyntaf yn Chwaraeon Y Gymanwlad oedd Gordon A. Smallacombe o Awstralia wrth iddo ennill y fedal aur yn y Naid Triphlyg. Enillydd y medal cyntaf dros Gymru oedd Valerie Davies pan enillodd fedal efydd yn Nofio yn y Steil Rydd dros 100 llath i fenywod. Aeth ymlaen i ennilll medal arian yn y 100 llath Strôc Cefn i fenywod ac hefyd yn y 400 llath Steil Rydd. Valerie oedd yr unig gynrychiolydd dros Gymru a chafodd yr anrhydedd o gario baner Cymru yn y seremoni agoriadol. Yr unig gamp i fenywod i gystadlu ynddynt oedd nofio.

Y cystadleuwyr a gafodd y fraint o gael eu henwi i gario lluman eu gwlad yn y Seremoni Agoriadol yn y Gêmau Cyntaf ym 1930 oedd:

GWLAD	CYSTADLEUYDD	CAMP
Awstralia	Henry Robert (Bobby) Pearce	Rhwyfo
Bermiwda	Don Freisenbruch	Nofio
Canada	Percy Williams	Athletau
Cymru	*Valerie Davies*	*Nofio*
De Affrica	Hendrick B. Hart	Athletau
Giana Prydeinig	J. F. Mathews	Rhwyfo
Gogledd Iwerddon	* William (Bill) Britton	Athletau
Lloegr	Yr Arglwydd David Burghley	Athletau
Seland Newydd	W. John Savidan	Athletau
Tir Newydd	Greg Power	Athletau
Yr Alban	Duncan McLeod Wright	Athletau

* Oherwydd niwl roedd y llong yn cludo tîm Iwerddon yn rhy hwyr iddynt gymryd rhan yn y Seremoni Agoriadol a bu'n rhaid i aelod o'r tîm oedd yn byw yng Nghanada, P. Jack O'Reilly, gario'r lluman ar y dydd.

Llun Cludwyr y Llumanau Yn Hamilton 1930

Ar y Rostrwm 1. Percy Williams

Chwith

2. Hendrick B. Hart

3. Greg Power

4 Duncan McLeod Wright

5. *Valerie Davies*

6. Yr Arglwydd David Burghley

Dde

7. W. John Savidlan

8. Don Freisenbruch

9. J. F Matthews

10. William Britton

11. Harry R. Pearce

Adroddwyd y llw ar rhan y cystadleuwyr gan yr athletwr enwog o Ganada, Percy Williams enillydd medalau aur yn y 100 m a 200 m yn y Chwaraeon Olympaidd ym 1928. Cynnwys y llw oedd:

'We declare that we are loyal subjects of His Majesty the King Emperor, and will take part in the British Empire Games in the spirit of true sportsmanship, recognising the rules which govern them, desirous of participating in them for the honour of our Empire and for the glory of sport.'

Ni fedrwyd cyflwyno'r medalau i'r buddugwyr ar y diwrnod wedi gorffen y Gêmau fel oeddynt wedi trefnu, oherwydd y tywydd garw. Trefnwyd gael gwledd arbennig y noson honno yn y Gwesty Royal Connaught â Bobby Robinson yn llywyddu'r weithred o gyflwyno'r medalau.

1934   LLUNDAIN   Athletau. Bowlio Lawnt. Nofio. Paffio. Rhwyfo. Ymaflyd Codwm (6)

Y tro hwn bu menywod yn cystadlu yn Athletau am y tro cyntaf. Nodyn trist i Gymru oedd pan gwrthododd Lloegr ganiatâd i Reg H. Thomas gynrychioli Cymru, er fod Cymru wedi ei ddewis i rhedeg yn y ras 3 milltir. Y rheswm am hyn oedd ei fod wedi cynrychioli Lloegr ym 1930. Yn y Rhaglen Swyddogol yn y Seremoni Agoriadol ar y pedwerydd o Awst 1934, ysgrifennwyd -

'Those who have already competed in the British Empire Games for one country cannot, in any circumstances, represent another country in the 1934 Empire Games.'

Ni chafodd athletau Cymru wahoddiad i'r Gêmau cyntaf ym 1930. Yn ogystal 'doedd dim Rheolau cyfansoddiadol wedi eu ffurfio tan Awst 1932. Felly yr unig fodd i Reg Thomas i gystadlu ym 1930 oedd drwy gynrychioli Lloegr. Ganwyd Reg Thomas yn Nhoc Penfro ar yr 11 Ionawr 1907 lle bu'n byw nes iddo ymuno â Llu Awyr Prydain yn ŵr ifanc. Cystadleuodd mewn 9 Pencampwriaeth Athletau Cymru a bu'n fuddugol yn wyth o rhain sef:

	880 llath	**1 milltir**
1929	1:58.6	4:27.0
1930	2:00.0	4:26.0
1931	2:01.6	4:31.8
1933		4:17.2
1936		4:21.4

Rhoddwyd gwahoddiad i Nofio Cymru ym 1930 ond ni chafodd tîm Athletau Cymru wahoddiad. Brwydrodd Cymru yn galed i gael Reg Thomas i gystadlu dros Gymru yn y Gêmau. ac yn hyn cafwyd cymorth gref gan Yr Arglwydd Aberdâr, dyn a llawer o ddylanwad ym myd chwaraeon, ond methiant bu eu hymdrechion. Y broblem fwyaf oedd bod Reg Thomas yn athletwr rhagorol ac wedi ennill y Filltir yn y Gemau ym 1930. Cafodd Reg Thomas ei ladd pan yn beilot ar awyren fombio â syrthiodd ger Stroud. Caerloyw, ar y bedwaredd ar ddeg o Fawrth 1946. Roedd Reg yn 39 mlwydd oed.

Yn ddiamau, o dan yr amgylchiadau, dylai Lloegr fod wedi gadael i Reg Thomas gynrychioli Cymru ym 1934. Teimlaf nad oedd cysondeb yn y rheolau a byddai gosod ei enw (wedi marwolaeth), o dan Cymru, yn fater o egwyddor ac hefyd yn arwydd o ewyllys da. Roedd gan Canada agwedd wahanol i'r Saeson ac er fod ei athletwr enwog, Phil Edwards wedi cynrychioli Canada yn Chwaraeon Olympaidd Amsterdam a Los Angeles, cafodd ei ddewis i Giana Prydeinig yn y Chwaraeon Ymherodriaeth ym 1930 a 1934.

Daeth Philip Edwards yn bedwerydd yn yr 800 m yn Amsterdam yn y Gêmau Olympaidd ym 1928 mewn 1:51.5, yn drydydd yn 1936 yn Berlin mewn 1:53.6 ac yn drydydd yn Los Angeles yn y 1,500 m â 3:52.8. Gan i Edwards ennill cymaint o fedalau efydd cafodd yr enw 'Man of Bronze' yng Nghanada.

Ysgrifennodd J. Clive Williams yn y cylchgrawn Welsh Athletics 1978 Wales'. Yn anffodus dyma'r unig dystiolaeth rwyf wedi dod ar ei thraws yn sôn am hyn. Er ein bod yn gorfoleddu yn llwyddiannau Reg Thomas, yn swyddogol mae ei lwyddiant yn Athletau yn cael ei hawlio gan Loegr. Ble mae chwarae têg y Saeson yn y Gêmau a elwyr heddiw yn 'Friendly Games'?

Yr athletwr Jack E. Lovelock o Seland Newydd oedd un o sêr mwyaf y Gêmau pan enillodd y Filltir yn 4:12.8. Aeth Lovelock ymlaen i ennill y 1,500 m yn y Chwaraeon Olympaidd yn Berlin ym 1936. Llwyddodd Gladys Lunn o Loegr ennill y 880 llath ac hefyd Taflu'r Waywffon i fenywod. Fe wnaeth Noel Ryan o Awstralia yn arbennig o dda i ennill medal aur yn Nofio yn y Steil Rydd 440 llath a 1,500 llath gan ddilyn yr un patrwm a wnaeth yn y Gêmau ym 1930. Am y tro cyntaf roedd gan Gymru Prif Reolwr sef R. P. Green.

Dengys y negeseuon canlynol bod y Gêmau yn bwysig iawn i'r Teulu Brenhinol. Ysgrifennodd Lloegr y neges ffarwel isod ar derfyn y Gêmau:

At the close of the British Empire Games we wish to express our warm thanks to all who have contributed to the remarkable successof the meeting.

Competitors and Officials have worked in complete loyalty and friendship to each other, and the purpose beyond the Games has, we believe, been fully achieved.

In bidding farewell to our friends from Overseas, as well as to those in the motherland, we wish each and everyone great happiness.

We send herewith a copy of the gracious messages received from H. M. the King and H.R.H. the Prince of Wales as a momento of our Great Adventure.

Lonsdale: President

James Leigh-Wood: Chairman

London, August 11ᵗʰ, 1934.

Copi o deligram anfonwyd i Y Brenin ar y bedwaredd o Awst, 1934.

Nine hundred Athletes and Officials from England, Scotland, Wales, Northern Ireland, Canada, Awstralia, New Zealand, South Africa, Newfoundland, India, Bermuda, British Guiana, Hong Kong, Rhodesia and Trinidad, assembled in London to compete in the British Empire Games offer their humble duty to Your Majesty, with profound loyalty.

They are inspired by the belief that this meeting of Athletes engaged in friendly rivalry will Strengthen goodwill and understanding between the peoples of the Empire.

    Lonsdale,   Llywydd.

    James Leigh-Wood, Cadeirydd.

Copi o'r neges a dderbyniwyd drwy deligram oddi wrth Y Brenin o'r Llong Frenhinol Fictoria ac Albert, o Cowes ar y bedwaredd o Awst, 1934.

Please express to the nine hundred athletes and officials assembled In London for the British Empire Games my sincere thanks for the loyal assurances contained in their message. I am glad to welcome representatives from so many parts of the Empire and I send my best wishes for the success of the competitions.

    GEORGE R. I.

Copi o neges oddi wrth Tywysog Cymru

St James's Palace. S.W.

    4th August. 1934

Dear Lord Lonsdale,

Though I much regret that I cannot be with you at the opening of the Empire Games today, I have had the opportunity of meeting the overseas athletes whom I was delighted to welcome at St. James's Palace on Wednesday.

Please convey to all my best wishes for a very successful meeting

Yours sincerely.

    Edward

1938 SYDNEY Athletau. Beicio. Bowlio Lawnt. Nofio. Rhwyfo. Paffio. Ymaflyd Codwm **(9)**

Unwaith eto oherwydd y pellter a'r gost bu'n rhaid i dîm Cymru ymuno â Thîm Lloegr ar y llong. Roedd y daith yn hir a blinedig a bu'n rhaid i'r athletwyr ymarfer ar y llong.

Yn y Gêmau hyn yn Sydney enillodd *Jim Alford fedal aur i Gymru* yn y Filltir mewn 4:11.6. Enillodd Decima Norman o Awstralia pum medal aur sef 100 llath a 220 llath. Naid Hir a dwy Cyfnewid . Yn ystod y Gêmau hyn penodwyd Montreal, Canada, i drefnu'r Gêmau nesaf ym 1942, ond ni chafwyd y fraint o wneud hyn oherwydd Y Rhyfel Byd. Y Gêmau nesaf felly i gael eu cynnal oedd yn Auckland. Seland Newydd, ym 1950.

1942 Dim GÊMAU OHERWYDD YR AIL RHYFEL BYD

1946 Dim GÊMAU OHERWYDD YR AIL RHYFEL BYD

1950 AUCKLAND Athletau. Beicio. Bowlio Lawnt. Cleddyfaeth. Codi Pwysau. Nofio. Rhwyfo. Paffio. Ymaflyd Codwm **(9)**

Dyma'r Gêmau cyntaf i Marjorie Jackson o Awstralia ddod i sylw'r byd. Enillodd Marjorie fedalau aur yn y Ras 100 llath a 220 llath. Hefyd enillodd fedalau aur yn y ddwy Cyfnewid . Cefais y fraint o gwrdd â Marjorie ar lawer achlysur. Aeth y ferch hyfryd hon ymlaen i ennill y ddwy sbrint ym 1954. Rhwng y Gêmau hyn enillodd y ddwy sbrint yn y Chwaraeon Olympaidd yn Helinski. Un arall i ddisgleirio ym 1950 oedd Yvette Williams o Seland Newydd pan fu'n fuddugol yn y Naid Hir ac ennill medal arian yn Taflu'r Waywffon. Llwyddodd Yvette i ennill medal aur yn Helsinki ym 1952.

Enillodd *Tom Richards o Gymru,* y fedal arian yn y Marathon pan ddaeth yn ail i Jack Holden o Loegr. Yn y gornestion Ymaflyd Codwm, cipiodd Richard Garrard o Awstralia, y fedal aur am y drydedd waith yn ôlynol yn y Dosbarth Ysgafn.

1954   FANCWFER Athletau.Beicio.Bowlio Lawnt. Cleddyfaeth. Codi Pwysau. Nofio. Rhwyfo. Paffio. Ymaflyd Codwm **(9)**

Roedd pobl y byd yn edrych ymlaen i'r ornest rhwng Roger Bannister o Loegr a John Landy o Awstralia yn y Filltir. Ym mis Mai 1954 yn Rhydychen llwyddodd Roger Bannister i greu record byd newydd o 3:59.4. Dyma'r tro cyntaf yn hanes i unrhyw berson dorri pedair munud yn y Filltir. Ni bu'r record yma'n hir cyn i John Landy, ym mis Mehefin dorri y record yn Turku, Y Ffindir, gydag amser o 3:58.0. Felly roedd disgwyl mawr i'r ornest hon. Ac yn wir dyna roedd hi. Enillodd Bannister y ras, â'r ddau wedi torri pedair munud ond Roger Bannister oedd yn fuddugol.

Canlyniadau y ras fythgofiadwy yma oedd –

1	Roger B. Bannister	Lloegr	3:58.8
2	John M. Landy	Awstralia	3:59.6
3	Richard K. Ferguson	Canada	4:04.6
4	Victor Milligan	Gogledd Iwerddon	4:05.0
5	Murray G. Halberg	Seland Newydd	4:07.2
6	I.H. Boyd	Lloegr	4:07.2
7	William D. Baillie	Seland Newydd	4:11.0

Ni orffennodd D.C. Lowe (Lloegr) y ras.

Yn y Gêmau hyn enillwyd y Marathon gan Joseph McGhee o Yr Alban ond bydd pawb yn cofio'r ras oherwydd dewrder Jim Peters, y rhedwr enwog o Loegr. Syrthiodd Peters tua deg o weithiau cyn iddo fethu cwblhau y ras er iddo fod rhyw ugain munud o flaen McGhee pan ddaeth i mewn i'r stadiwm, ymhell o flaen pawb arall. Roedd hon yn un o'r golygfeydd mwyaf erchyll â welwyd mewn chwaraeon. Gwthiodd Peters ei gorff i'r eithaf. ond yn ofer. Da oedd gwybod iddo fod yn berffaith iawn trannoeth. Deng mlynedd yn ddiweddarach cafodd Jim Peters wahoddiad i seremoni yn Stadiwm Yr Ymerhodriaeth yn Fancwfer yn ystod gêm Pêl-droed lle y cafodd y fraint o orffen y Marathon a oedd wedi methu ei chwblhau ym 1954 drwy rhedeg y 220 llath olaf o'r cwrs.

Yn ystod y Gêmau yn Fancwfer. penodwyd Cymru i drefnu y Gêmau nesaf yng Nghaerdydd.

1958   CAERDYDD Athletau. Beicio. Bowlio Lawnt. Cleddyfaeth.Codi Pwysau. Nofio. Rhwyfo. Paffio. Ymaflyd Codwm **(9)**

Trefnwyd y Gêmau yma yng Nghaerdydd, Prif Ddinas Cymru, a'r safle oedd Parc Yr Arfau, â oedd yn enwog dros y byd am Rygbi, ac yma cynhaliwyd yr Athletau hefyd. Roedd y Codi Pwysau yn Y Bari gerllaw a'r Rhwyfo ar Llyn Y Bala yng Nghogledd Cymru.

Yn y Seremoni Agoriadol cafodd Ken Jones, y chwaraewr Rygbi ac Athletwr enwog o Gymru, y fraint o gario'r neges oddi wrth Y Frenhiness Elizabeth i mewn i'r stadiwm. Cludwyd y neges mewn baton gan ffyddloniad y Gêmau o Lundain ar ffurf rhediad cyfnewid a throsglwyddwyd y neges gan Ken Jones, i'r Dug Caeredin ac yna darllennodd Y Dug y neges i'r cyhoedd fel rhan o'r seremoni i agor Y Gêmau.

NEGES Y FRENHINES

To all athletes assembled at Cardiff for the Sixth British Empire and Commonwealth Games I send a warm welcome and my very best wishes.

I am delighted that so many Commonwealth countries have sent teams to Wales for these Games. The number is larger than ever and more than three times as great as for the first meeting at Hamilton 1930.

This is welcome proof of the increasing value which is being placed today on physical strength and skill as an essential factor in the development of the whole man; healthy in mind and body.

It also gives me the greatest personal pleasure to know that so many members of the Commonwealth family are meeting in friendly rivalry and competition.

I hope that many lasting friendships will grow from this great meeting of athletes and spectators and that you will all go home with a better understanding of the value of our Commonwealth of nations.

I am greatly looking forward to being with you at the end of next week.

Elizabeth R.

Fe ddaeth y weithred hon o gludo neges y Frehnines, a gychwynwyd yng Nghaerdydd, yn rhan bwysig o'r Gêmau, sy'n para hyd heddiw.

Diddorol gwybod bod y baton â ddefnyddiwyd yng Nghaerdydd, o dan ofal Amgueddfa Cenedlaethol Cymru.

Seren Gêmau 1958 oedd yr athletwr Herb Elliott o Awstralia a enillodd y 880 llath a'r Filltir. Mewn ras Filltir wedi'r Gêmau hyn, rhedodd Elliott 3:54.5 gan dorri y record byd o 02.7 eiliad, ac aeth ymlaen i rhedeg 02.1 yn gyflymach, a thorri Record Byd dros 1,500 m yn Sweden. Yn y Chwaraeon Olympaidd yn Rhufain ym 1960 enillodd Herb Elliott y 1,500 m mewn 3:35.6. Gellir dehongli yr amser hwn i fod yn rhyw 3:53.0 am filltir. Athletwr anhygoel oedd Elliott wrth inni ystyried iddo rhedeg yr amser hyn.

Athletwr arbenig arall oedd Dave Power o Awstralia â oedd yn llwyddianus yn y 6 milltir a'r Marathon a ble ddaeth **John Merriman o Gymru** mor dda i ddod yn ail yn y chwech milltir. Tom Robinson o Bahamas oedd enillydd y 220 llath ac yn ffefryn mawr gyda'r gwylwyr, nid yn unig am ei allu ar y trac ond hefyd am ei bersenoliaeth liwgar. Ffefryn arall oedd Milkha Singh o India yr enillydd aur yn y 440 llath.

Enillodd **Howard Winstone fedal aur i Gymru** yn y Paffio Dosbarth Plu. Hon oedd yr unig fedal aur cafodd Cymru yn y Gêmau yma. Aeth Howard ymlaen i fod yn bencampwr proffesiynol y byd. Yn ogystal â medal aur Howard Winstone, llwyddodd Cymru ennill tair fedal arian a saith medal efydd.

Gwelwyd rhai o nofwyr gorau'r byd yn cystadlu yn y pwll nofio newydd. Rhai o'r rhain oedd Dawn Fraser, Lorraine Crapp, John Devitt, y brawd a'r chwaer Jon a Ilsa Konrads o Awstralia, Judy Grinham a Anita Lonsbrough o Loegr. Enillydd yn y Deifio oedd Peter Heatly o Yr Alban. Ymhell wedi hyn penodwyd Peter Heatly yn Lywydd Ffederasiwn Chwaraeon Y Gymanwlad.

Yn y Seremoni Derfynol darllenwyd y neges canlynol oddi wrth y Frenhines Elizabeth–

'I want to take this opportunity to speak to all Welsh people, not only in this Arena but wherever they may be. The British Empire and Commonwealth Games in the capital, together with all the activities of the Festival of Wales, have made this a memorable year for the Principality. I have therefore, decided to mark it further by an act which will, I hope, give as much pleasure to all Welshmen as it does to me. I intend to create my son Charles, Prince of Wales today. When he is grown up, I will present him to you at Caernarvon.' (Atodiad 7)

<u>1962</u>   **PERTH**   Athletau. Beicio. Bowlio Lawnt. Cleddyfaeth. Codi Pwysau. Nofio. Rhwyfo. Paffio. Ymaflyd Codwm **(9)**

Yr athletwr i serennu yn y Chwaraeon Y Gymanwlad yma oedd Peter Snell o Seland Newydd, - rhedwr cryf ac enillydd medalau aur yn y Gêmau Olympaidd yn Rhufain 1960 ac yn hwyrach yn Tokio 1964.

Enillodd Brian Phelps o Loegr y ddwy fedal aur yn y Deifio ac aeth Anita Lonsborough hefyd o Loegr, cam ymhellach i ennill tair medal aur yn y nofio. Aeth y nofiwr Richard William Duncan (Dick) Pound, Pencampwr yn y Steil Rydd 100 m ymlaen i fod yn enwog am ei frwydr yn y Pwyllgor Olympaidd Rhyngwladol yn erbyn defnyddio cyffuriau mewn chwaraeon. Hefyd bu'n Lywydd di-flewyn-ar-dafod ar yr Asiantaeth Gwrth Cyffuriau y Byd (WADA).

Bu *Ieuan Owen yn llwyddianus i gipio medal arian* i **Gymru** yn Codi Pwysau yn y flwyddyn hon. Aeth Ieuan ymlaen i ennill efydd ym 1966, ac arian ym 1970 a 1974. Felly, medal mewn pedair Êmau ond yn anffodus yn methu ennill medal ym 1978. Yn ogystal a medal arian Ieuan yn 1962, bu gweddill y tîm codi pwysau sef Peter Arthur, arian, Ron Jenkins, efydd a Horace Johnson, efydd yn llwyddianus i fod yr unig tîm codi pwysau yn hanes llc bu pob un o'r tîm yn mynd adre â medal.

1966   KINGSTON Athletau. Badminton. Beicio. Cleddyfaeth. Codi Pwysau. Nofio. Paffio. Saethu. Ymaflyd Codwm **(9)**

Enillodd Cymru Dair fedal aur yn Kingston sef, **Lynn Davies,** Athletau, **Chung Kum Weng,** Codi Pwysau, a'r **Arglwydd John Swansea,** Saethu. Enillodd Louis Martin ei ail fedal aur yn Chwaraeon Y Gymanwlad i Loegr yng Nghodi Pwysau. Ganwyd Louis yn Jamaica ond roedd yn byw yn Lloegr ac yn bencampwr y byd, felly cafodd gefnogaeth fawr yn ei famwlad. Rhedodd yr athletwr Kipcho Keino o Cenia ei rasys yn hawdd ac ennill yr Un Filltir mewn 3:55.3 a'r Tair milltir mewn 12:57.4.

Dilynnodd Valerie Young ei llwyddiant ym 1962 pan enillodd aur yn Nhaflu Pwysau a'r Ddisgen i wneud yr un peth yma. Betsy Sullivan oedd cynrychiolydd Jamaica yn y Deifio Springfwrdd i fenywod. Betsy yw'r person ieuyngaf i gystadlu yn Chwaraeon y Gymanwlad erioed. Roedd Betsy yn ddeng mlwydd oed.

1970   CAEREDIN Athletau. Badminton. Beicio. Bowlio Lawnt. Cleddyfaeth. Codi Pwysau. Nofio. Paffio. Ymaflyd Codwm **(9)**

Sêr y trac oedd dau frawd o Yr Alban sef Ian Stewart â enillodd y 5.000 m yn 13:22.8 a Laughlin (Lachie) Stewart y 10.000 m yn 28:11.8. Aeth Louis Martin ymlaen i ennill ei drydedd fedal aur dros Loegr yn y cystadleuthau Codi Pwysau . Enillydd y Naid Polyn oedd Michael Bull o Ogledd Iwerddon. Ef oedd yr athletwr cyntaf yn y Gêmau i ymestyn dros un troedfedd ar bymtheg yn y Naid Polyn pan neidiodd 16'8.75". Enillodd Raelene Boyle, merch ifanc iawn o Awstralia yr 100 m a 200 m ac hefyd y 4 x 100 m Cyfnewid . Enillodd **capten tîm Cymru Lynn Davies,** ei ail fedal aur mewn Gêmau'r Gymanwlad â Naid Hir o 8.06 m.

Torrodd Marilyn Neufville o Jamaica Record Byd wrth iddi ennill y 400 m i fenywod mewn 51 eiliad, pan oedd ond dwy ar bymtheg oed. Am y drydedd Gêmau yn olynol, dilynnodd Pamela Kilburn o Awstralia ei llwyddiant yn Perth a Kingston pan enillodd ei thrydedd medal aur yn y 100 m Dros Glwydi. Seren y pwll nofio oedd Michael Wendell o Awstralia â phedair medal aur ag un arian.

Yn y Gêmau yma rhoddwyd yr enw Y Gemau Cyfeillgar (The Friendly Games) fel enw answyddogol arnynt ac mae hwn yn cael ei ddefnyddio hyd heddiw.

1974   CHRISTCHURCH   Athletau. Badminton. Beicio. Bowlio Lawnt. Cleddyfaeth. Nofio. Paffio. Saethu. Ymaflyd Codwm

Siom i bobl Seland Newydd oedd yn y 1,500 m pan redodd Filbert Bayi o Tansania 3:32.16. a chreu record byd wrth guro y ffefryn. John Walker. Dilynodd y ddau sbrintwr yn Athletau, sef Don Quarrie o Jamaica a Raelene Boyle o Awstralia, eu camp pan yn ennill rasys 100 m a 200 m am yr ail dro yn olynol. Cipiodd Mary Peters o Ogledd Iwerddon y fedal aur yn y Pentathlon i fenywod, a Michael Bull a gipiodd y Decathlon, hefyd o Ogledd Iwerddon.

1978   EDMONTON   Athletau. Badminton. Beicio. Bowlio Lawnt. Codi Pwysau. Gymnasteg. Nofio. Saethu. Paffio. Ymaflyd Codwm **(10)**

Aeth y fedal aur yn y 110 m Dros Glwydi i **Berwyn Price o Gymru**. Syndod mawr i bawb oedd gweld Gidemas Shahanga o Tansania yn ennill y Marathon. Jerome Drayton o Ganada oedd y ffefryn ac roedd neb wedi clywed sôn am yr athletwr o Tasmania a gafodd, yn anffodus ei ladd mewn damwain car ond blwyddyn yn ddiweddarach. Cychwynodd Daley Thompson o Loegr, ei yrfa llwyddianus mewn Athletau yma, pan enilodd y Decathlon.

Yn y Gêmau yma syndod arall oedd yn y Paffio pan enillodd Barry McGuigan o Ogledd Iwerddon y fedal aur yn y Dosbarth Bantam. Aeth McGuigan ymlaen i fod yn bencampwr y byd yn y Dosbarth Plu. Cynhaliwyd Gymnasteg am y tro cyntaf yn y Gêmau hyn.

Rhaid sôn yma am Jocelyn Lovell y Beiciwr o Ganada â enillodd dair medal aur yn y Treial Amscr 1,000 m, y 10 milltir ac hefyd yn y Tandem dros 10 milltir.

Cafodd *Ieuan Owen,* yrfa hir a llwyddianus yn Codi Pwysau dros Gymru, wedi cystadlu mewn pum o Chwaraeon y Gymanwlad, ac mewn pedair ohonynt yn ennill tair medal arian ac un medal efydd ond cafodd ei guro ym 1978 gan Dad Amser. Gorffennodd Ieuan ei yrfa yn seithfed yn y dosbarth 67.5 kg yn ei bumed Êmau. Dewiswyd Ieuan i gario lluman Cymru yn Kingston, Jamaica ym 1966, ac yn Christchurch ym 1974, cafodd yr anrhydedd o fod yn gapten ar Dîm Cymru.

1982   BRISBANE Athletau.   Badminton. Beicio, Bowlio Lawnt. Codi Pwysau. Nofio. Paffio. Saethu. Saethu Bwa. Ymaflyd Codwm **(10)**

Agorwyd y Gêmau yma ym mhresenoldeb Matilda. mascot y Gêmau. - cangarŵ anferth. Hefyd roedd gan y Gêmau arwyddion syml a nodedig i hyrwyddo'r chwareuon ac wedi ei selio ar y cangarŵ yn neidio. Cynhaliwyd Saethyddiaeth am y tro cyntaf a chafwyd gornest agos iawn gan y Menywod a bu rhaid i Neroli Fairhall o Seland Newydd saethu tair sgôr tarw yn olynol â'i thair ymdrech olaf i ennill. Y peth diddorol oedd fod Neroli yn saethu mewn cadair olwyn ac roedd rhai yn dweud fod hyn yn rhoi mantais iddi.

Yn y   200 m gorffennodd Allan Wells o Yr Alban a Michael McFarlane o Loegr yn gyfartal mewn amser o 20.43 eiliadau am yr unig dro yn hanes y Gêmau. Torrwyd un record byd yn Nofio gan Alex Baumann o Ganada yn y Cymysg Unigol Dynion dros 200 m mewn 2:2.75.

1986   CAEREDIN Athletau. Badminton. Beicio. Bowlio Lawnt. Codi Pwysau. Nofio. Paffio. Rhwyfo. Saethu. Ymaflyd Codwm **(10)**

<u>Chwith i'r dde</u>- John Jones-Pritchard, Myrddin John, Syr Geraint Evans, Tommy Rees. Y swyddogion yn agor yr Apêl ar gyfer Gêmau 1986

Syr Geraint Evans, C.B.E.oedd Cadeirydd y Pwyllgor Apêl i anfon Tîm Cymru i'r XIII Êmau yng Nghaeredin ym 1986. Roedd Syr Geraint yn weithgar a phoblogaidd a bu'r apêl yn llwyddiant mawr. Cafwyd grant gan Gyngor Chwaraeon Cymru yn ôl ei harfer tuag at gostau Tîm Cymru yn y Gêmau.

Myrddin John yn derbyn rhodd oddiwrth Cyng. John Parry, ar ran Cyngor Sir Fôn, a Glyn Jones Cyfarwyddwr Pwyllgor Hamdden Sir Fôn

Llywydd Cyngor Chwaraeon y Gymanwlad Dros Gymru, Mike Wright yn derbyn rhodd ar ran Dyfed oddiwrth Cyng. Myrddin Evans, Cadeirydd Cyngor Dyfed. <u>Cefn chwith i'r dde</u> – Cyng. D.G.E. Davies, C.B.E., Cadeirydd Addysg, Hugh Morse, Trysorydd y Sir, Myrddin John, M.B.E. Cyng. David T. Davies, O.B.E., M.M., D.L., Cadeirydd Apêl Dyfed

Cyng. G. Alun Williams, yn cyflwyno siec i Myrddin John ar ran Cyngor Sir Gwynedd.

Cadeiryddion y Pwyllgorau gan gynnwys yr Apêl Cenadlaethol oedd:

Diwydiant	Gooding. O.B.E. A.J.
De Morganwg	Williams. Bryn
Dyfed	Roberts. Cynghorwr Heulyn Gorllewin
Morganwg	Wignall. Derek
Gwent	Davies. Cynghorwr A.Jim
Gwynedd	Davies. Dr. Jim A.
Sir Fôn	Williams. Cynghorwr W.J.

Yn y Codi Pwysau yn 1986 cododd Gary Taylor yn y dosbarth 100 kg ond methodd a gwneud cyfanswm yn y ddisgyblaethau unigol. Aeth Gary ymlaen i ennill yr ornest am y Dyn Cryfaf yn y Byd. Camp sydd wedi ennill cefnogaeth byd eang.

1990 AUCKLAND Athletau. Badminton. Beicio. Bowlio Lawnt. Codi Pwysau. Gymnasteg. Jwdo. Nofio. Paffio. Saethu. **(10)**

Allan o'r 639 o fedalau yn Auckland cipiodd Awstralia 162 o'r rhain i fod yn fuddigol yn y tabl medalau â Lloegr yn ail â 129. Chweched oedd Cymru â 25. Roedd 29 o wledydd yn y tabl. felly medrwn ddweud bod y Gêmau yma yn llwyddiant mawr i Gymru. Yn y Codi Pwysau, llwyddodd David Morgan a Andrew Davies i ennill tair medal aur yr un. Cyfnod tywyll i Gymru oedd y Gêmau yma gan i ddau gystadleuwr yn y gamp o Godi Pwysau gymryd cyffuriau er gwaethaf pob ymdrech bosibl i atal rhywbeth fel hyn i ddigwydd.

Cafwyd ymchwiliad mewnol, ac hefyd gan y Cyngor Chwaraeon, heb unrhyw ganlyniad anffafriol o hyfforddiant a threfniadau'r corff Codi Pwysau yng Nghymru.(Atodiad 8) Bu Cymru hefyd yn llwyddianus i ennill medalau yn Athletau gan Kay Morley a Colin Jackson, Louise Jones, Beicio, a Robert Morgan. Deifio, i wneud cyfanswm o ddeg medal aur.

Dyma'r tro cyntaf i Jwdo cael ei gynal yn y Gêmau, ac enillodd Helen Duston fedal Arian. Enillwyd medalau efydd gan Lisa Griffiths, Moira Sutton, Phillippa Knowles a James Charles.

Noel Duston, Hyfforddwr tîm Jwdo Cymru, yn dathlu gyda'i ferch Helen wedi iddi ennill medal arian yn y Dosbarth 48 kg i fenywod. Hwn oedd medal cyntaf Cymru yn Jwdo yn Chwaraeon y Gymanwlad.

Enillodd Tessa Sanderson, Lloegr, Taflu'r Waywffon am yr ail dro, a bu Linford Christie yn llwyddianus i ennill medal aur arall i Loegr yn y

100 m. Yn y Gêmau hyn bu Merlene Ottey o Jamaica yn llwyddianus i ennill medal aur yn y 100 m yn 11.02 eiliad a 200 m yn 22.76 eiliad.

1994   FICTORIA   Athletau. Badminton. Beicio. Bowlio Lawnt. Codi Pwysau. Gymnasteg. Nofio. Paffio. Rhwyfo. Saethu. Ymaflyd Codwm **(11)**

Tîm 1994 Cymru gyda Ian Grist, AS, Is-Ysgrifennydd Seneddol, a Syr Geraint Evans

Mae wedi bod yn draddodiad yn y Gêmau i gael mascot. Yn Fictoria dewiswyd morfil. Enw'r mascot oedd Klee Wyck ac roedd ganddo wên fawr ac mae'n debyg mae cyfieithiad o Klee Wyck yw, 'yr un sy'n gwenu'. Roedd y mascot yn mesur saith troedferdd yn uchder, a'i wên lydan yn croesawi pobl i'r Gêmau.

Cynyddodd y nifer o gystadleuwyr i 2,557 o 64 gwlad. Dyma'r Gêmau lle y derbyniwyd De Affrica yn ôl i'r Gêmau ers 1958 yng Nghaerdydd wedi iddynt dderbyn cefnogaeth i bolisi o arwahanrwydd yn ei gwlad. Collodd y Gymanwlad un wlad hefyd wedi'r Gêmau yma, pan aeth Hong Kong yn ôl dan adain Tseina.

Tîm Cymru yn y Seremoni Agoriadol yn Edmonton

Wedi'r Gêmau yma penderfynwyd trefnu cystadleuthau i dimau am y tro cyntaf, a pharhau mae chwaraeon tîm hyd heddiw.. Enillodd Colin Jackson fedal aur yn y Dros Glwydi dros 110 m i Gymru â Paul Gray yn drydydd. Fe wnaeth Colin Jackson yn arbennig yn hanes y Gêmau, ond ni ystyriwyd yn gapten i'r tîm nac hefyd i arwain y tîm i'r maes yn un o rhain. Trueni bod hyn ddim wedi digwydd i'r athletwr oedd mor enwog, galluog a bonheddig. Efallai y rheswm am hyn oedd iddo gystadlu mewn cystadleuthau eraill yn ystod Gêmau'r Gymanwlad ac felly roedd ddim yn medru fod yn bresenol dros gyfnod y Gêmau. Enillodd yr enwog Cathy Freeman y fedal aur i Awstralia yn y 200 m a 400 m i fenywod yn y Gêmau hyn.

1998   KUALA LUMPUR Athletau. Badminton. Beicio. Bowlio Lawnt. Bowlio Decbin. Codi Pwysau. Criced. Gymnasteg. Hoci. Nofio. Paffio. Pêl Rhwyd. Rygbi 7 Bob Ochr. Saethu. Sboncen. **(15)**

Roedd yn amlwg byddai'r Gêmau yn Kuala Lumpur yn llwyddianus yn ôl ansawdd cynnig gwreiddiol y wlad. A felly bu. Dyma'r Gêmau olaf yn y milflwyddiant ac maent yn deilwng o'r acolad o fod y gorau hyd heddiw. Roedd yno 70 o wledydd yn bresenol. Dyma'r tro cyntaf i'r Gêmau gael eu trefnu yn Asia, ac yn ôl ei harfer roedd y trefnuadau yn aruchel ac rwyn sicr cawn weld Maleisia yn rhoi cynnig am Y Chwaraeon Olympaidd yn y dyfodol.

Hyd y flwyddyn hon 10 camp oedd y mwyaf oedd wedi eu Trefnu yn y Gêmau ond y tro hwn trefnwyd 15 o gampau. Y rhai nad oeddent ar raglen flaenorol y Gêmau oedd. Bowlio Decbin. Criced. Hoci. Pêl Rhwyd. Rygbi 7 Bob Ochr. a Sboncen. .

Enillwyr y Fedal Aur i Gymru oedd Iwan Thomas yn Athletau yn y 400 m, Kelly Morgan yn Badminton a Desmond Davies yn Saethu. Y tro hwn roedd 670 o fedalau ar gael i'w hennill ag Awstralia yn dychwelyd adref a 198 o'r rhain. Enillodd Cymru bymtheg o fedalau a chyrraedd y ddegfed safle. Enillodd pedwar ar hugain o wledydd fedalau yn y Gêmau hyn.

PENCAMPWYR GÊMAU'R GYMANWLAD 1930 – 1998

ATHLETAU DYNION

100 llath

1930	Williams. Percy	Canada	9.9 eiliad
1934	Sweeney. Arthur W.	Lloegr	10.0 eiliad
1938	Holmes. Cyril B.	Lloegr	9.7 eiliad
1950	Treloar. John F.	Awstralia	9.7 eiliad
1954	Agostini. Michael G	.Trinidad	9.6 eiliad
1958	Gardner. Keith A.	Jamaica	9.4 eiliad
1962	Antao. Seraphino	Cenia	9.5 eiliad
1966	Jerome. Harry	Canada	9.4 eiliad

100 m

1970	Quarrie. Donald. O.	Jamaica	10.2 eiliad
1974	Quarrie. Donald. O.	Jamaica	10.4 eiliad
1978	Quarrie. Donald. O.	Jamaica	10.03 eiliad
1982	Wells. Allan	Yr Alban	10.02 eiliad
1986	Johnson. Ben	Canada	10.07 eiliad
1990	Christie. Linford	Lloegr	9.93 eiliad
1994	Chrisie. Linford	Lloegr	9.91 eiliad
1998	Boldon. Ato	Trinidad a Thobago	9.88 eiliad

220 llath

1930	Englehart. Stanley E.	Lloegr	21.8 eiliad
1934	Sweeney. Arthur W.	Lloegr	21.9 eiliad
1938	Holmes. Cyril B.	Lloegr	21.2 eiliad
1950	Treloar. John F.	Awstralia	21.5 eiliad
1954	Jowett. Donald W.	Seland Newydd	21.5 eiliad
1958	Robinson. Tom Augustus	Bahamas	21.0 eiliad
1962	Antao. Seraphino	Cenia	21.1 eiliad
1966	Allotey. Stanley F.	Ghana	20.7 eiliad

200 m

1970	Quarrie. Donald. O.	Jamaica	20.5 eiliad
1974	Quarrie. Donald. O.	Jamaica	20.7 eiliad
1978	Wells. Allan	Yr Alban	20.12 eiliad
1982	Wells. Allan	Yr Alban	20.43 eiliad
1982	McFarlane.Michael	Lloegr	20.43 eiliad
1986	Mahorn. Atlee	Canada	20.31 eiliad
1990	Adam. Marcus	Lloegr	20.10 eiliad
1994	Fredericks. Frankie	Namibia	19.97 eiliad
1998	Golding. Julian	Lloegr	20.18 eiliad

440 llath

1930	Wilson. Alex W.	Canada	48.8 eiliad
1934	Rumpling. Godfrey L.	Lloegr	48.0 eiliad
1938	Roberts. William	Lloegr	47.9 eiliad
1950	Carr. Edwin W.	Awstralia	47.9 eiliad
1954	Gosper. R.Kevin	Awstralia	47.2 eiliad
1958	Singh. Milkha	India	46.6 eiliad
1962	Kerr. George	Jamaica	46.7 eiliad
1966	Mottley. W.	Trinidad	45.2 eiliad

400 m

1970	Asati. Charles	Cenia	45.0 eiliad
1974	Asati. Charles	Cenia	46.0 eiliad
1978	Mitchell. Richard. Charles	Awstralia	46.34 eiliad
1982	Cameron. Bert	Jamaica	45.89 eiliad
1986	Black. Roger	Lloegr	45.57 eiliad
1990	Clark. Darren	Awstralia	44.60 eiliad
1994	Gitanga. Charles	Cenia	45.00 eiliad
1998	***Thomas. Iwan***	***Cymru***	***44.52 eiliad***

880 llath

1930	Hampson. Thomas	Lloegr	1:52.4
1934	Edwards. Phil	Giana Prydeinig	1:54.2
1938	Boot. Vernon Pat	Seland Newydd	1:51.2
1950	Parlett. John	Lloegr	1:53.7
1954	Johnson. Derek I.	Lloegr	1:50.7
1958	Elliott. Herbert J.	Awstralia	1:49.3
1962	Snell. Peter G.	Seland Newydd	1:47.6
1966	Clough. Noel S.	Awstralia	1:46.9

800 m

1970	Ouko. Robert	Cenia	1:46.8
1974	Kipkurgat. John	Cenia	1:43.9
1978	Boit. Mike	Cenia	1:46.39
1982	Bourke. Peter	Awstralia	1:45.18
1986	Cram. Steve	Lloegr	1:43.22
1990	Tirop. Samuel	Cenia	1:45.98
1994	Konchella. Patrick	Cenia	1:45.18
1998	Kimutai. Japheth	Cenia	1:43.82

1 milltir

1930	Thomas. Reg H.	Lloegr	4:14.0
1934	Lovelock. Jack E.	Seland Newydd	4:12.8
1938	*Alford. James W.*	*Cymru*	*4:11.6*
1950	Parnell. William	Canada	4.11.0
1954	Bannister. Roger G.	Lloegr	3:58.8
1958	Elliott. Herbert J.	Awstralia	3:59.0
1962	Snell. Peter G.	Seland Newydd	4:04.6
1966	Keino. H. Kipchoge	Cenia	3:55.3

1.500 m

1970	Keino. H. Kipchoge	Cenia	3:36.6
1974	Bayi. Filbert	Tansania	3:32.2
1978	Moorcroft. David	Lloegr	3:35.5
1982	Cram. Steve	Lloegr	3:42.37
1986	Cram. Steve	Lloegr	3:50.87
1990	Elliott. Peter	Lloegr	3:33.39
1994	Chesang. Reuben	Cenia	3:36.70
1998	Rotich. Laban	Cenia	3:39.48

3 milltir

1930	Tomlin. Stanley A.	Lloegr	14:27.4
1934	Beavers. William J.	Lloegr	14:36.2
1938	Matthews. Cecil H.	Seland Newydd	13:59.6
1950	Eyre. Len	Lloegr	14:23.6
1954	Chataway. Christopher	Lloegr	13:35.2
1958	Halberg. Murray G.	Seland Newydd	13:15.0
1962	Halberg. Murray G.	Seland Newydd	13:34.2
1966	Keino. Kipchoge	Cenia	12:57.4

5.000 m

1970	Stewart. Ian	Yr Alban	13:22.8
1974	Jipcho. Ben W.	Cenia	13:14.4
1978	Rono. Henry	Cenia	13:23.04
1982	Moorcroft. David	Lloegr	13.33.00
1986	Ovett. Steve	Lloegr	13:24.11
1990	Lloyd. Andrew	Awstralia	13:24.86
1994	Denmark. Robert	Lloegr	13:23.00
1998	Komen. Daniel	Cenia	13:22.67

6 milltir

1930	Savidon. John W.	Seland Newydd	30:49.6
1934	Penny. Arthur W.	Lloegr	31:00.6
1938	Matthews. Cecil H.	Seland Newydd	30:14.5
1950	Nelson. W. Harold	Seland Newydd	30:29.6
1954	Driver. Peter B.	Lloegr	29.09.4
1958	Power. W. David	Awstralia	28:47.8
1962	Kidd. Bruce	Canada	28:26.8
1966	Temu. Naftali	Cenia	28:14.6

10.000 m

1970	Stewart. J. Lachie	Yr Alban	28:11.8
1974	Tayler. Richard	Seland Newydd	27:46.4
1978	Foster. Brendan	Lloegr	28:13.65
1982	Shahanga. Gidamis	Tansania	28:10.20
1986	Solly. Jonathan	Lloegr	27:57.42
1990	Martin. Eamonn	Lloegr	28:08.57
1994	Lameck. Agutu	Cenia	28:38.22
1998	Maina. Simon	Cenia	28:10.00

120 llath Dros Glwydi

1930	Burghley. Yr Arglwydd	Lloegr	14.6 eiliad
1934	Finlay. Donald Osborne	Lloegr	15.2 eiliad
1938	Lavery. Tom P.	De Affrica	14.0 eiliad
1950	Gardner. Peter J.	Awstralia	14.3 eiliad
1954	Gardner. Keith A.	Jamaica	14.2 eiliad
1958	Gardner. Keith A.	Jamaica	14.0 eiliad
1962	Raziq. Ghulam	Pacistan	14.1 eiliad
1966	Hemery. David	Lloegr	14.1 eiliad

110 m Dros Glwydi

1970	Hemery. David	Lloegr	13.6 eiliad
1974	Kimaiyo. Fatwell	Cenia	13.7 eiliad
1978	*Price. Berwyn*	*Cymru*	*13.70 eiliad*
1982	McKoy. Mark	Canada	13.37 eiliad
1986	McKoy. Mark	Canada	13.31 eiliad
1990	*Jackson. Colin*	*Cymru*	*13.08 eiliad*
1994	*Jackson. Colin*	*Cymru*	*13.08 eiliad*
1998	Jarrett. Anthony	Lloegr	13.47 eiliad

440 llath Dros Glwydi

1930	Burghley. Yr Arglwydd	Lloegr	54.7 eiliad
1934	Hunter. Alan	Yr Alban	55.2 eiliad
1938	Loaring. John W.	Canada	52.9 eiliad
1950	White. Duncan	Seilón	52.5 eiliad
1954	Lean. David F.	Awstralia	52.4 eiliad
1958	Potgietor. Gerthardus	De Affrica	4.7 eiliad
1962	Roche. Ken J.	Awstralia	51.5 eiliad
1966	Roche. Ken .J.	Awstralia	51.0 eiliad

400 m Dros Glwydi

1970	Sherwood. John	Lloegr	50.0 eiliad
1974	Pascoe. Alan	Lloegr	48.8 eiliad
1978	Kimaiyo. Daniel	Cenia	49.48 eiliad
1982	Brown. Garry	Awstralia	49.37 eiliad
1986	Beattie. Phil	Gogledd Iwerddon	49.60 eiliad
1990	Akabusi. Kriss	Lloegr	48.89 eiliad
1994	Matete. Samuel	Sambia	48.67 eiliad
1998	Morgan. Dinsdale	Jamaica	48.28 eiliad

Dros Ffos a Pherth 8 Cylchdaith

1930	Bailey. George	Lloegr	9:52.0

Dros Ffos a Pherth 2 filltir

1934	Scarsbrook. Stanley	Lloegr	10:23.4

3.000 m Dros Ffos a Pherth

1962	Vincent. Trevor A.	Awstralia	8:43.4
1966	Welsh. R. Peter	Seland Newydd	8:29.6
1970	Manning. Anthony P	Awstralia	8:26.2
1974	Jipcho. Benjamin W.	Cenia	8:20.8
1978	Rono. Henry	Cenia	8:26.54
1982	Korir. Julius	Cenia	8:23.94
1986	Fell. Graeme	Canada	8:24.49
1990	Kariuki. Julius	Cenia	8:20.64
1994	Kipkoech. Johnstone	Cenia	8:14.72
1998	Kosgei. John	Cenia	8:15.34

Marathon

1930	Wright. Duncan McLeod	Yr Alban	2:43:43.0
1934	Webster. Harold	Canada	2:40:36.0
1938	Coleman. Johannes L.	De Affrica	2:30:49.8
1950	Holden. Jack T.	Lloegr	2:32:57.0
1954	McGhee. Joseph	Yr Alban	2:39:36.0
1958	Power. W. David	Awstralia	2:22:45.6
1962	Kilby. Brian	Lloegr	2:21:17.0
1966	Alder. James N.C.	Yr Alban	2:22:07.8
1970	Hill. Ronald	Lloegr	2:09:28.0
1974	Thompson. Ian	Lloegr	2:09:12.0
1978	Shahanga. Gidamas	Tansania	2:13:39.0
1982	Castella. Robert de	Awstralia	2:09:18.0
1986	Castella. Robert de	Awstralia	2:10.15.0
1990	Wakihursi. Douglas	Cenia	2:10:27.0
1994	Moneghetti. Stephen	Awstralia	2:11.49.0
1998	Moohabi. Thabiso	Leswtw	2:19:15.0

20 km Gerdded Ar Heol

1998	A'Hern. Nicholas	Awstralia	1:24:59

20 milltir Gerdded Ar Heol (32.187 m)

1966	Wallwork. Ron	Lloegr	2:44.42.8
1970	Freeman. Noel F.	Awstralia	2:33.33.0
1974	Warhurst. John	Lloegr	2:35:23.0
1978	Flynn. Oliver	Lloegr	2:22:03.7
1982	*Barry. Steve*	*Cymru*	*2:10:16.0*

30 km Gerdded Ar Heol

1986	Baker. Simon	Awstralia	2:07:47.0
1990	Leblanc. Guillaume	Canada	2:08:28.0
1994	A'Hern. Nicholas	Awstralia	2:07:53.0

50 km Gerdded Ar Heol

| 1998 | Saraanan. Gavindaswamy | Maleisia | 4:10:05 |

Naid Hir

1930	Hutton. Leonard	Canada	7.20 m
1934	Richardson. Sam	Canada	7.17 m
1938	Brown. Harold	Canada	7.43 m
1950	Price. Neville	De Affrica	7.31 m
1954	Wilmshurst. Kenneth S.	Lloegr	7.53 m

1958	Foreman. Paul	Jamaica	747 m
1962	Ahey. Michael	Ghana	8.05 m
1966	*Davies. Lynn*	*Cymru*	*7.99 m*
1970	*Davies. Lynn*	*Cymru*	*8.06 m*
1974	Lerwill. Alan	Lloegr	7.94 m
1978	Mitchell. Roy	Lloegr	8.06 m
1982	Honey. Gary	Awstralia	8.13 m
1986	Honey. Gary	Awstralia	8.08 m
1990	Alli. Yussuf	Nigeria	8.39 m
1994	Eregbu. Obinna	Nigeria	8.05 m
1998	Burge. Peter	Awstralia	8.22 m

Naid Triphlyg

1930	Smallacombe. Gordon A.	Canada	4.75m
1934	Metcalfe. Jack P.	Awstralia	15.63m
1938	Metcalfe. Jack P.	Awstralia	15.49m
1950	Oliver. Brian T.	Awstralia	15.61m
1954	Wilmshurst. Kenneth S.	Lloegr	15.28m
1958	Tomlinson. Ian R.	Awstralia	15.74m
1962	Tomlinson. Ian R.	Awstralia	16.20m
1966	Igun. Samuel	Nigeria	16.40m

1970	May. Philip J.	Awstralia	16.72m
1974	Owusu. Joshua	Ghana	16.50m
1978	Connor. Keith	Lloegr	17.21m
1982	Connor. Keith	Lloegr	17.81m
1986	Herbert. John	Lloegr	17.27m
1990	Hadjiandreou. Marius	Cyprus	16.95m
1994	Golley. Julian	Lloegr	17.03m
1998	Achike. Onochie	Lloegr	17.10m

Naid Uchel

1930	Viljoen. Johannes H.	De Affrica	1.90m
1934	Thacker. Edwin T.	De Affrica	1.90m
1938	Thacker. Edwin T.	De Affrica	1.95m
1950	Winter. John A.	Awstralia	1.98m
1954	Ifeajuna. Emanuel A.	Nigeria	2.03m
1958	Haisley. Ernest	Jamaica	2.05m
1962	Hobson. Percy F.	Awstralia	2.10m
1966	Pekham. Lawrence W.	Awstralia	2.08m
1970	Pekham. Lawrence W.	Awstralia	2.14m
1974	Windeyer. Gordon	Awstralia	2.16m
1978	Ferragne. Claude	Canada	2.20m

1982	Ottey. Milton	Canada	2.31m
1986	Ottey. Milton	Canada	2.30m
1990	Saunders. Clarence	Bermiwda	2.36m
1994	Forsyth. Timothy	Awstralia	2.32m
1998	Grant. Dalton	Lloegr	2.31m

Naid Polyn

1930	Pickard. Victor	Canada	3.73 m
1934	Apps. Sylvanus	Canada	3.81 m
1938	Du Plessis. Andries S.	De Affrica	4.11 m
1950	Anderson. Tim D.	Lloegr	3.96 m
1954	Elliott. Geoffrey	Lloegr	4.26 m
1958	Elliott. Geoffrey	Lloegr	4.16 m
1962	Bickle. Trevor S.	Awstralia	4.49 m
1966	Bickle. Trevor S.	Awstralia	4.80 m
1970	Bull. Michael A.	Gogledd Iwerddon	5.10 m
1974	Baird. Donald	Awstralia	5.05 m
1978	Simpson. Bruce	Canada	5.10 m
1982	Boyd. Ray	Awstralia	5.20 m
1986	Ashurst. Andrew	Lloegr	5.30 m
1990	Arkell. Simon	Awstralia	5.35 m

1994	*Winter. Neil*	*Cymru*	*5.40 m*
1998	Botha. Riaan	De Affrica	5.60 m

Taflu Pwysau

1930	Hart. Hendrick B.	De Affrica	14.58m
1934	Hart. Hendrick B.	De Affrica	14.67m
1938	Fouche. Louis A.	De Affrica	14.48m
1950	Tuicakau. Mataika	Ffiji	14.63m
1954	Savidge. John A.	Lloegr	16.77m
1958	Rowe. Arthur	Lloegr	17.57m
1962	Lucking. Martin	Lloegr	18.08m
1966	Steen. David	Canada	18.79m
1970	Steen. David	Canada	19.21m
1974	Capes. Geoffrey	Lloegr	20.74m
1978	Capes. Geoffrey	Lloegr	19.77m
1982	Pauletto. Bruno	Canada	19.55m
1986	Cole. Billy	Lloegr	18.16m
1990	Williams. Simon	Lloegr	18.54m
1994	Simson. Matthew	Lloegr	19.49m
1998	Lambrechts. Burger	De Affrica	20.01m

Taflu Disgen

1930	Hart. Hendrick B.	De Affrica	41.43m
1934	Hart. Hendrick B.	De Affrica	41.53m
1938	Coy. Eric E.	Canada	44.76m
1950	Reed. Ian M.	Awstralia	47.74m
1954	Du Plessis. Stephanus J.	De Affrica	51.70m
1958	Du Plessis. Stephanus J.	De Affrica	55.94m
1962	Selvey. Warwick P.	Awstralia	56.48m
1966	Mills. Leslie R.	Seland Newydd	56.19m
1970	Puce. George	Canada	59.02m
1974	Tait. Robert D.	Seland Newydd	63.08m
1978	Chambul. Borys	Canada	59.70m
1982	Cooper. Bradley	Bahamas	64.04m
1986	Lazdins. Raymond	Canada	58.86m
1990	Olukaju. Adewale	Nigeria	62.62m
1994	Reiterer. Werner	Awstralia	62.76m
1998	Weir. Robert	Lloegr	64.42m

Taflu Morthwyl

1930	Nokes. Malcolm C.	Lloegr	47.13m
1934	Nokes. Malcolm C.	Lloegr	48.25m
1938	Sutherland. George W.	Canada	48.71m
1950	Clark. Duncan M.	Yr Alban	49.94m
1954	Iqbal. Muhammad	Pacistan	55.37m
1958	Ellis. Michael J.	Lloegr	62.90m
1962	Payne. A. Howard	Lloegr	61.65m
1966	Payne. A. Howard	Lloegr	61.98m
1970	Payne. A. Howard	Lloegr	67.80m
1974	Chipchase. Ian	Lloegr	69.56m
1978	Farmer. Peter John	Awstralia	71.10m
1982	Weir. Robert	Lloegr	75.08m
1986	Smith. David	Lloegr	74.06m
1990	Carlin. Sean	Awstralia	75.66m
1994	Carlin. Sean	Awstralia	73.48m
1998	Rendell. Stuart	Awstralia	74.71m

Gwaywffon

1930	Lay. Stanley A.	Seland Newydd	63.13m
1934	Dixon. Robert	Canada	60.02m
1938	Courtwright. James	Canada	62.80m
1950	Raininen. Leo J.	Canada	57.11m
1954	Achurch. James D.	Awstralia	68.52m
1958	Smith. Colin G.	Lloegr	71.29m
1962	Mitchell. Alfred	Awstralia	78.11m
1966	Fitzsimons. John	Lloegr	79.78m
1970	Travis. David H.	Lloegr	79.05m
1974	Clover. Charles	Lloegr	84.92m
1978	Olsen. Phil	Canada	84.00m
1982	O'Rourke. Michael	Seland Newydd	89.48m
1986	Ottley. David	Lloegr	80.62m
1990	Backley. Steve	Lloegr	86.02m
1994	Backley. Steve	Lloegr	82.74m
1998	Corbett. Marius	De Affrica	88.75m

Decathlon

1966	Williams. Ray	Seland Newydd	7270pt.
1970	Smith. Geoffrey J.	Awstralia	7492pt.
1974	Bull. Michael A.	Gogledd Iwerddon	7417pt.
1978	Thompson. Daley	Lloegr	8464pt.
1982	Thompson. Daley	Lloegr	8410pt.
1986	Thompson. Daley	Lloegr	8663pt.
1990	Smith. Michael	Canada	8525pt.
1994	Smith. Michael	Canada	8326pt.
1998	Hames. Jagan	Awstralia	8490pt.

4x110 llath Cyfnewid

1930	Adams. Ralph E.	Canada	42.2 eiliad
1930	Brown. James R.	Canada	42.2 eiliad
1930	Fitzpatrick. Johnny R.	Canada	42.2 eiliad
1930	Miller. Leigh	Canada	42.2 eiliad
1934	Davis. Everard Inseal	Lloegr	42.2 eiliad
1934	Rangeley. Walter	Lloegr	42.2 eiliad
1934	Saunders. George T.	Lloegr	42.2 eiliad

1934	Sweeney. Arthur W.	Lloegr	42.2 eiliad
1938	Brown. John	Canada	41.6 eiliad
1938	Haley. Patrick	Canada	41.6 eiliad
1938	Loaring. John Wilfrid	Canada	41.6 eiliad
1938	O'Connor. Gerrard	Canada	41.6 eiliad
1950	De Gruchy. William	Awstralia	42.2 eiliad
1950	Johnson. David	Awstralia	42.2 eiliad
1950	Gordon. Alastair K.	Awstralia	42.2 eiliad
1950	Treloar. John Francis	Awstralia	42.2 eiliad
1954	McFarlane. James D.	Canada	41.3 eiliad
1954	Nelson. Harold P.	Canada	41.3 eiliad
1954	Springbett. Edward B.	Canada	41.3 eiliad
1954	Stonehous. Don	Canada	41.3 eiliad
1958	Breaker. Adrian Francis	Lloegr	40.7 eiliad
1958	Radford. Peter Frank	Lloegr	40.7 eiliad
1958	Sandstrom. Eric	Lloegr	40.7 eiliad
1958	Segal. David Hugh	Lloegr	40.7 eilid
1962	Carter. Leonard Walter	Lloegr	40.6 eiliad
1962	Jones. David Henry	Lloegr	40.6 eiliad
1962	Meakin. Alfred F.	Lloegr	40.6 eiliad
1962	Radford. Peter Frank	Lloegr	40.6 eiliad

1966	Addy. Ebenezer C.	Ghana	39.8 eiliad
1966	Addy. James Aryee	Ghana	39.8 eiliad
1966	Allotey. Stanley F.	Ghana	39.8 eiliad
1966	Mends. Banner K.	Ghana	39.8 eiliad

4 x 100 m Cyfnewid

1970	Stewart. Errol	Jamaica	39.4 eiliad
1970	Miller. Lennox	Jamaica	39.4 eiliad
1970	Lawson. Carl	Jamaica	39.4 eiliad
1970	Quarrie. Donald O.	Jamaica	39.4 eiliad
1974	Lewis. Gregory	Awstralia	39.3 eiliad
1974	D'Arcy. Lawrence	Awstralia	39.3 eiliad
1974	Ratcliffe. Andrew	Awstralia	39.3 eiliad
1974	Haskell. Graham	Awstralia	39.3 eiliad
1978	Jenkins. David	Yr Alban	39.24 eiliad
1978	Wells. Allan	Yr Alban	39.24 eiliad
1978	Sharp. Cameron	Yr Alban	39.24 eiliad
1978	McMaster. Andrew	Yr Alban	39.24 eiliad
1982	Adegbehinge. Lawrence	Nigeria	39.15 eiliad
1982	Adeyanju. Iziaq	Nigeria	39.15 eiliad
1982	Eseme. Ikpoto	Nigeria	39.15 eiliad

1982	Oyeledun. Samson O.	Nigeria	39.15 eiliad
1986	Johnson. Ben	Canada	39.15 eiliad
1986	Mahorn. Atlee	Canada	39.15 eiliad
1986	McKoy. Marcus	Canada	39.15 eiliad
1986	Williams. Desai	Canada	39.15 eiliad
1990	Adams. Marcus	Lloegr	39.15 eiliad
1990	Callendar. Clarence	Lloegr	38.67 eiliad
1990	Christie. Linford	Lloegr	38.67 eiliad
1990	Jarrett. Anthony A.	Lloegr	38.67 eiliad
1990	Regis. John Paul L.	Lloegr	38.67 eiliad
1994	Bailey. Donovan	Canada	38.39 eiliad
1994	Gilbert. Glenroy	Canada	38.39 eiliad
1994	Chambers. Carlton	Canada	38.39 eiliad
1994	Surin. Bruny	Canada	38.39 eiliad
1998	Campbell. Darren A.	Lloegr	38.20 eiliad
1998	Chambers. Dwain A.	Lloegr	38.20 eiliad
1998	Devonish. Marlon	Lloegr	38.20 eiliad
1998	Gardener. Jason John	Lloegr	38.20 eiliad
1998	Golding. Julian A.	Lloegr	38.20 eiliad

4 x 440 llath Cyfnewid Dynion

1930	Brangwin. Kenneth Colin	Lloegr	3:19.4
1930	Cecil. David	Lloegr	3:19.4
1930	Leigh-Wood. Roger	Lloegr	3:19.4
1930	Townend. Henry	Lloegr	3:19.4
1934	Bake. Geoffrey Noel	Lloegr	3:16.8
1934	Rampling. Godfrey Lionel	Lloegr	3:16.8
1934	Rathbone. Denis Lyle	Lloegr	3:16.8
1934	Stonely. Crew Hallet	Lloegr	3:16.8
1938	Dale. William	Canada	3:16.9
1938	Fritz. William Duncan	Canada	3:16.9
1938	Loaring. John Wilfrid	Canada	3:16.9
1938	Orr. Lee	Canada	3:16.9
1950	Carr. Edwin William	Awstralia	3:17.8
1950	Gedge. George V.	Awstralia	3:17.8
1950	Humphreys. James W.	Awstralia	3:17.8
1950	Price. ERoss Edward	Awstralia	3:17.8
1954	Dick. Allan	Lloegr	3:11.2
1954	Fryer. Peter Goodwin	Lloegr	3:11.2
1954	Higgins. Francis Peter	Lloegr	3:11.2
1954	Johnson. Derek James N.	Lloegr	3:11.2

1958	Day. Gordon Raymond	De Affrica	3.08.1
1958	Evans. Gerald Greig	De Affrica	3.08.1
1958	Potgieter. Gerhardus C.	De Affrica	3:08.1
1958	Spence. Malcolm Clive	De Affrica	3:08.1
1962	Kerr. George Ezekiel	Jamaica	3:10.2
1962	Khan. Lawrence G.	Jamaica	3:10.2
1962	Spence. Malcolm A.E .	Jamaica	3:10.2
1962	Spence. Melville	Jamaica	3:10.2
1966	Bernard. Kent Bede	Trinidad a Thobago	3:02.8
1966	Mottey. Wendell Adrian	Trinidad a Thobago	3:02.8
1966	Roberts. Edwin Anthony	Trinidad a Thobago	3:02.8
1966	Yearwood. Lennox	Trinidad a Thobago	3:02.8

4 x 400 m Cyfnewid

1970	Nyamau. Hezakiah	Cenia	3:03.6
1970	Sang. Julius	Cenia	3:03.6
1970	Ouko. Robert	Cenia	3:03.6
1970	Asati. Charles	Cenia	3:03.6
1974	Asati. Charles	Cenia	3:04.4
1974	Mysyoki. Francis	Cenia	3:04.4

1974	Koskei. Bill	Cenia	3:04.4
1974	Sang. Julius	Cenia	3:04.4
1978	Njiri. Washinton	Cenia	3:03.5
1978	Kimaiyo. Daniel	Cenia	3:03.5
1878	Koskei. William	Cenia	3:03.5
1978	Ngetich. Joel	Cenia	3:03.5
1982	Bennett. Todd Anthony	Lloegr	3:05.45
1982	Brown. Philip Andrew	Lloegr	3:05.45
1982	Cook. Gary Peter	Lloegr	3:05.45
1982	Scutt. Steven	Lloegr	3:05.45
1986	Akabusi. Kris	Lloegr	3:07.19
1986	Bennett. Todd Anthony	Lloegr	3:07.19
1986	Black. Roger Anthony	Lloegr	3:07.19
1986	Brown. Philip	Lloegr	3:07.19
1990	Kitur. David	Cenia	3:02.48
1990	Kitur. Samson	Cenia	3:02.48
1990	Kipkemboi. Simeon	Cenia	3:02.48
1990	Mwanzia. Stephen	Cenia	3:02.48
1994	McKenzie. David	Lloegr	3:02.14
1994	Crampton. Peter	Lloegr	3:02.14
1994	Patrick. Adrian	Lloegr	3:02.14

1994	Ladejo. Duaine	Lloegr	3:02.14
1998	MacDonald. Michael	Jamaica	2:59.03
1998	Roxbert. Martin	Jamaica	2:59.03
1998	Gregory. Haughton	Jamaica	2:59.03
1998	Clarke. Davian	Jamaica	2:59.03

ATHLETAU MENYWOD

100 llath.

1934	Hiscock. Eiliadeen	Lloegr	11.3 eiliad
1938	Norman. Decima	Awstralia	11.1 eiliad
1950	Jackson. Marjorie	Awstralia	10.8 eiliad
1954	Jackson. Marjorie	Awstralia	10.7 eiliad
1958	Matthews-Willard. Marlene	Awstralia	10.6 eiliad
1962	Hyman. Dorothy	Lloegr	11.2 eiliad
1966	Burge. Dianne	Awstralia	11.6 eiliad

100 m

1970	Boyle. A. Raelene	Awstralia	11.2 eiliad
1974	Boyle. A. Raelene	Awstralia	11.3 eiliad
1978	Lanaman. Sonia	Lloegr	11.27 eiliad

1982	Issajenko. Angella	Canada	11.00 eiliad
1986	Oakes. Heather	Lloegr	11.20 eiliad
1990	Ottey. Merlene	Jamaica	11.02 eiliad
1994	Onyali. Mary	Nigeria	11.06 eiliad
1998	Sturrup. Chandra	Bahamas	11.06 eiliad

220 llath.

1934	Hiscock. Eiliadeen	Lloegr	25.0 eiliad
1938	Norman. Decima	Awstralia	24.7 eiliad
1950	Jackson. Marjorie	Awstralia	24.3 eiliad
1954	Jackson. Marjorie	Awstralia	24.0 eiliad
1958	Mathews-Willard. Marlene	Awstralia	23.6 eiliad
1962	Hyman. Dorothy	Lloegr	23.8 eiliad
1966	Burge. Dianne	Awstralia	23.8 eiliad

200 m

1970	Boyle. Raelene A.	Awstralia	22.7 eiliad
1974	Boyle. Raelene A.	Awstralia	22.5 eiliad
1978	Boyd. Denise	Awstralia	22.82 eiliad
1982	Ottey. Merlene	Jamaica	22.19 eiliad
1986	Issajenko. Angella	Canada	22.91 ciliad

1990	Ottey. Merlene	Jamaica	22.76 eiliad
1994	Freeman. Catherine	Awstralia	22.25 eiliad
1998	Peris-Kneebone. Nova	Awstralia	22.77 eiliad

440 llath.

| 1966 | Pollock. Judy F. | Awstralia | 53.0 eiliad |

400 m

1970	Neufville. Marilyn F.	Jamaica	51.0 eiliad
1974	Saunders. Yvonne	Canada	51.7 eiliad
1978	Hartley. Donna	Lloegr	51.69 eiliad
1982	Boyle. Raelene A.	Awstralia	51.26 eiliad
1986	Flintoff-King. Debbie	Awstralia	51.29 eiliad
1990	Yusuf. Fatima	Nigeria	51.08 eiliad
1994	Freeman. Catherine	Awstralia	50.38 eiliad
1998	Richards. Sandie	Jamaica	50.17 eiliad

880 llath.

1934	Lunn. Gladys	Lloegr	2:19.4
1938	Boot. Vernon	Seland Newydd	1:51.2
1962	Willis. Dixie	Awstralia	2:03.7
1966	Hoffman. Abigail	Canada	2:04.3

800 m

1970	Stirling. Rosemary O.	Yr Alban	2:06.2
1974	Rendina. Charlene	Awstralia	2:01.1
1978	Peckham. Judith	Awstralia	2:02.8
1982	*McDermott. Kirsty*	*Cymru*	*2.01.31*
1986	*Wade. Kirsty*	*Cymru*	*2:00.94*
1990	Edwards. Diane	Lloegr	2:00.25
1994	Turner. Inez	Jamaica	2:01.74
1998	Mutola. Maria	Mosambîc	1:57.60

1,500 m

1970	Ridley. Rita	Lloegr	4:18.8
1974	Reiser. Glenda	Canada	4:07.8
1978	Stewart. Mary	Lloegr	4:06.3
1982	Boxer. Christina	Lloegr	4:08.28
1986	*Wade. Kirsty*	*Cymru*	*4:10.91*
1990	Chalmers. Angela	Canada	4:08.41
1994	Holmes. Kelly	Lloegr	4:08.86
1998	Maranga. Jackline	Cenia	4:05.27

3,000 m

1982	Audain. Anne	Seland Newydd	8:45.53
1986	Williams. Lynn	Canada	8:54.29
1990	Chalmers. Angela	Canada	8:38.38
1994	Chalmers. Angela	Canada	8:32.17

10,000 m

1990	McColgan. Liz	Yr Alban	32:23.56
1994	Murray. Yvonne	Yr Alban	31:56.97
1998	Wanjiru. Esther	Cenia	33:40.13

80 llath Dros Glwydi

1934	Clark. Marjorie	De Affrica	11.8 eiliad
1938	Burke. Barbara	De Affrica	11.7 eiliad
1950	Strickland. S. Barbara	Awstralia	11.6 eiliad
1954	Maskell. Edna	Gogledd Rhodesia	10.9 eiliad
1958	Thrower. Norma C.	Awstralia	10.7 eiliad
1962	Kilborn. Pamela	Awstralia	10.9 eiliad
1966	Kilborn. Pamela	Awstralia	10.9 eiliad

100 m Dros Glwydi

1970	Kilborn. Pamela	Awstralia	13.2 eiliad
1974	Vernon. Judy	Lloegr	13.5 eiliad
1978	Boothe. Lorna	Lloegr	12.98 eiliad
1982	Strong. Shirley	Lloegr	12.78 eiliad
1986	Gunnell. Sally	Lloegr	13.29 eiliad
1990	***Morley. Kay***	***Cymru***	***12.91 eiliad***
1994	Freeman. Michelle	Jamaica	13.12 eiliad
1998	Russell. Gillian	`Jamaica	12.70 eiliad

400 m Dros Glwydi

1982	Flintoff-King. Debbie	Awstralia	55.89 eiliad
1986	Flintoff-King. Debbie	Awstralia	54.94 eiliad
1990	Gunnell. Sally	Lloegr	55.38 eiliad
1994	Gunnell. Sally	Lloegr	54.51 eiliad
1998	Blackett. Andrea	Barbados	53.91 eiliad

Marathon

1986	Martin. Lisa	Awstralia	2:26:07
1990	Martin. Lisa	Awstralia	2:55:28
1994	Rouillard. Carole	Canada	2:30:41
1998	Turland. Heather	Awstralia	2:41:24

10 km   Cerdded Ar Heol

1990	Maxby. Kerry	Awstralia	45:03 eiliad
1994	Maxby-Junna. Kerry	Awstralia	44:25 eiliad
1998	Saville. Jane	Awstralia	43:57 eiliad

Naid Hir

1934	Bartholomew. Phyllis	Lloegr	5.46 m
1938	Norman. Decima	Awstralia	5.80 m
1950	Williams. Yvette W.	Seland Newydd	5.90 m
1954	Williams. Yvette W.	Seland Newydd	6.08 m
1958	Hoskins. Sheila H.	Lloegr	6.02 m
1962	Kilborn. Pamela	Awstralia	6.26 m
1966	Rand. Mary	Lloegr	6.36 m
1970	Sherwood. Sheila	Lloegr	6.73 m
1974	Oshikoya. Modupe	Nigeria	6.46 m
1978	Reeve. Susan	Lloegr	6.59 m
1982	Ferguson. Shonel	Bahamas	6.91 m
1986	Oladapo. Joyce	Lloegr	6.43 m
1990	Fleming. Jane	Awstralia	6.78 m
1994	Boegman. Nicole	Awstralia	6.82 m
1998	Wise. Joanne	Lloegr	6.63 m

Naid Triphlyg

1998	Hansen. Ashia	Lloegr	14.32m

Naid Uchel

1934	Clark. Marjorie	De Affrica	1.60 m
1938	Odam. Dorothy B.	Lloegr	1.60 m
1950	Odam-Tylor. Dorothy	Lloegr	1.60 m
1954	Hopkins. Thelma E.	Gogledd Iwerddon	1.67 m
1958	Mason. Michelle M.	Awstralia	1.70 m
1962	Woodhouse. Robyn	Awstralia	1.72 m
1966	Mason. Michelle	Awstralia	1.72 m
1970	Brill. Debbie A.	Canada	1.78 m
1974	Lawton. Barbara	Lloegr	1.84 m
1978	Gibbs. Katrina Mavis	Awstralia	1.93 m
1982	Brill. Debbie A.	Canada	1.88 m
1986	Stanton. Christine	Awstralia	1.92 m
1990	Murray. Tania	Seland Newydd	1.88 m
1994	Inverarity. Allison	Awstralia	1.94 m
1994	Weavers. Charmaine	De Affrica	1.94 m
1998	Sorbeck. Hestrie	De Affrica	1.91 m

Naid Polyn

1998	George. Emma	Awstralia	4.20 m

Taflu Pwysau

1954	Williams. Yvette W.	Seland Newydd	13.95m
1958	Sloper. Valerie I.	Seland Newydd	15.54m
1962	Sloper – Young. Valerie I.	Seland Newydd	15.22m
1966	Sloper – Young. Valerie I.	Seland Newydd	16.50m
1970	Peters. Mary E.	Iwerddon	16.13m
1974	Haist. Jane	Canada	16.12m
1978	Mulhall. Gael	Awstralia	17.10m
1982	Oakes. Judith	Lloegr	17.92m
1986	Martin. Gail	Awstralia	19.00m
1990	Augee. Myrtle S. M.	Lloegr	18.48m
1994	Oakes. Judith	Lloegr	18.16m
1998	Oakes. Judith	Lloegr	18.83m

Taflu Disgen

1954	Williams. Yvette W.	Seland Newydd	32.18m
1958	Allday. Susan	Lloegr	45.91m
1962	Sloper – Young. Valerie I.	Seland Newydd	50.20m

1966	Sloper – Young. Valerie I.	Seland Newydd	49.78m
1970	Payne. C.Rosemary	Yr Alban	54.46m
1974	Hait. Jane	Canada	55.52m
1978	Ionesco. Carmen	Canada	62.16m
1982	Ritchie. Margaret	Yr Alban	62.98m
1986	Martin. Gail	Awstralia	56.42m
1990	Visaniari. Lisa-Marie	Awstralia	56.38m
1994	Contain. Daniela	Awstralia	63.72m
1998	Famuina. Beatrice	Seland Newydd	65.92m

Taflu Morthwyl

| 1998 | Sosimenko. Deborah | Awstralia | 66.56m |

Gwaywffon

1934	Lunn. Gladys	Lloegr	32.18m
1938	Higgins. Robina	Canada	38.28m
1950	McGibbon-Weekes. Charlotte	Awstralia	38.84m
1954	Swanpoel. Magdalena C.	De Affrica	43.83m
1958	Pazera. Anna	Awstralia	57.40m
1962	Platt. Susan	Lloegr	50.25m
1966	Parker. Margaret	Awstralia	51.38m

1970	Rivers. Petra	Awstralia	52.00m
1974	Rivers. Petra	Awstralia	55.48m
1978	Sanderson. Tessa	Lloegr	61.34m
1982	Howland. Suzanne	Awstralia	64.46m
1986	Sanderson. Tessa	Lloegr	69.80m
1990	Sanderson. Tessa	Lloegr	65.72m
1994	McPaul. Louise	Awstralia	63.76m
1998	McPaul. Louise	Awstralia	66.96m

Pentathlon

1970	Peters. Mary E.	Gogledd Iwerddon	5148pt.
1974	Peters. Mary E.	Gogledd Iwerddon	4455pt.
1978	Jones – Konihowski. Diane	Canada	4768pt.

Heptathlon

1982	Nunn. Glynis	Awstralia	6282pt.
1986	Simpson. Judy	Lloegr	6282pt.
1990	Flemming. Jane	Awstralia	6695pt.
1994	Lewis. Debbie	Lloegr	6325pt.
1998	Lewis. Denise	Lloegr	6513pt.

440 llath Cyfnewid Cymysg (220 110 110)

1934	Halstead. Eleanor	Lloegr	49.4 eiliad
1934	Hiscock. Eileen Mary	Lloegr	49.4 eiliad
1934	Maguire. Elsie Evelyn	Lloegr	49.4 eiliad
1938	Coleman. Jean	Awstralia	49.1 eiliad
1938	Norman. Decima	Awstralia	49.1 eiliad
1938	Wearne. Alice Eileen	Awstralia	49.1 eiliad
1950	Johnston. Verna	Awstralia	47.9 eiiad
1950	Nelson. Marjorie	Awstralia	47.9 eiliad
1950	Strickland. Shirley Barbara	Awstralia	47.9 eiliad

4 x 110 m Cyfnewid

1954	Cripps. Winsome	Awstralia	46.8 eiliad
1954	Fogarty. Nancy N.	Awstralia	46.8 eiliad
1954	Nelson. Marjorie	Awstralia	46.8 eiliad
1954	Wallace. Gwendoline L	Awstralia	46.8 eiliad
1958	Hyman. Dorothy	Lloegr	45.3 eiliad
1958	Paul. June Florence	Lloegr	45.3 eiliad
1958	Weston. Violet	Lloegr	45.3 eiliad
1958	Young. Heather Jay	Lloegr	45.3 eiliad
1962	Beasley. Genys Anne	Awstralia	46.6 eiliad
1962	Bennett. Joyce Elaine	Awstralia	46.6 eiliad

1962	Cox. Paula Joyce	Awstralia	46.6 eiliad
1962	Cuthbert. Elizabeth	Awstralia	46.6 eiliad
1966	Bennett. Joyce Elaine	Awstralia	45.0 eiliad
1966	Burge. Dianne Marie	Awstralia	45.0 eiliad
1966	Lamy. Jennifer Frances	Awstralia	45.0 eiliad
1966	Ryan. Pamela	Awstralia	45.0 eiliad

4 x 100 m Cyfnewid

1970	Lamy. Jennifer Frances	Awstralia	44.1 eiliad
1970	Kilborn. Pamela	Awstralia	44.1 Eiliad
1970	Hoffman. Marion	Awstralia	44.1 eiliad
1970	Boyle. Raelene A.	Awstralia	44.1 eiliad
1974	Lamy. Jennifer Frances	Awstralia	43.5 eiliad
1974	Robertson. Denise	Awstralia	43.5 eiliad
1974	Boak. Robin	Awstralia	43.5 eiliad
1974	Boyle. Raelene A.	Awstralia	43.5 eiliad
1978	Goddard. Beverly	Lloegr	43.70 eiliad
1978	Smallwood. Kathryn	Lloegr	43.70 eiliad
1978	Colyear. Sharon	Lloegr	43.70 eiliad
1978	Lanaman. Sonia May	Lloegr	43.70 eiliad
1982	Callender. Beverley L	Lloegr	43.15 eiliad

1982	Cook. Kathryn Jane	Lloegr	43.15 eiliad
1982	Hoyte. Wendy Patricia	Lloegr	43.15 eiliad
1982	Lanaman. Sonia May	Lloegr	43.15 eiliad
1986	Baptiste. Joan Jeanetta	Lloegr	43.39 eiliad
1986	Cook. Kathryn Jane	Lloegr	43.39 eiliad
1986	Oakes. Heather Regina	Lloegr	43.39 eiliad
1986	Thomas. Paula	Lloegr	43.39 eiliad
1990	Dunstan. Monique	Awstralia	43.87 eiliad
1990	Freeman. Catherine	Awstralia	43.87 eiliad
1990	Johnson. Kerry	Awstralia	43.87 eiliad
1990	Sambell. Kathy	Awstralia	43.87 eiliad
1994	Idehev. Faith	Awstralia	42.99 eiliad
1994	Onysli. Mary	Awstralia	42.99 eiliad
1994	Opara-Thompson. Christy	Awstralia	42.99 eiliad
1994	Tombiri. Mary	Awstralia	42.99 eiliad
1998	Van-Heer. Tania	Awstrala	43.39 eiliad
1998	Hewitt. Lauren	Awstralia	43.39 eiliad
1998	Cripps. Sharon	Awstralia	43.39 eiliad
1998	Peris-Kneebone. N.	Awstralia	43.39 eiliad

660 llath Cyfnewid Cymysg (2 x 220. 2 x 110)

1934	Dearnley. Audrey	Canada	1:14.4
1934	Meagher. Eileen Aletha	Canada	1:14.4
1934	Palmer. Lilian Emily	Canada	1:14.4
1934	White-Lewington. Betty	Canada	1:14.4
1938	Coleman. Jean	Awstralia	1:15.2
1938	Norman. Decima	Awstralia	1:15.2
1938	Peake. Thelma	Awstralia	1:15.2
1938	Woodland. Joan	Awstralia	1:15.2
1950	Johnstone. Verna	Awstralia	1:13.4
1950	Nelson. Marjorie	Awstralia	1:13.4
1950	Shanley. Ann Patricia	Awstralia	1:13.4
1950	Strickland. Shirley Barbara	Awstralia	1:13.4

4 x 400 m Cyfnewid

1974	Elder. Verona Marolin	Lloegr	3:29.2
1974	Kennedy. Ruth	Lloegr	3:29.2
1974	Pettett. Susan	Lloegr	3:29.2
1974	Roscoe. Janette Veronica	Lloegr	3:29.2
1978	Elder. Veronica Marolin	Lloegr	3:27.19
1978	Hartley. Donna Marie L.	Lloegr	3:27.19
1978	Hoyte-Smith. Joslyn Y.	Lloegr	3:27.19

1978	Kennedy. Ruth	Lloegr	3:27.19
1982	Crooks. Charmaine A.	Canada	3:37.70
1982	Issajenko. Angela	Canada	3:37.70
1982	Kinsbeck. Mary	Canada	3:37.70
1982	Richardson. Cheryl	Canada	3:37.70
1986	Crooks. Charmaine A.	Canada	3:28.92
1986	Kingsbeck. Mary	Canada	3:28.92
1986	Payne-Wiggins. Manta	Canada	3:28.92
1986	Richardson. Jillian Cheryl	Canada	3:28.92
1990	Gunnell. Sally Jane	Lloegr	3:28.08
1990	Keogh. Linda	Lloegr	3:28.08
1990	Piggford. Angela Mary	Lloegr	3:28.08
1990	Stoute. Jennifer Elaine	Lloegr	3:28.08
1994	Gunnell. Sally Jane	Lloegr	3:27.06
1994	Joseph. Tracy Carol	Lloegr	3:27.06
1994	Keogh. Linda	Lloegr	3:27.06
1994	Smith. Phyllis	Lloegr	3:27.06
1998	Andrews. Susan	Awstralia	3:27.28
1998	Lewis. Tamsyn	Awstralia	3:27.28
1998	Naylor. Lee	Awstralia	3:27.28
1998	Van-Heer. Tania	Awstralia	3:27.28

BADMINTON

Senglau Dynion

1966	Tan. Aik Mong	Maleisia
1970	Paulson. James E.	Canada
1974	Gunalan. Punch	Maleisia
1978	Padukone. Prakash	India
1982	Madi. Syed	India
1986	Baddeley. Stephen	Lloegr
1990	Sidek. Rashid	Maleisia
1994	Sidek. Rashid	Maleisia
1998	Choong. Han Wang	Maleisia

Senglau Menywod

1966	Bairstow. Angela	Lloegr
1970	Beck. Margaret	Lloegr
1974	Gilkes(nee Perrin). Gillian	Lloegr
1978	Ng. Sylvia	Maleisia
1982	Troke. Helen	Lloegr
1986	Troke. Helen	Lloegr
1990	Smith. Fiona	Lloegr

1994	Campbell. Lisa	Awstralia
1998	*Morgan. Kelly*	*Cymru*

Parau Dynion

1970	Ng. Boon Bee	Maleisia
1970	Panchacharam.	Maleisia
1974	Talbot. Derek	Lloegr
1974	Stuart. Elliott	Lloegr
1978	Stevens. Raymond	Lloegr
1978	Tredgett. Michael	Lloegr
1982	Sidek. Razif	Maleisia
1982	Beng. Teong Ong	Maleisia
1986	Gilliand. William (Billy) Allan	Yr Alban
1986	Travers. Daniel (Dan)	Yr Alban
1990	Sidek. Razif	Maleisia
1990	Sidek. Jalaria	Maleisia
1994	Soon. Kit Cheah	Maleisia
1994	Beng. Kiang Soo	Maleisia
1998	Lee. Wan Wah	Maleisia
1998	Choong. Tan Fook	Maleisia

Parau Menywod

1970	Boxall. Margaret	Lloegr
1970	Whetnall. Susan	Lloegr
1974	Beck. Margaret	Lloegr
1974	Gilkes(nee Perrin). Gillian	Lloegr
1978	Perry. Nora	Lloegr
1978	Statt. Anne	Lloegr
1982	Blackhouse. Claire	Canada
1982	Falardeau. Johanne	Canada
1986	Clark. Gillian	Lloegr
1986	Gowers. Gillian	Lloegr
1994	Muggeridge. Jo	Lloegr
1994	Wright. Joanne	Lloegr
1998	Kellog. Donna	Lloegr
1998	Goode. Joanne	Lloegr

Parau Gymysg

1966	Mills. Roger	Lloegr
1966	Bairstow. Angela	Lloegr
1970	Talbot. Derek	Lloegr
1970	Boxall. Margaret	Lloegr

1974	Talbot. Derek	Lloegr
1974	Gilks. Gillian M.	Lloegr
1978	Tredgett. Michael	Lloegr
1978	Perry. Nora	Lloegr
1982	Dew. Martin	Lloegr
1982	Chapman. Karen	Lloegr
1986	Scandolera. Mike	Awstralia
1986	Tucker. Audrey	Awstralia
1990	Chan. Chi Choi	Hong Kong
1990	Chan. Amy	Hong Kong
1994	Hunt. Chris	Lloegr
1994	Clark. Gillian	Lloegr
1998	Archer. Simon	Lloegr
1998	Goode. Joanne	Lloegr

Tîm Dynion

1998	Ong. Ewe Hock	Maleisia
1998	Yong. Hock Kin	Maleisia
1998	Cheah. Soon Kit	Maleisia
1998	Yap. Kim Hock	Maleisia
1998	Lee. Wan Wah	Maleisia
1998	Choong. Tan Fook	Maleisia

Tîm Menywod

1998	Mann. Julia	Lloegr
1998	Hallam. Tracey	Lloegr
1998	Pantane. Rebecca	Lloegr
1998	Kellog. Donna	Lloegr
1998	Goode. Joanne	Lloegr
1998	Davies. Joanne	Lloegr

Tîm Cymysg

1986	Baddersley. Stephen	Lloegr
1986	Good. Andrew	Lloegr
1986	Clarke. Gillian	Lloegr
1986	Elliott. Fiona	Lloegr
1986	Gowers. Gillian	Lloegr
1986	Outterside. R.	Lloegr
1986	Tier. N.	Lloegr
1986	Troke. Helen	Lloegr
1986	Yates. Nick	Lloegr
1994	Archer. Simon	Lloegr
1994	Bradbury. Julie	Lloegr
1994	Clark. Gillian	Lloegr
1994	Hunt. Chris	Lloegr

1994	Knowles. Peter	Lloegr
1994	Lane. Suzanne Louis	Lloegr
1994	Muggeridge. Jo	Lloegr
1994	Nielsen. Anders	Lloegr
1994	Ponting. Nick	Lloegr
1994	Wright. Joanne	Lloegr

BEICIO

184 km Ras Heol Dechrau Torfol Unigol Dynion

| 1998 | Sweet. Jay | Awstralia | 4:31:56.00 |

92 km Ras Heol Dechrau Torfol Unigol Menywod

| 1998 | Bessette. Lyne | Canada | 2:24:59.00 |

Treial Amser Ras Heol Menywod

| 1998 | Wilson. Anna | Awstralia | 37:34.00 |

Treial Amser Ras Heol Dynion

| 1998 | Wohlberg. Eric | Canada | 53:15.00 |

Treial Amser Ras Heol Tîm Menywod

1994	Nolan. Louise	Awstralia	1:04:03.20
1994	Reardon. Catherine Susan	Awstralia	1:04:03.20
1994	Victor. Rachel Marianne	Awstralia	1:04.03.20
1994	Watt. Kathryn Anne	Awstralia	1:04:03.20

20 km Sgrats Dynion

| 1998 | Rogers. Michael | Awstralia | 25:18.340 |

1.000 m Treial Amser Dynion

1934	Gray. Edgar	Awstralia	1:16.4
1938	Porter. Robert	Awstralia	1:15.2
1950	Mockridge. Russell	Awstralia	1:13.4
1954	Ploog. Richard	Awstralia	1:12.5
1954	Swift. Alfred	De Affrica	1:12.5
1958	Tong. Neville	Lloegr	1:12.1
1962	Bartels. Peter	Awstralia	1:12.9
1966	Gibbon. Roger	Trinidad a Thobago	1:09.6
1970	Kent. Harry D.	Seland Newydd	1:08.69
1974	Paris. Dick	Awstralia	1:11.85
1978	Lovell. Jocelyn	Canada	1:06.00

1982	Adair. Craig	Seland Newydd	1:06.95
1986	Vinnicombe. Martin	Awstralia	1:06.230
1990	Vinnicombe. Martin	Awstralia	1:05.572
1994	Kelly. Shane	Awstralia	1:05.386
1998	Kelly. Shane	Awstralia	1:04.018

4.000 m Erlid Unigol Dynion

1950	Cartwright. Cyril	Lloegr	5:16.3
1954	Sheil. Norman L.	Lloegr	5:03.5
1958	Sheil. Norman L.	Lloegr	5:10.2
1962	Langshaw. Maxwell	Awstralia	5:08.8
1966	Porter. Hugh	Lloegr	4:56.6
1970	Hallam. Ian	Lloegr	5:01.4
1974	Hallam. Jan	Lloegr	5:05.46
1978	Richards. Michael	Seland Newydd	4:49.74
1982	Turtur. Michael	Awstralia	4:50.99
1986	Woods. Dean	Awstralia	4:27.767
1990	Anderson. Gary John	Seland Newydd	4:44.610
1994	McGee. Bradley John	Awstralia	4:31.371

4.000 m Erlid Tîm Dynion

1974	Bennet. Michael	Lloegr	4:10.5
1974	Evans. Richard	Lloegr	4:10.5
1974	Hallam. Ian	Lloegr	4:10.5
1974	Moore. William	Lloegr	4:10.5
1978	Fitzgerald. Colin John	Awstralia	4:29.43
1978	Nichols. Kevin John	Awstralia	4:29.43
1978	Sutton. Gary John	Awstralia	4:29.43
1978	Sutton. Shane John	Awstralia	4:29.43
1982	Grenda. Michael Ronald	Awstralia	4:26.09
1982	Nichols. Kevin John	Awstralia	4:26.09
1982	Turtur, Michael Colin	Awstralia	4:26.09
1982	West. Gary Martin	Awstralia	4:26.09
1986	Clarke. Glenn	Awstralia	4:26.94
1986	Dutton. Brett Allan	Awstralia	4:26.94
1986	McCarney. Wayne	Awstralia	4:26.94
1986	Turtur. Michael Colin	Awstralia	4:26.94
1986	Woods. Dean Anthony	Awstralia	4:26.94
1990	Anderson. Gary John	Seland Newydd	4:22.760
1990	Connell. Craig	Seland Newydd	4:22.760
1990	Donnelly. Nigel	Seland Newydd	4:22.760

1990	McLeay. Glen	Seland Newydd	4:22.760
1990	Williams. Stuart	Seland Newydd	4:22.760
1994	Aitken. Brett	Awstralia	4:10.485
1994	McGee. Bradley John	Awstralia	4:10.485
1998	Lancaster. Brett	Awstralia	4:13.405
1998	Lyons. Timothy	Awstralia	4:13.405
1998	McGee. Bradley John	Awstralia	4:13.405
1998	Roberts. Luke	Awstralia	4:13.405
1998	Rogers. Michael	Awstralia	4:13.405

100 km Ras Heol Dynion

1938	Binneman. Hendrick	De Affrica	2:53:29.6
1950	Sutherland. Hector	Awstralia	3:13.06.4
1954	Thompson. Eric G.	Lloegr	2:44:08.1

120 milltir Ras Heol Dynion

1958	Booty. Ray	Seland Newydd	5:16:33.7
1962	Mason. Wesley	Lloegr	5:20:26.2
1966	Buckley. Peter	Ynys Manaw	5:07:52.5

164 km Ras Heol Dynion

| 1970 | Biddle. Bruce W. | Seland Newydd | 4:38:06.0 |

183 km Ras Heol Dynion

| 1974 | Sefton. K. Clyde | Awstralia | 5:07:16.7 |

188 km Ras Heol Dynion

| 1978 | Anderson. Philip Grant | Awstralia | 4:22:34.41 |

184 km Ras Heol Dynion

1982	Elliott. Malcolm	Lloegr	4:34:40.06
1986	Curran. Paul	Lloegr	4:08.50.00
1990	Miller. Graeme John	Seland Newydd	4:34:00.19
1994	Rendell. Max	Seland Newydd	4:46:07.91

Sbrint Tandem Dynion

1970	Johnson. Gordon	Awstralia	11.5 eiliad
1970	Jonker. Ron	Awstralia	11.5 eiliad
1974	Crutchlow. Ernest	Lloegr	10.71 eiliad
1974	Cooke. Geoffrey	Lloegr	10.71 eiliad
1978	Lovell. Jocelyn	Canada	15.32 eiliad
1978	Singleton. Gordon	Canada	15.32 eiliad

3.000 m Erlid Unigol Menywod

1990	Harris. Madonna	Seland Newydd	3:54.670
1994	Watt. Kathryn Anne	Awstralia	3:48.522
1998	Ulmer. Sarah	Seland Newydd	3:41.667

1.000 m Sbrint Dynion

1934	Higgins. Ernest W.	Lloegr	
1938	Gray. Edgar L.	Awstralia	
1950	Mockridge. Russell	Awstralia	
1954	Peacock. Cyril F.	Lloegr	
1958	Ploog. Richard	Awstralia	
1962	Harrison. Thomas	Awstralia	
1966	Gibbon. Roger	Trinidad a Thobago	
1970	Nicholson. John M.	Awstralia	
1974	Nicholson. John M.	Awstralia	
1978	Tucker. Kenrick Gregory	Awstralia	
1982	Tucker. Kenrick Gregory	Awstralia	
1986	Neiwand. Gary Malcolm	Awstralia	
1990	Neiwand. Gary Malcolm	Awstralia	
1994	Neiwand. Gary Malolm	Awstralia	10.587
1998	Hill. Darryn	Awstralia	10.258

1.000 m Sbrint Menywod

1990	*Jones. Louise*	*Cymru*	
1994	Dubnicoff. Tanya	Canada	12.129
1998	Dubnicoff. Tanya	Canada	11.490

24 km Pwyntiau Menywod

| 1998 | Burns. Alayna | Awstralia | 34 pt. |

25 km Pwyntiau Menywod

| 1994 | McGregor. Yvonne | Lloegr | 35 pt. |

10 milltir Sgrats Dynion

1934	McLeod. Robert	Canada	24:26.2
1938	Maxfield. William Wallace	Lloegr	24:44.0
1950	Heseltine. William	Awstralia	23:23.4
1954	Cooks. Lindsay J.	Awstralia	21:59.5
1958	Browne. Ian	Awstralia	21:40.2
1962	Adams. Douglas	Awstralia	22.14.8
1966	Alsop. Ian	Lloegr	21:46.3
1970	Lovell. Jocelyn	Canada	20:46.7
1974	Heffernan. Stephen	Lloegr	20:51.25
1978	Lovell. Jocelyn	Canada	20.05.81
1982	Nicholls. Kevin	Awstralia	19:56.56
1986	McCarney. Wayne	Awstralia	19:40.61
1990	Anderson. Gary John	Seland Newydd	19:44.20
1994	O'Grady. Stuart Peter	Awstralia	18:50.52

40 km Ras Pwyntiau Dynion

1998	Tomson. Glen	Seland Newydd	35 pt.

50 km Ras Pwyntiau Dynion

1990	Burns. Robert	Awstralia	81 pt.
1994	Aitken. Brett	Awstralia	38 pt.

72 km Ras Heol Menywod

1990	Watt. Kathryn Anne	Awstralia	1:55:11.60
1994	Watt. Kathryn Anne	Awstralia	2:48:04.73

BOWLIO DECBIN

Senglau Menywod

1998	Honeychurch. Cara	Awstralia	6406 pt.

Senglau Dynion

1998	Ang. Kenny	Maleisia	6046 pt.

Parau Menywod

1998	Honeychurch. Cara	Awstralia	3678 pt.
1998	Nable. Maxine	Awstralia	3678 pt.

Parau Dynion

1998	Ang. Kenny	Maleisia	3552 pt.
1998	Heng. Ben	Maleisia	3552 pt.

Parau Gymysg

1998	Ryan. Francis	Awstralia	3605 pt.
1998	Honeychurch. Cara	Awstralia	3605 pt.

BOWLIO LAWNT

Senglau Menywod

1998	Hartwell. Lesley	De Affrica

Parau Menywod

1986	Johnston. Margaret	Gogledd Iwerddon
1986	Elliott. Freda	Gogledd Iwerddon
1990	Howat. Judy	Seland Newydd
1990	Watson. P. Maria	Yr Alban
1994	Gourlay. Sarah	Yr Alban

Triphlyg Menywod

1982	Bates. Anna	Simbabwe
1982	Kennedy. Florence	Simbabwe
1982	Mills. Margaret	Simbabwe

Pedwarawdau Menywod

1986	*Evans. Linda*	*Cymru*
1986	*Jones. Rita*	*Cymru*
1986	*Parker. Linda*	*Cymru*
1986	*Rickets. Joan*	*Cymru*
1990	Stevens. Marion	Awstralia
1990	Shaw. Daphne	Awstralia
1090	Rutherford. Dorothy	Awstralia
1990	Roche. Dorothy	Awstralia
1994	Becher. Hester	De Affrica
1994	Grondein. Colleen	De Affrica
1994	Pretorius. Anna	De Affrica
1994	Trigwell. Lorna	De Affrica
1998	Becher. Hester	De Affrica
1998	Trigwell. Loma	De Affrica
1998	Victor. Loraine	De Affrica
1998	Steyn. Trish	De Affrica

Senglau Dynion

1930	Colquhoun. Robert	Lloegr
1934	Sprot. Robert	Yr Alban

1938	Harvey. Horace	De Affrica
1950	Pirret. James	Seland Newydd
1954	Hodges. Ralph F.	De Rhodesia
1958	Danilowitz. Phineas	De Affrica
1962	Bryant. David J.	Lloegr
1970	Bryant. David J.	Lloegr
1974	Bryant. David J.	Lloegr
1978	Bryant. David J.	Lloegr
1982	Wood. William	Yr Alban
1986	Dickison. Ian	Seland Newydd
1990	Parrella. Ron	Awstralia
1994	Corsie. Richard	Yr Alban
1998	Garden. Roy	Simbabwe

Parau Dynion

1930	Hills. Tommy C.	Lloegr
1930	Wright. George W.	Lloegr
1934	Hills. Tommy C.	Lloegr
1934	Wright. George W.	Lloegr
1938	Macey. Lance L.	Seland Newydd
1938	Denison. William Walter	Seland Newydd

1950	Henry. Robert	Seland Newydd
1950	Exelby. Exelby P.	Seland Newydd
1954	Romsbotham. William J.	Gogledd Iwerddon
1954	Watson. Percy	Gogledd Iwerddon
1958	Morris. John M.	Seland Newydd
1958	Pilkington. Richard E.	Seland Newydd
1962	Robson. Hugh H.J.	Seland Newydd
1962	MacDonald. Robert L. M.	Seland.Newydd
1970	King. Norman	Lloegr
1970	Line. Peter A.	Lloegr
1974	Christie. John	Yr Alban
1974	McIntosh. Alex	Yr Alban
1978	Liddell. Eric	Hong Kong
1978	Delgado. Clement	Hong Kong
1982	Watson. John	Yr Alban
1982	Gourlay. David	Yr Alban
1986	Adrian. George	Yr Alban
1986	Knox. Grant	Yr Alban
1990	Morris. Trevor	Awstralia
1990	Schuback. Ian	Awstralia
1994	Johnston. Rex Winfred	Awstralia

1994	Curtis. Cameron	Awstralia
1998	Duprez. Brett	Awstralia
1998	Jacobson. Mark	Awstralia

Pedwarawdau Dynion

1930	Edney. J.	Lloegr
1930	Frich. J.	Lloegr
1930	Gudgeon. E.F.	Lloegr
1930	Hough. P.	Lloegr
1934	Biggin. F.	Lloegr
1934	Gudgeon. E.F.	Lloegr
1934	Slater. R.	Lloegr
1934	Tomlinson. P.D.	Lloegr
1938	Whittaker. William	Seland Newydd
1938	Robertson. H.Alec	Seland Newydd
1938	Jury. A. Ernie	Seland Newydd
1938	Bremmer. William	Seland Newydd
1950	Atkinson. H.	De Affrica
1950	Blumberg. A.	De Affrica
1950	Currer. H.	De Affrica

1950	Walker. N.S.	De Affrica
1954	Anderson. John W.H.	De Affrica
1954	Mitchell. Frank N.	De Affrica
1954	Randall. Wilfred A.	De Affrica
1954	Wilson. George L.	De Affrica
1958	Bettles. George H.	Lloegr
1958	King. Norman	Lloegr
1958	Phillips. Walter F.	Lloegr
1958	Scadgell. George H.	Lloegr
1962	Bryant. David J.	Lloegr
1962	Drysdale. Sidney	Lloegr
1962	Fleming. George T.	Lloegr
1962	Watson. John L.	Lloegr
1970	Delgado. Clement C.	Hong Kong
1970	Kitchell. Abdul R.	Hong Kong
1970	Da Silva. Roberto E.	Hong Kong
1970	Souza. George A.	Hong Kong
1974	Clark. Kerry	Seland Newydd
1974	Baldwin. Dave	Seland Newydd
1974	Somerville. John	Seland Newydd
1974	Jolly. Gordon	Seland Newydd

1978	Chok. K.F.R.	Hong Kong
1978	Da Silva. Roberto E.	Hong Kong
1978	Hassan. Majid	Hong Kong
1978	Dallah. O.K.	Hong Kong
1982	Dubbins. John	Awstralia
1982	Poole. Keith Frank	Awstralia
1982	Sharpe. Herbert	Awstralia
1982	Sherman. Donald Percy	Awstralia
1986	*Morgan. James*	*Cymru*
1986	*Thomas. Havard*	*Cymru*
1986	*Thomas. William*	*Cymru*
1986	*Weale. Robert*	*Cymru*
1990	Adrian. George	Yr Alban
1990	Bruce. Ian	Yr Alban
1990	Love. Denis	Yr Alban
1990	Wood. William	Yr Alban
1994	Burkett. Neil Anthony	De Affrica
1994	Lofthouse. Alan	De Affrica
1994	Piketh. Donald	De Affrica
1994	Rayfield. Robert	De Affrica
1998	McHugh. Martin	Gogledd Iwerddon

1998	McClure. Ian	Gogledd Iwerddon
1998	Booth. Neil	Gogledd Iwerddon
1998	McCloy. Gary	Gogledd Iwerddon

CLEDDYFAETH

Ffoil Unigol Dynion

1950	Paul. Rene Roy R.	Lloegr
1954	Paul. Rene Roy R.	Lloegr
1958	Paul. Rene Roy R.	Lloegr
1962	Lekie. Alexander	Yr Alban
1966	Jay. Allan	Lloegr
1970	Breckin. Michael J.	Lloegr

Ffoil Unigol Menywod

1950	Glen-Haig. Mary A.	Lloegr
1954	Glen-Haig. Mary A.	Lloegr
1958	Sheen. Gillian	Lloegr
1962	Coleman. Melody	Seland Newydd
1966	Wardell-Yerburgh. Janet	Lloegr
1970	Wardell-Yerburgh. Janet	Lloegr

Ffoil Tîm Dynion

1950	Anderson. R.J.	Lloegr
1950	Paul. Rene Roy R.C.	Lloegr
1950	Pilbrow. Arthur G.	Lloegr
1954	Cooperman. Arnold	Lloegr
1954	Jay. Allan Louis N.	Lloegr
1954	Paul. Rene Roy R.C.	Lloegr
1958	Cooke. H.	Lloegr
1958	Paul. Raymond R.R.V.	Lloegr
1958	Paul. Rene Roy R.C.	Lloegr
1962	Cooperman. Arnold	Lloegr
1962	Jay. Louis N.	Lloegr
1962	Paul. Rene Roy R.C.	Lloegr
1966	Hoskyns. Henry W.T.	Lloegr
1966	Jay. Allan Louis N.	Lloegr
1970	Brechin. M.J.	Lloegr
1970	Paul. Barry R.	Lloegr
1970	Paul. Grahame A.	Lloegr

Ffoil Tîm Menywod

1966	Parker. Shirley A.	Lloegr
1966	Pearce. Joyce L.	Lloegr
1966	Wardell-Yerburgh. Janet C.	Lloegr
1970	Green. S.	Lloegr
1970	Henley. C.	Lloegr
1970	Wardell-Yerburgh. Janet C.	Lloegr

Cleddyf Blaenol Unigol Dynion

1950	Beaumont. Charles-Louis De	Lloegr
1954	Lund. Ivan Bernard	Awstralia
1958	Hoskyns. William	Lloegr
1962	Lund. Ivan B.	Awstralia
1966	Hoskyns. William	Lloegr
1970	Hoskyns. William	Lloegr

Cleddyf Blaenol Tîm Dynion

1950	Jay. Allan Louis N.	Awstralia
1950	Lund. Ivan Bernard	Awstralia
1954	De Beaumont, C.L.	Lloegr
1954	Jay. Allan Louis N.	Lloegr

1954	Paul. Rene Roy R.C.	Lloegr
1958	Hoskyns. Henry William F.	Lloegr
1958	Howard. M.J.P.	Lloegr
1958	Jay. Louis N.	Lloegr
1962	Howard. M.J.P.	Lloegr
1962	Jacobs. Peter	Lloegr
1962	Pelling. John A.	Lloegr
1966	Hoskyns. Henry William	Lloegr
1966	Jacobs. Peter	Lloegr
1966	Pelling. John A.	Lloegr
1970	Hoskyns. Henry W.F.	Lloegr
1970	Jacobs. Peter	Lloegr
1970	Johnson. W.R.	Lloegr

Crymgledd Unigol Dynion

1950	Pillbrow. Arthur G.	Lloegr
1954	Amberg. Michael J.	Lloegr
1958	Hoskyns. Henry William F.	Lloegr
1962	Cooperman. Arnold	Lloegr
1966	Cooperman. Arnold	Lloegr
1970	Leckie. Alexander	Yr Alban

Crymgledd Tîm Dynion

1950	Anderson. R.J.	Lloegr
1950	Pilbrow. Arthur G.	Lloegr
1954	Asselin. Roland G.A.R.	Canada
1954	Krasa. Leslie	Canada
1954	Schwende. Carl	Canada
1958	Amberg. Michael J.	Lloegr
1958	Cooperman. Arnold	Lloegr
1958	Hoskyns. Henry William F.	Lloegr
1958	Verebes. Eugen M.	Lloegr
1962	Amberg. Michael	Lloegr
1962	Birks. G.T.	Lloegr
1962	Cooperman. Arnold	Lloegr
1966	Cooperman. Arnold	Lloegr
1966	Oldcorn. Richard	Lloegr
1966	Rayden. William J.	Lloegr
1970	Acfield. D.L.	Lloegr
1970	Cohen. R.A.	Lloegr
1970	Craig. R.	Lloegr

CODI PWYSAU

52 kg Cipiad

| 1990 | Raghavan. Chandekharan | India | 105 kg |

52 kg Hwb

| 1990 | Raghavan. Chandekharan | India | 127.5 kg |

52 kg Cyfanswm

1970	Vasil. George	Awstralia	639.75 pwysi
1974	McKenzie. Precious	Lloegr	215 kg
1978	Karunkaran. Ekambaram	India	205 kg
1982	Voukelatos. Nick	Awstralia	207.5 kg
1986	Hayman. Greg	Awstralia	212.5 kg
1990	Raghavan. Chandekharan	India	232.5 kg

56 kg Cipiad

| 1990 | Punnuswamy. Rangaswamy | India | 110 kg |
| 1998 | Yagci. Mehmet | Awstralia | 107.5 kg |

56 kg Hwb

1990	Punnuswamy.	India	137.5 kg Rangfaswamy
1998	Wilson. Dharmaraj	India	140 kg

56 kg Cyfanswm

1950	Hung. Tho Fook	Maleisia	655 pwysi
1954	Megennis. Maurice	Lloegr	620 pwysi
1958	Gaffley. Reg	De Affrica	660 pwysi
1962	Kim. Chua Pung	Singapôr	710 pwysi
1966	McKenzie. Precious	Lloegr	705 pwysi
1970	McKenzie. Precious	Lloegr	738 pwysi
1974	Adams. Mike	Awstralia	225.5 kg
1978	McKenzie. Precious	Seland Newydd	220 kg
1982	Laws. Geoffrey	Lloegr	235 kg
1986	Voukelatos. Nick	Awstralia	245 kg
1990	Punnuswamy. Rangaswamy	India	247.5 kg
1998	Pandian. K. Arwmugan	India	245 kg

60 kg Cipiad

1990	Stephen. Marcus	Nawrw	112.5 kg

62 kg Cipiad

| 1998 | Stephen. Marcus | Nawrw | 125 kg |

60 kg Hwb

| 1990 | Sharma. Parvesh Chandler | India | 145 kg |

62 kg Hwb

| 1998 | Stephen. Marcus | Nawrw | 167.5 kg |

60 kg Cyfanswm

1950	Tong. Kog Eng	Maleisia	685 pwysi
1954	Wilkes. Rodney	Trinidad	690 pwysi
1958	Tan. Ser Cher	Singapôr	685 pwysi
1962	Newton. George	Lloegr	720 pwysi
1966	*Chung. Kum Weng*	*Cymru*	*743.5 pwysi*
1970	Perrins. George	Lloegr	754.75 pwysi
1974	Vasiliades. George	Awstralia	239.5 kg
1978	Mercier. Michel Alex	Canada	237.5 kg
1982	Willey. Dean	Lloegr	267.5 kg

1986	*Williams. Raymond*	*Cymru*	*252.5 kg*
1990	Sharma. Parvesh Chandler	India	257.5 kg

62 kg Cyfanswm

1998	Stephen. Marcus	Nawrw	292.5 kg

67.5 kg Cipiad

1990	Sharma.	India	130 kg Parvesh Chandler

69 kg Cipiad

1998	Groulx. Sebastien	Canada	130 kg

69 kg Hwb

1998	Hidayat. Muhamad	Maleisia	167.5 kg

67.5 kg Cyfanswm

1950	Halliday. Jim	Lloegr	760 pwysi
1954	Barberis. Vern	Awstralia	765 pwysi
1958	Tan. Howe Liang	Singapôr	790 pwysi
1962	Goring. Carlton	Lloegr	775 pwysi
1966	Gittins. Harold	Trinidad	809.75 pwysi

1970	Newton. George	Lloegr	821 pwysi
1974	Newton. George	Lloegr	260 kg
1978	Stellios. Basilios	Awstralia	272.5 kg
1982	***Morgan. David***	***Cymru***	***295 kg***
1986	Willey. Dean	Lloegr	315 kg
1990	Sharma. Paramjit	India	295 kg
1998	Groulx. Sebastien	Canada	297.5 kg

75 kg Cipiad

| 1990 | Mondal. Kamadhar | India | 135 kg |

77 kg Cipiad

| 1998 | Rai. Satheesha | India | 147.5 kg |

75 kg Hwb

| 1990 | Laycock. Ron | Awstralia | 177.5 kg |

77 kg Hwb

| 1998 | Brown. Damian | India | 187.5 kg |

75 kg Cyfanswm

1950	Gratton. Gerry A.	Canada	785 kg
1954	Halliday. Jim	Lloegr	800 pwysi
1958	Blenman. Blair	Barbados	795 pwysi
1962	Tan. How Liang	Singapôr	860 pwysi
1966	St. Jean. Pierre	Canada	892.5 pwysi
1970	Pery. Russell Neville	Awstralia	909 pwysi
1974	Ebert. Anthony J.	Seland Newydd	275 kg
1978	Castiglione. Salvatore	Awstralia	300 kg
1982	Pinsent. Stephen	Lloegr	312.5 kg
1986	Stellios. Bill	Awstralia	302.5 kg
1990	Laycock. Ron	Awstralia	319 kg

77 kg Cyfanswm

| 1998 | Brown. Damian | Awstralia | 327.5 kg |

82.5 kg Cipiad

| *1990* | *Morgan. David* | *Cymru* | *155 kg* |

82.5 kg Hwb

| *1990* | *Morgan. David* | *Cymru* | *192.5 kg* |

85 kg Cipiad

| 1998 | Ward. Stephen | Lloegr | 157.5 kg |

85 kg Hwb

| 1998 | Griffin. Leon | Lloegr | 192.5 kg |

82.5 kg Cyfanswm

1950	Varaleau. Jack	Canada	815 pwysi
1954	Gratton. Gerry A.	Canada	890 pwysi
1958	Caira. Phillip	Yr Alban	875 pwysi
1962	Caira. Philip	Yr Alban	900 pwysi
1966	Vakakis. George	Awstralia	925.5 pwysi
1970	Ciancio. Nick	Awstralia	986.5 pwysi
1974	Ford. Tony	Lloegr	302.5 kg
1978	Kabbas. Robert	Awstralia	322.5 kg
1982	Burrowes. Newton	Lloegr	325 kg
1986	*Morgan. David*	*Cymru*	*350 kg*
1990	*Morgan. David*	*Cymru*	*347.5 kg*

85 kg Cyfanswm

| 1998 | Griffin. Leon | Lloegr | 347.5 kg |

90 kg Cipiad

| 1990 | Dawkins. Duncan | Lloegr | 162.5 kg |

94 kg Cipiad

| 1998 | Kounev. Kiri | Awstralia | 165 kg |

90 kg Hwb

| 1990 | Dawkins. Duncan | Lloegr | 195 kg |

94 kg Hwb

| 1998 | Kounev. Kiri | Awstralia | 205 kg |

90 kg Cyfanswm

1954	Daly. Keevil	Canada	880 pwysi
1958	Santos. Manny	Awstralia	890 pwysi
1962	Martin. Louis	Lloegr	1035 pwysi
1966	Martin. Louis	Lloegr	1019.25 pwysi

1970	Martin. Louis	Lloegr	1008.25 pwysi
1974	Ciancio. Nick	Awstralia	332.5 kg
1978	Langford. Gary Leroy	Lloegr	335 kg
1982	Kabbas. Robert	Awstralia	337.5 kg
1986	Boxall. Keith	Lloegr	350 kg
1990	Dawkins. Duncan	Lloegr	357.5 kg

94 kg Cyfanswm

| 1998 | Kounev. Kiri | Awstralia | 370 kg |

100 kg Cipiad

| 1990 | Saxton. Andrew | Lloegr | 165 kg |

105 kg Cipiad

| 1998 | Sandor. Akos | Canada | 167.5 kg |

105 + kg Cipiad

| 1998 | Liddel. Darren | Seland Newydd | 165 kg |

100 kg Hwb

| 1990 | Saxton. Andrew | Lloegr | 197.5 kg |

105 kg Hwb

| 1998 | Sandor. Akos | Canada | 192.5 kg |

105 + kg Hwb

| 1998 | Liddel. Darren | Seland Newydd | 202.5 kg |

100 kg Cyfanswm

1978	*Burns. John*	*Cymru*	*340 kg*
1982	Orok. Oliver	Nigeria	350 kg
1986	Garon. Denis	Canada	360 kg
1990	Saxton. Andrew	Lloegr	362.5 kg

105 kg Cyfanswm

| 1998 | Sandor. Akos | Canada | 360 kg |

105 + kg Cyfanswm

| 1998 | Liddel. Darren | Seland Newydd | 367.5 kg |

110 kg Cipiad

| 1990 | Thomas. Mark | Lloegr | 160 kg |

110 Hwb

| 1990 | Thomas. Mark | Lloegr | 197.5 kg |

110 kg Cyfanswm

1950	Cleghorn. R. Harold	Seland Newydd	900 pwysi
1954	Hepburn. Doug	Canada	1040 pwysi
1958	MacDonald. Ken	Awstralia	1005 pwysi
1962	Shannos. Arthur	Awstralia	1025 pwysi
1966	Oliver. Don	Seland Newydd	1096.25 pwysi
1970	Prior. Russell	Canada	1079.75 pwysi
1974	Prior. Russell	Canada	352.5 kg
1978	Prior. Russell	Canada	347.5 kg
1982	***Burns. John***	*Cymru*	***347.5 kg***
1986	Roy. Kevin	Canada	375 kg
1990	Thomas. Mark	Lloegr	357.5 kg

110+ kg Cipiad

1990   Davies. Andrew   Cymru   180 kg

110+ kg Hwb

1990   Davies. Andrew   Cymru   222.5 kg

110+ kg Cyfanswm

1970	Rigby. Ray	Awstralia	1102.5 pwysi
1974	May. Graham	Seland Newydd	342.5 kg
1978	Cardinal. Jean-Marc	Canada	365 kg
1982	Lukin. Dean	Awstralia	377.5 kg
1986	Lukin. Dean	Awstralia	392.5 kg
1990	*Davies. Andrew*	*Cymru*	*402.5 kg*

105+ Cyfanswm

1998	Liddel. Darren	Seland Newydd	367.5 kg

CRICED

1998	Pollock. Shaun	De Affrica
1998	Bacher. Adam	De Affrica
1998	Gibbs. Herschelle	De Affrica
1998	Kallis. Jacques	De Africa
1998	Dawson. Alan	De Affrica
1998	Benkenstein. Dale	De Affrica
1998	Crookes. Derek	De Affrica
1998	Boje. Nicky	De Affrica
1998	Elworthy. Steve	De Affrica
1998	Ntini. Makhaya	De Affrica
1998	Adams. Paul	De Affrica
1998	Williams. Henri	De Affrica
1998	Boucher. Mark	De Affrica
1998	Rindel. Mike	De Affrica
1998	Hudson. Andrew	De Affrica

GYMNASTEG

Gornest Timau Artistig Menywod

1978	Goermann. Monica	Canada	113.250 pt.
1978	Hawco. Sherry Louise	Canada	113.250 pt.
1978	Kelsall. Karen Barbara	Canada	113.250 pt.
1978	Schlegel. Elfi	Canada	113.250 pt.
1990	Lowing. Larissa	Canada	116.784 pt.
1990	Morin. Janet	Canada	116.784 pt.
1990	Strong. Lori	Canada	116.784 pt.
1990	Umeh. Stella	Canada	116.784 pt.
1994	Brady. Jacqueline	Lloegr	114.225 pt.
1994	Reeder. Annika	Lloegr	114.225 pt.
1994	Lusack. Zita	Lloegr	114.225 pt.
1994	Szymko. Karin	Lloegr	114.225 pt.
1998	McIntosh. Trudy	Awstralia	111.408 pt.
1998	McLaughlin. Zeena	Awstralia	111.408 pt.
1998	Slater. Allana	Awstralia	111.408 pt.
1998	Skinner. Lisa	Awstralia	111.408 pt.

Unigolyn Amryddawn Menywod

1978	Schlegel. Elfi	Canada	38.25 pt.
1990	Strong. Lori	Canada	38.912 pt.

1994	Umeh. Stella	Canada	38.400 pt.
1998	McLaughlin. Zeena	Awstralia	37.917 pt.

Unigolyn Amryddawn Rhythmig Menywod

1990	Fuzesi. Mary	Canada	37.650 pt.
1994	Takahashi. Kasumi	Awstralia	36.850 pt.

Rhaff Rhythmig Menywod

1990	Walker. Angela	Seland Newydd	9.300 pt.

Pêl Rhythmig Menywod

1990	Gimotea. Madonna	Canada	9.450 pt.
1994	Takahashi. Kasumi	Awstralia	9.200 pt.

Cylch Rhythmig Menywod

1990	Fuzesi. Mary	Canada	9.400 pt.
1994	Takahashi. Kasumi	Awstralia	9.300 pt.

Ruban Rhythmig Menywod

1990	Fuzesi. Mary	Canada	9.400 pt.
1994	Takahashi. Kasumi	Awstralia	9.200 pt.

Clybiau Rhythmig Menywod

1994	Takahashi. Kasumi	Awstralia	9.400 pt.

Tîm Rhyddmig Menywod

1994	Martens. Camille	Canada	106.900 pt.
1994	McLennan. Gretchen	Canada	106.900 pt.
1994	Richards. Lindsay	Canada	106.900 pt.

Barrau Anwastad Menywod

1990	Allen. Monique Marie	Awstralia	9.875 pt.
1994	Stoyel. Rebecca	Awstralia	9.25 pt.
1998	Skinner. Lia	Awstralia	9.612 pt.

Ymarfer Llawr Menywod

1990	Strong. Lori	Canada	9.887 pt.
1994	Reeder. Annika	Lloegr	9.750 pt.
1998	Reeder. Annika	Lloegr	9.675 pt.

Trawst Menywod

1990	Strong. Lori	Canada	9.850 pt.
1994	Willis. Salli	Awstralia	9.075 pt.
1998	McIntosh. Trudy	Awstralia	9.550 pt.

Llofnaid Menywod

1990	Jenkins. Nicola	Seland Newydd	9.712 pt.
1994	Umeh. Stella	Canada	9.556 pt.
1998	Mason. Lisa	Lloegr	9.231 pt.

Unigolyn Amryddawn Dynion

1978	Delesalle. Philip	Canada	56.40 pt.
1990	Hibbert. Curtis	Canada	57.950 pt.
1994	Thomas. Neil	Lloegr	55.950 pt.
1998	Kravtsov. Andrei	Awstralia	54.675 pt.

Ymarfer Llawr Dynion

1990	Thomas. Neil	Lloegr	9.750 pt.
1994	Thomas. Neil	Lloegr	9.662 pt.
1998	Kravtsov. Andrei	Awstralia	9.325 pt.

Bwlyn Ceffyl Pren

1990	Dowrick. Brennan James	Awstralia	9.825 pt.
1994	Dowrick. Brennan James	Awstralia	9.425 pt.
1998	Kravtsov. Andrei	Awstralia	9.487 pt.

Cylchynau Dynion

1990	Hibbert. Curtis	Canada	9.775 pt.
1994	McDermott. Lee	Lloegr	9.475 pt.
1998	Mamine. Pavel	Awstralia	9.337 pt.

Barrau Cyflin Dynion

1990	Hibbert. Curtis	Canada	9.800 pt.
1994	Hogan. Peter Ross	Awstralia	9.400 pt.
1998	Kravtsov. Andrei	Awstralia	9.637 pt.

Bar Llorwedd Dynion

1990	Hibbert. Curtis	Canada	9.850 pt.
1994	Nolet. Alan	Canada	9.512 pt.
1998	Jeltkov. Alexander	Lloegr	9.425 pt.

Llofnaid Dynion

1990	May. James	Lloegr	9.625 pt.
1994	Hudson. Bret	Awstralia	9.375 pt.
1998	Hutcheon. Simon	De Affrica	9.537 pt.

Gornest Timau Dynion

1978	Choquette. Jean	Canada	165.55 pt.
1978	Delesalle. Philip L.	Canada	165.55 pt.
1978	Rothwell. Nigel	Canada	165.55 pt.
1978	Walstrom. Owen Carl	Canada	165.55 pt.
1990	Bobkin. Lorne	Canada	171.800 pt.
1990	Hibbert. Curtis	Canada	171.800 pt.
1990	Latendrese. Claude	Canada	171.800 pt.
1990	Nolet. Alan	Canada	171.800pt.
1994	Burley. Kristan	Canada	164.700 pt
1994	Ikeda. Richard	Canada	164.700 pt.
1994	Nolet. Alan	Canada	164.700 pt.
1994	Romagnoli. Travis	Canada	164.700 pt.
1998	Atherton. Andrew	Lloegr	162.275 pt.
1998	Heap. Craig	Lloegr	162.275 pt.
1998	Brewer. Ross	Lloegr	162.275 pt.
1998	Smethurst. John	Lloegr	162.275 pt.

HOCI MENYWOD

| 1998 | Allen. Katie | Awstralia |
| 1998 | Andrews. M. | Awstralia |

1998	Annan. Alyson	Awstralia
1998	Dobson. Louise	Awstralia
1998	Haslam. Juliet	Awstralia
1998	Hawkes. Rechelle	Awstralia
1998	Imison. Rachel	Awstralia
1998	Langham. Bianca	Awstralia
1998	Mott. Claire	Awstralia
1998	Mott. Nikki	Awstralia
1998	Peek. Allison	Awstralia
1998	Powell. Katrina	Awstralia
1998	Powell. Lisa	Awstralia
1998	Sowry. Justine	Awstralia
1998	Starre. Kate	Awstralia
1998	Towers. Kristen	Awstralia

JWDO

Pwysau Plu Ychwaneg Dynion

| 1990 | Finney. Carl | Lloegr |

Pwysau Plu Ychwaneg Menywod

| 1990 | Briggs. Karen | Lloegr |

Pwysau Hanner Plu Dynion

1990   Cooper. Brent   Seland Newydd

Pwysau Hanner Plu Menywod

1990   Rendle. Sharon   Lloegr

Pwysau Plu Dynion

1990   Stone. R.   Lloegr

Pwysau Plu Menywod

1990   Cusack. Loretta   Yr Alban

Pwysau Hanner Canol Dynion

1990   Southby. David   Lloegr

Pwysau Hanner Canol Menywod

1990   Bell. Diane   Lloegr

Pwysau Canol Dynion

1990   White. Densign   Lloegr

Pwysau Canol Menywod

1990   Mills. Sharon   Lloegr

Pwysau Hanner Trwm Dynion

1990   Stevens. Raymond   Lloegr

Pwysau Hanner Trwm Menywod

1990   Morris. Jane   Lloegr

Pwysau Trwm Dynion

1990   Gordon. Elvis   Lloegr

Pwysau Trwm Menywod

1990   Lee. Sharon   Lloegr

Pwysau Agored Dynion

1990   Gordon. Elvis   Lloegr

Pwysau Agored Menywod

1990   Lee. Sharon   Lloegr

NOFIO

50 m Steil Rydd Dynion

1990	Baildon. Andrew	Awstralia	22.76 eiliad
1994	Foster. Mark	Lloegr	23.12 eiliad
1998	Foster. Mark	Lloegr	22.58 eiliad

100 llath Steil Rydd Dynion

1930	Bourne. Munro	Canada	56.0 eiliad
1934	Burleigh. George	Canada	55.0 eiliad

110 llath Steil Rydd Dynion

1938	Pirie. Robert	Canada	59.6 eiliad
1950	Salmon. Peter	Canada	60.4 eiliad
1954	Hendricks. Jon	Awstralia	56.6 eiliad
1958	Devitt. John	Awstralia	57.0 eiliad
1962	Pound. Richard	Canada	55.9 eiliad
1966	Wenden. Michael. V.	Awstralia	54.0 eiliad

100 m Steil Rydd Dynion

1970	Wenden. Michael V.	Awstralia	53.06 eiliad

1974	Wenden. Michael V.	Awstralia	52.73 eiliad
1978	Morgan. Mark Lincoln	Awstralia	52.70 eiliad
1982	Brooks. Neil	Awstralia	51.14 eiliad
1986	Fasala. Greg	Awstralia	50.95 eiliad
1990	Baildon. Andrew	Awstralia	48.80 eiliad
1994	Clarke. Stephen	Canada	50.21 eiliad
1998	Klim. Michael	Awstralia	1:02.43 eiliad

110 llath Strôc Nofio Broga Dynion

| 1962 | O'Brien. Ian | Awstralia | 1:11.4 |
| 1966 | O'Brien. Ian | Awstralia | 1:08.2 |

100 m Strôc Nofio Broga Dynion

1970	Mahoney. William	Canada	1:09.0
1974	Leigh. David	Lloegr	1:06.52
1978	Smith. Graham W.	Canada	1:03.81
1982	Moorhouse. Adrian	Lloegr	1:02.93
1986	Davis. Victor	Canada	1:03.01
1990	Moorhouse. Adrian	Lloegr	1:01.49
1994	Rogers. Philip	Awstralia	1:02.62
1998	Cowley. Simon Peter	Awstralia	1:02.00

110 llath Pili-pala Dynion

1962	Berry. Kevin	Awstralia	59.6 eiliad
1966	Jacks. Ronald B.	Canada	60.3 eiliad

100 m Pili-pala Dynion

1970	MacDonald. A. Byron	Canada	58.44 eiliad
1974	Rogers. Neil	Awstralia	56.58 eiliad
1978	Thompson. Dan David	Canada	55.04 eiliad
1982	Thompson. Dan David	Canada	54.71 eiliad
1986	Jameson. Andrew	Lloegr	54.07 eiliad
1990	Baildon. Andrew	Awstralia	53.98 eiliad
1994	Miller. Scott	Awstralia	54.39 eiliad
1998	Huegill. Geoffrey A.	Awstralia	52.81 eiliad

100 llath Strôc Cefn Dynion

1930	Tippett. John W.	Lloegr	1:05.4
1934	Francis. Willie	Yr Alban	1:05.2

110 llath Strôc Cefn Dynion

1938	Oliver. Percy	Awstralia	1:07.9
1950	Wild. Jackie C.	De Affrica	1:07.7
1954	*Brockway. John*	*Cymru*	*1:06.5*
1958	Monckton. John J.	Awstralia	1:01.7
1962	Sykes. Graham	Lloegr	1:04.5
1966	Reynolds. Peter	Awstralia	1:02.4

100m Strôc Cefn Dynion

1970	Kennedy. William R.	Canada	1:01.65
1974	Tonelli. Mark	Awstralia	59.65 eiliad
1978	Patching. Glenn Scott	Awstralia	57.90 eiliad
1982	West. Michael	Canada	57.12 eiliad
1986	Tewksbury. Mark	Canada	56.45 eiliad
1990	Tewksbury. Mark	Canada	56.07 eiliad
1994	Harris. Martin	Lloegr	55.77 eiliad
1998.	Versfeld. Mark	Canada	55.52 eiliad

200 llath Strôc Nofio Broga Dynion

1930	Aubin. Jack	Canada	2:35.4
1934	Hamilton. Norman	Yr Alban	2:41.6

220 llath Strôc Nofio Broga Dynion

1938	Davies. John Goldup	Lloegr	2:51.9
1950	Hawkins. David	Awstralia	2:54.1
1954	Doms. John	Seland Newydd	2:57.6
1958	Gathercole. Terry	Awstralia	2:41.6
1962	O'Brien. Ian	Awstralia	2:38.2
1966	O'Brien. Ian	Awstralia	2:29.3

200 m Strôc Nofio Broga Dynion

1970	Mahoney. William	Canada	2:30.29
1974	Wilkie. David	Yr Alban	2:24.42
1978	Smith. Graham W.	Canada	2:20.86
1982	Davis. Victor	Canada	2:16.25
1986	Moorhouse. Adrian	Lloegr	2:16.35
1990	Cleveland. A. Jon	Canada	2:14.96
1994	Gillingham. Nick	Lloegr	2:12.54
1998	Cowley. Simon Peter	Awstralia	1:08.71

200 m Pili-pala Dynion

| 1978 | Nagy. George Michael | Canada | 2:01.99 |
| 1998 | Hickman. James | Awstralia | 1:57.11 |

200 m Steil Rydd Dynion

1970	Wenden. Michael V.	Awstralia	1:56.69
1974	Badger. Stephen	Awstralia	1:56.72
1978	McKeon. Ronald John	Awstralia	1:52.06
1982	Astbury. Andrew	LLoegr	1:51.52
1986	Gleria. Robert	Awstralia	1:50:57
1990	Roberts. Martin	Awstralia	1:49.58
1994	Perkins. Kieran	Awstralia	1:49.31
1998	Thorpe. Ian James	Awstralia	1:46.70

220 llath Strôc Cefn Dynion

| 1962 | Carroll. Julian | Awstralia | 2:20.9 |
| 1966 | Reynolds. Peter | Awstralia | 2:12.0 |

200 m Strôc Cefn Dynion

| *1970* | *Richards. Mike J.* | *Cymru* | *2:14.53* |
| 1974 | Cooper. Bradford | Awstralia | 2:06.31 |

1978	Hurring. Gary Norman	Seland Newydd	2:04.37
1982	Henning. Cameron	Canada	2:02.55
1986	Goss. Sandy	Canada	2:02.55
1990	Anderson. Gary	Canada	2:01.69
1994	Ruckwood. Adam	Lloegr	2:00.79
1998	Versfeld. Mark	Canada	1:59.67

200 m Gymysg Unigol Dynion

1970	Smith. W. George	Canada	2:13.72
1974	Wilkie. David A.	Yr Alban	2:10.11
1978	Smith. Graham W.	Canada	2:05.25
1982	Baumann. Alex	Canada	2:02.25
1986	Baumann. Alex	Canada	2:01.80
1990	Anderson. Gary	Canada	2:02.94
1994	Dunn. Matthew S.	Awstralia	2:00.28
1998	Dunn. Matthew S.	Awstralia	2:00.26

400 llath Steil Rydd Dynion

1930	Ryan. Noel P.	Awstralia	4:39.8

440 llath Steil Rydd Dynion

1934	Ryan. Noel P.	Awstralia	5:03.0

1938	Pirie. Robert	Canada	4:54.6
1950	Garrick. Agnew D.	Awstralia	4:49.4
1954	Chapman. Gary	Awstralia	4:39.8
1958	Konrads. John	Awstralia	4:25.9
1962	Rose. Murray	Awstralia	4:20.0
1966	Windle. Robert	Awstralia	4:15.0

400 m Steil Rydd Dynion

1970	White. Graham	Awstralia	4:08.48
1974	Kulasalu. John	Awstralia	4:01.44
1978	McKeon. Ronald John	Awstralia	3:54.43
1982	Astbury. Andrew	Lloegr	3:53.29
1986	Armstrong. Duncan	Awstralia	3:52.25
1990	Brown. Ian	Awstralia	3:49.91
1994	Perkins. Kieron	Awstralia	3:45.77
1998	Thorpe. Ian James	Awstralia	3:44.35

440 llath Cymysg Unigol Dynion

| 1962 | Alexander. Alexander | Awstralia | 5:15.3 |
| 1966 | Reynolds. Peter | Awstralia | 4:50.8 |

400 m Cymysg Unigol Dynion

1970	Smith. George W.	Canada	4:48.87
1974	Treffers. Mark	Seland Newydd	4:35.90
1978	Smith. Graham W.	Canada	4:27.34
1982	Boumann. Alex	Canada	4:23.53
1986	Baumann. Alex	Canada	4:18.29
1990	Bruce. Robert	Awstralia	4:20.26
1994	Dunn. Matthew	Awstralia	4:17.01
1998	Steed. Trent Joseph	Awstralia	4:1989

1.500 llath Steil Rydd Dynion

| 1930 | Ryan. Noel P. | Awstralia | 18:55.4 |
| 1934 | Ryan. Noel P. | Awstralia | 18:25.4 |

1650 llath Steil Rydd Dynion

1938	Leivers. Robert H.	Lloegr	19:46.4
1950	Johnston. Graham M.	De Affrica	19:55.7
1954	Johnston. Graham M.	De Affrica	19:01.4
1958	Konrads. Jon	Awstralia	17:45.5
1962	Rose. Murray	Awstralia	17:18.1
1966	Jackson. Ron	Awstralia	17:25.9

1.500 m Steil Rydd Dynion

1970	Windeatt. Graham	Awstralia	16:23.82
1974	Holland. Stephen	Awstralia	15:34.73
1978	Metzker. Maxwell R.	Awstralia	15:31.92
1982	Metzker. Maxwell R	Awstralia	15:23.94
1986	Plummer. Jason	Awstralia	15:12.62
1990	Housman. Glen	Awstralia	14:55.25
1994	Perkins. Kieron	Awstralia	14:41.66
1998	Hackett. Grant	Awstralia	14:50.92

3 x 110 llath Cyfnewid Cymysg Dynion

1938	Davies. John	Lloegr	9:19.0
1938	Dove. Frederick	Lloegr	9:19.0
1938	Taylor. Michael	Lloegr	9:19.0

4 x 100 m Steil Rydd Cyfnewid Dynion

1978	Sawchuk. Bill Mathew	Canada	3:27.94
1978	Smith. Graham W.	Canada	3:27.94
1978	MacDonald. Gary Wayne	Canada	3:27.94
1978	Szmidt. Peter Charles	Canada	3:27.94

1998	Klim. Michael	Awstralia	3:17.83
1998	Callus. Ashley John	Awstralia	3:17.83
1998	Thorpe. Ian James	Awstralia	3:17.83
1998	Fydler. Christopher J.	Awstralia	3:17.83

4 x 100 m Gymysg Dynion

1978	Tapp. Jay Greville	Canada	3:52.93
1978	Smith. Graham W.	Canada	3:52.93
1978	Thompson. Dan David	Canada	3:52.93
1978	Sawchuk. Bill Matthew	Canada	3:52.93
1998	Watson. Josh	Awstralia	3:38.52
1998	Cowley. Simon Peter	Awstralia	3:38.52
1998	Huegill. Godfrey A.	Awstralia	3:38.52
1998	Klim. Michael	Awstralia	3:38.52

4 x 220 llath Cyfnewid   Gymysg Dynion

1938	Frederick. Dove	Lloegr	9:19.0
1938	French-Williams. Mostyn	Lloegr	9:19.0
1938	Leivers. Robert	Lloegr	9:19.0

| 1938 | Wainwright. Norman | Lloegr | 9:19.0 |

4 x 200 m Steil Rydd Cyfnewid Dynion

1978	Morgan. Mark Lincoln	Awstralia	7:50.13
1978	McKeon. Ronald John	Awstralia	7:50.13
1978	Metzker. Maxwell Raymond	Awstralia	7:50.13
1978	Brewer. Graeme	Awstralia	7:50.13
1998	Thorpe. Ian J.	Awstralia	7:11.86
1998	Kowalski. Daniel S.	Awstralia	7:11.86
1998	Dunne. Matthew Stephen	Awstralia	7:11.86
1998	Klim. Michael	Awstralia	7:11.86

50 m Steil Rydd Menywod

| 1990 | Curry-Kenny. Lisa | Awstralia | 25.80 eiliad |
| 1998 | Rolph. Sue | Lloegr | 25.82 eiliad |

100 m Strôc Nofio Broga Menywod

| 1978 | Corsiglia. Robin Marie | Canada | 1:13.56 |
| 1998 | Denman. Helen | Awstralia | 1:08.71 |

220 llath Strôc Nofio Broga Menywod

1938	Storey. Doris	Lloegr	3:06.30
1938	Lacey. Evelyn de	Awstralia	1:10.10
1978	Klimpel. Carol	Canada	57.78 eiliad

100 m Steil Rydd Menywod

| 1998 | Rolph. Sue | Lloegr | 55.17 eiliad |

100 m Strôc Pili-pala Menywod

1978	Quirk. Wendy Patricia	Canada	1:01.92
1990	Curry-Kenny. Lisa	Awstralia	1:00.66
1998	Thomas. Petria Ann	Awstralia	59.42 eiliad

110 llath Strôc Cefn Menywod

| 1938 | Norton. Pat | Awstralia | 1:19.50 |

100 m Strôc Cefn Menywod

| 1978 | Forster. Debra Lynn | Awstralia | 1:03.97 |
| 1998 | Rooney. Giaan | Awstralia | 1:02.43 |

4 x 110 llath Steil Rydd Cyfnewid Menywod

1938	Baggaley. Mary	Canada	4:48.30
1938	Dewar. Phyllis	Canada	4:48.30
1938	Lyon. Dorothy	Canada	4:48.30
1938	Oxenbury. Noel	Canada	4:48.30

3 x 110 llath Cyfnewid Cymysg Menywod

1938	Hinton. Margery	Lloegr	3:57.70
1938	Frampton. Lorna	Lloegr	3:57.70
1938	Storey. Doris	Lloegr	3:57.70

4 x 100 m Cyfnewid Cymysg Menywod

1990	Curry-Kenny. Lisa	Awstralia	4:10.87
1990	Hooiveld. Lara	Awstralia	4:10.87
1990	Livingston. Nicole	Awstralia	4:10.87
1990	Wirdum. Karen Van	Awstralia	4:10.87

200 m Strôc Nofio Broga Menywod

| 1978 | Borsholt. Lisa Ann | Canada | 2:37.70 |
| 1998 | Riley. Samantha L.P. | Awstralia | 2:27.30 |

200 m Strôc Pili-pala Menywod

| 1978 | Ford. Michelle Jan | Awstralia | 2:11.29 |
| 1998 | O'Neil. Susan | Awstralia | 2:06.60 |

200 m Steil Rydd Menywod

1970	Mo. Karen	Awstralia	2:09.78
1974	Gray. Sonya	Awstralia	2:04.27
1978	Perrot. Rebecca	Seland Newydd	2:00.63
1982	Croft. June	Lloegr	1:59.74
1986	Baumer. Susan	Awstralia	2:00.61
1990	Lewis. Hayley	Awstralia	2:00.86
1994	O'Neil. Susan	Awstralia	2:00.86
1998	O'Neil. Susan	Awstralia	2:00.24

200 m Strôc Cefn Menywod

| 1978 | Gibson. Cheryl Anne | Canada | 2:16.57 |
| 1998 | Sexton. Katy | Lloegr | 2:13.18 |

200 m Gymysg Unigol Menywod

| 1978 | Davies. Sharron | Lloegr | 2:18.37 |
| 1998 | Limpert. Marianne | Canada | 2:15.05 |

440 llath Steil Rydd Menywod

| 1938 | Green. Dorothy | Awstralia | 5:39.7 |

400 m Steil Rydd Menywod

| 1978 | Wickham. Tracey Lee | Awstralia | 4:08.45 |
| 1998 | O'Neil. Susan | Awstralia | 4:12.38 |

400 m Gymysg Unigol Menywod

| 1978 | Davies. Sharron | Lloegr | 4:52.44 |

4 x 400 m Gymysg Unigol Menywod

| 1998 | Malar. Joanne | Canada | 4:43.74 |

800 m Steil Rydd Menywod

| 1978 | Wickham. Tracey Lee | Awstralia | |
| 1998 | Harris. Rachel Amanda | Awstralia | 8:42.43 |

4 x 100 m Gymysg Menywod

1978	Boivin. Helene	Canada	4:15.26
1978	Stuart. Marian	Canada	4:15.26
1978	Quirk. Wendy Patricia	Canada	4:15.26
1978	Klimpel. Carol	Canada	4:15.26

4 x 100 m Steil Rydd Menywod

1978	Amundrud. Gail Ann	Canada	3:50.28
1978	Klimpel. Carol	Canada	3:50.28
1978	Sloan. Sue	Canada	3:50.28
1978	Quik. Wendy Patricia	Canada	3:50.28
1990	Curry-Kenny. Lisa	Awstralia	3:50.28
1998	Creedy. Rebecca	Awstralia	3:42.61
1998	Ryan. Sharah	Awstralia	3:42.61
1998	Munz. Lori M.	Awstralia	3:42.61
1998	O'Neil. Susan	Awstralia	3:42.61

4 x 200 m Steil Rydd Menywod

| 1998 | Greville. Julia | Awstralia | 8:03.73 |
| 1998 | O'Neil. Susan | Awstralia | 8:03.73 |

| 1998 | Windsor. Anna M. | Awstralia | 8:03.73 |
| 1998 | Munz. Lori M. | Awstralia | 8:03.73 |

Deifio 3 m Sbringfwrdd Dynion

| 1938 | Masters. Ron | Awstralia | 126.36 |
| 1978 | Snode. Christopher | Lloegr | 643.83 |

Deifio 10 m Llwyfan Dynion

| 1938 | Tomalin. Doug | Lloegr | 108.74 |
| 1978 | Snode. Christopher | Lloegr | 538.96 |

Deifio 3 m Springfwrdd Menywod

| 1938 | Donnett. Irene | Awstralia | 91.18 |
| 1978 | Nutter. Janet Ruth | Canada | 477.33 |

Deifio 10 m Llwyfan Menywod

| 1938 | Hook. Lurline | Awstralia | 36.47 |
| 1978 | Cuthbert. Linda Joanne | Canada | 397.44 |

PAFFIO

Dosbarth Pwysau Pryf Ysgafn

1970	Odwari. James	Uganda
1974	Muchoki. Stephen	Cenia
1978	Muchoki. Stephen	Cenia
1982	Wachire. Abraham	Cenia
1986	Olson. Scott	Canada
1990	Juko. Justin	Uganda
1994	Ramadhani. Haman	Cenia

Dosbarth Pwysau 48 kg

1998	Biki. Sapok	Maleisia

Dosbarth Pwysau Pryf

1930	Smith. Jacob N.	De Affrica
1934	Palmer. Patrick	Lloegr
1938	Joubert. Johannes	De Affrica
1950	Riley. Hugh	Yr Alban
1954	Currie. Richard	Yr Alban
1958	Brown. Jackie	Yr Alban

1962	Mallon. Robert	Yr Alban
1966	Shittu. Sulley	Ghana
1970	Needham. David	Lloegr
1974	Larmour. David B.	Gogledd Iwerddon
1978	Urungu. Michael	Cenia
1982	Mutua. Michael	Cenia
1986	Lyon. John	Lloegr
1990	McCullough. Wayne	Gogledd Iwerddon
1994	Shepherd. Paul	Yr Alban

Dosbarth Pwysau 51 kg.

| 1978 | Irungu. Michael | Cenia |
| 1998 | Sunee. Richard | Mawrisws. |

Dosbarth Pwysau Bantam

1930	Mizler. Hyman	Lloegr
1934	Ryan. Freddy	Lloegr
1938	Butler. William Henry	Lloegr
1950	Rensburg. Johannes Van	De Affrica
1954	Smillie. John W.	Yr Alban
1958	*Winstone. Howard*	*Cymru*

1962	Dynevor. Geoffrey	Awstralia
1966	Ndukwu. Edward	Nigeria
1970	Shittu. Sulley	Ghana
1974	Cowdell. Patrick	Lloegr
1978	McGuigan. Finbar (Barry)	Gogledd Iwerddon
1982	Orewa. Joe	Nigeria
1986	Murphy. Sean	Lloegr
1990	Mohammed. Sabo	Nigeria
1994	Peden. Robert	Awstralia
1998	Yomba. Michael	Tansania

Dosbarth Pwysau Plu

1930	Meacham. F.R.	Lloegr
1934	Cotteral. Charles	De Affrica
1938	Henricus. Ansdale William	Sri Lanca
1950	Gilliland. Henry	Yr Alban
1954	Leisching. Leonard	De Affrica
1958	Taylor. Wally	Awstralia
1962	McDermott. John	Yr Alban
1966	Waruinge. Philip	Cenia
1970	Waruinge. Philip	Cenia

1974	Ndukwu. Edward	Nigeria
1978	Nelson. Azuma	Ghana
1982	Konyegwachie. Peter	Nigeria
1986	Downey. Bill	Canada
1990	Irwin. John	Lloegr
1994	Patton. Casey	Canada
1998	Arthur. Alex	Yr Alban

Dosbarth Pwysau Ysgafn

1930	Rolland. James	Yr Alban
1934	Cook. Leslie	Awstralia
1938	Groves. Harry George T.	Lloegr
1950	Latham. Ronald	Lloegr
1954	Staden. Piet Van	De Rhodesia
1958	McTaggart. Richard	Yr Alban
1962	Blay. Eddie	Ghana
1966	Andeh. Anthony	Nigeria
1970	Adeyemi. Abayoni	Nigeria
1974	Kalule. Ahub	Uganda
1978	Hamil. Gerard	Gogledd Iwerddon

1982	Khalili. Hussein	Cenia
1986	Dar. Asif	Canada
1990	Nyakana. Godfrey	Uganda
1994	Strange. Michael	Canada
1998	Narh. Raymond	Ghana

Dosbarth Pwysau Ysgafn Welter

1954	Bergin. Mickey	Canada
1958	Loubscher. Henry J.	De Affrica
1962	Quartey. Clement	Ghana
1966	McCourt. James	Gogledd Iwerddon
1970	Muruli. Muhamad	Uganda
1974	Nwakpa. Obisia	Nigeria
1978	Braithwaite. Winfield	Giana
1982	Ossai. Christopher	Nigeria
1986	Grant. Howard	Canada
1990	Kane. Charles	Yr Alban
1994	Richardson. Peter	Lloegr
1998	Strange. Michael	Canada

Dosbarth Welter

1930	Hall. Leonard A.	De Affrica
1934	McCleave. David	Lloegr
1938	Smith. William	Awstralia
1950	Ratcliffe. Terence	Lloegr
1954	Gargano. Nicholas	Lloegr
1958	Greyling. Joseph A.	De Affrica
1962	Coe. Wallace	Seland Newydd
1966	Blay. Eddy	Ghana
1970	Ankudey. Emma F.	Ghana
1974	Muruli. Muhamed	Uganda
1978	McCallum. Midrai	Jamaica
1982	Pyatt. Christopher	Lloegr
1986	Dyer. Darren	Lloegr
1990	Defiagbon. David	Nigeria
1994	Sinclair. Neil	Gogledd Iwerddon
1998	Molitor. Jeremy	Canada

Dosbarth Ysgafn Canol

1954	Greaves. Wilfred	Canada
1958	Webster. A.Grant	De Affrica

1962	Mann. Harold	Canada
1966	Rowe. Mark	Lloegr
1970	Imrie. Thomas	Yr Alban
1974	Mwale. Lotti	Sambia
1978	Perlette. Kelly	Canada
1982	O'Sullivan. Shawn	Canada
1986	Sherry. Dan	Canada
1990	Woodhall. Richard	Lloegr
1994	Webb. James	Gogledd Iwerddon
1998	Bessey. Chris	Lloegr

Dosbarth Canol

1930	Malin. Frederick	Yr Alban
1934	Shawyer. Alfred	Lloegr
1938	***Reardon. Denis Patrick***	***Cymru***
1950	Schalkwyk. Theunis Van	De Affrica
1954	Kolff. Johannes Van Der	De Affrica
1958	Milligan. Terry	Gogledd Iwerddon
1962	Colquhoun. Cephos	Jamaica
1966	Darkey. Joe	Ghana
1970	Conteh. John	Lloegr

1974	Lucas. Frankie	San Finsent
1978	McElwaine. Philip	Awstralia
1982	Price. Jimmy	Lloegr
1986	Douglas. Rod	Lloegr
1990	Johnson. Chris	Canada
1994	Donaldson. Rowan	Canada
1998	Pearce. John	Lloegr

Dosbarth Go Drwm

1930	Goyder. Joe W.	Lloegr
1934	Brennan. George J.	Lloegr
1938	Wilmarans. Nicholaas	De Affrica
1950	Scott. Donald	Lloegr
1954	Vuuren. Piet Van	De Affrica
1958	Madigan. Anthony M.	Awstralia
1962	Madigan. Anthony M.	Awstralia
1966	Tighe. Roger	Lloegr
1970	Ayinla. Fatai	Nigeria
1974	Knight. William	Lloegr
1978	Fortin. Roger	Canada
1982	Sani. Fine	Ffiji
1986	Moran. Jim	Lloegr

1990	Akhasamba. Joseph	Cenia
1994	Brown. Dale	Canada
1998	Fry. Courtney	Lloegr

Dosbarth Trwm

1930	Stuart. Victor A.	Lloegr
1934	Floyd. Pat	Lloegr
1938	Osborne. Thomas	Canada
1950	Creagh. Frank	Seland Newydd
1954	Harper. Brian	Lloegr
1958	Becher. Daniel W.	De Affrica
1962	Oywello. George	Uganda
1966	Kini. William	Seland Newydd
1970	Masanda. Benson	Uganda
1974	Meade. Neville	Lloegr
1978	Awome. Julius	Lloegr
1982	DeWit. William	Canada
1986	Peau. Jimmy	Seland Newydd
1990	Onyango. George	Cenia
1994	Ahmed. Omaar	Cenia
1998	Simmons. Mark	Canada

Dosbarth Gor Drwm

1986	Lewis. Lenox	Canada
1990	Kenny. Michael	Seland Newydd
1994	Dokiwari. Duncan	Nigeria
1998	Harrison. Audley	Lloegr

PÊL RHWYD

1998	Borlase. J.	Awstralia
1998	Cusack. Nicole	Awstralia
1998	Ellis. Elizabeth	Awstralia
1998	Harby. Kathryn	Awstralia
1998	Ilitch. Janine	Awstralia
1998	McKinnis. S.	Awstralia
1998	McMahon. Sharelle Jane	Awstralia
1998	O'Donnell. S.	Awstralia
1998	Sanders. Rebecca	Awstralia
1998	Sutter. Sarah	Awstralia
1998	Tombs. Carissa	Awstralia
1998	Wilson. Vicki	Awstralia

RHWYFO

Rhodli Sengl Dynion

1930	Pearce. H.R. (Bobby)	Awstralia	
1938	Turner. Herbert J.	Awstralia	8.24
1950	Wood. Mervyn Thomas	Awstralia	7:46.8
1954	Rowlands. Donald D.	Seland Newydd	8:28.2
1958	McKenzie. Stuart A.	Awstralia	7:20.1
1962	Hill. James P.	Seland Newydd	7:39.7
1966	Redgrave. Steve	Lloegr	7:28.29

Rhodli Ysgafn Dynion

1986	Antonie. Peter Thomas	Awstralia	7:16.43

Rhodli Parau Dynion

1930	Bole. Elswood	Canada	7:48.0
1930	Richards. Bob	Canada	7:48.0
1938	Bradley. William	Lloegr	7:29.4
1938	Pearce. Cecil	Lloegr	7:29.4
1950	Wood. Mervyn Thomas	Awstralia	7:22.0
1950	Riley. Murray	Awstralia	7:22.0

1954	Wood. Mervyn Thomas	Awstralia	7:54.5
1954	Riley. Murray	Awstralia	7:54.5
1958	Spracklen. Michael	Lloegr	6:54.4
1958	Baker. Geoffrey	Lloegr	6:54.4
1962	Justice. George C.	Lloegr	6:52.4
1962	Birkmyre. Nicholas J.	Lloegr	6:52.4
1986	Ford. Bruce	Canada	6:19.43
1986	Walter. Pat	Canada	6:19.43

Parau Rhwyfo Heb Llywiwr Dynion

1950	Lambert. Walter	Awstralia	7:58.0
1950	Webster. Jack	Awstralia	7:58.0
1954	Parker. Robert	Seland Newydd	8:23.9
1954	Douglas. Reginald	Seland Newydd	8:23.9
1958	Parker. Reginald	Seland Newydd	7:11.1
1958	Douglas. Reginald	Seland Newydd	7:11.1
1962	Farquharson. Stewart	Lloegr	7:03.7
1962	Lee-Nicholson. James	Lloegr	7:03.7
1986	Holmes. Andrew	Lloegr	6:40.48
1986	Redgrave. Steve	Lloegr	6:40.48

Pedwarawdau Ysgafn Dynion

1986	Bates. Christopher	Lloegr	6:25.86
1986	Forbes. Stuart	Lloegr	6:25.86
1986	Haining. Peter	Lloegr	6:25.86
1986	Staite. Neil	Lloegr	6:25.86

Pedwarawdau Â Llywiwr Dynion.

1930	Brough. F.	Seland Newydd	
1930	Eastwood. Arthur H.	Seland Newydd	
1930	McDonald. John	Seland Newydd	
1930	Sandos. Bertram M.	Seland Newydd	
1930	Waters. E.A.	Seland Newydd	
1938	Fer. Donald	Awstralia	7:16.8
1938	Elder. Stewart	Awstralia	7:16.8
1938	Freeth. Gordon	Awstralia	7:16.8
1938	Fisher. Jack	Awstralia	7:16.8
1938	Kerr. Harry	Awstralia	7:16.8
1950	Carroll. William	Seland Newydd	7:17.5
1950	James. William	Seland Newydd	7:17.5
1950	Johnson. Edward	Seland Newydd	7:17.5
1950	Johnstone. Charles	Seland Newydd	7:17.5

1950	O'Brien. John	Seland Newydd	7:17.5
1954	Anderson. David Rollo	Awstralia	7:58.3
1954	Evatt. Peter Maitland	Awstralia	7:58.3
1954	Robberds. Lionel Phillip	Awstralia	7:58.3
1954	Williamson. Geoffery	Awstralia	7:58.3
1954	Woods. Merfyn Thomas	Awstralia	7:58.3
1958	Beresord. H.M.	Lloegr	6:46.5
1958	Crosse. S.C.	Lloegr	6:46.5
1958	Porter. C.F.	Lloegr	6:46.5
1958	Vigurs. J.P.	Lloegr	6:46.5
1962	Heselwood. K.J.	Seland Newydd	6:48.2
1962	Patterson. G.M.	Seland Newydd	6:48.2
1962	Pulman. D.W.	Seland Newydd	6:48.2
1962	Smedley. H.W.	Seland Newydd	6:48.2
1962	Stephens. W.T.	Seland Newydd	6:48.2
1986	Cliff. Adam	Lloegr	6:08.13
1986	Cross. Martin	Lloegr	6:08.13
1986	Ellison. Adrian	Lloegr	6:08.13
1986	Holmes. Andrew	Lloegr	6:08.13
1986	Redgrave. Steve	Lloegr	6:08.13

Pedwarawdau Heb Llywiwr Dynion

1930	Boardman. H.C.	Lloegr	
1930	Edwards. H.R.H.	Lloegr	
1930	Fizwilliams. F.M.L.	Lloegr	
1930	Harby. A.J.	Lloegr	
1958	Pope. R.D.E.	Lloegr	6:34.4
1958	Redman. C.T.	Lloegr	6:34.4
1958	Shakell. K.J.	Lloegr	6:34.4
1958	Young. D.R.	Lloegr	6:34.4
1962	Beveridge. J.	Lloegr	6:31.1
1962	Clay. M.C.	Lloegr	6:31.1
1962	Davidge. C.G.V.	Lloegr	6:31.1
1962	Tilbury. J.W.	Lloegr	6:31.1
1986	Main. Crant	Canada	6:00.56
1986	Neufeld. Kevin	Canada	6:00.56
1986	Styeele. Paul	Canada	6:00.56
1986	Turner. Pat	Canada	6:00.56

Wythau Dynion

1930		Lloegr

1938	Beazley. Basil	Lloegr	6:29
1938	Burrough. John	Lloegr	6:29
1938	Hambridge. Rhodes	Lloegr	6:29
1938	Jackson. Peter	Lloegr	6:29
1938	Kingsford. Desmond	Lloegr	6:29
1938	Reeve. Thomas	Lloegr	6:29
1938	Sturrock. John	Lloegr	6:29
1938	Turnbull. John	Lloegr	6:29
1938	Turner. J.T.	Lloegr	6:29
1950	A'Court. Peter Holmes	Awstralia	6:27
1950	Barnes. J.E.	Awstralia	6:27
1950	Allen William	Awstralia	6:27
1950	Gayzer. Phillip Arthur	Awstralia	6:27
1950	Goswell. Bruce Henry	Awstralia	6:27
1950	Langley. Eric Osborne	Awstralia	6:27
1950	Pain. Edward Oscar	Awstralia	6:27
1950	Selmad. Ross Lincoln	Awstralia	6:27
1950	Tinning. Robert Noel	Awstralia	6:27
1954	Drummond. K.J.	Canada	6:59.0
1954	Harris. Thomas M.	Canada	6:59.0
1954	MacDonald. Daryl	Canada	6:59.0

1954	Sierans. Ray	Canada	6:59.0
1954	Smith. Glen W.	Canada	6:59.0
1954	Toynbee. Thomas A.	Canada	6:59.0
1954	West. Lawrence	Canada	6:59.0
1954	Wilson. Robert A.	Canada	6:59.0
1954	Zloklikovitis. H.J.	Canada	6:59.0
1958	Arnold. D.J.	Canada	5:55.1
1958	Biln. S.	Canada	5:55.1
1958	D'Hondt. I.W.	Canada	5:55.1
1958	Loomer. L.K.	Canada	5:55.1
1958	MacInnon. A.A.	Canada	5:55.1
1958	McKerlich. W.A.	Canada	5:55.1
1958	Merfyn. G.A.	Canada	5:55.1
1958	Pretty. D.W.	Canada	5:55.1
1958	Wilson. R.A.	Canada	5:55.1
1962	Davies. Terrence Rodney	Awstralia	5:53.4
1962	Ellesworth. Ian	Awstralia	5:53.4
1962	Guest. Paul Marshall	Awstralia	5:53.4
1962	Howell. Walter Neville	Awstralia	5:53.4
1962	Lehman. Charles James	Awstralia	5:53.4
1962	McCalk. Graeme	Awstralia	5:53.4

1962	Palfreyman. David	Awstralia	5:53.4
1962	Stankovich. Dushan	Awstralia	5:53.4
1962	Tomanovits. Martin George	Awstralia	5:53.4
1986	Batten. Malcolm William	Awstralia	5:44.42
1986	Caterson. Dale	Awstralia	5:44.42
1986	Cooper. Andrew Dollman	Awstralia	5:44.42
1986	Doyle. Mark Andrew	Awstralia	5:44.42
1986	Evans. Stephen Frederick	Awstralia	5:44.42
1986	Galloway. Chester	Awstralia	5:44.42
1986	McKay. Michael Scott	Awstralia	5:44.42
1986	Pora. Ion	Awstralia	5:44.42
1986	Tomkins. James Bruce	Awstralia	5:44.42

Wythau Menywod

1986	Bassett. Deborah	Awstralia	6:43.69
1986	Chapman-Pope. Susan C.	Awstralia	6:43.69
1986	Foster. Margot Elizabeth	Awstralia	6:43.69
1986	Fry. Kaylynn Maree	Awstralia	6:43.69
1986	Grey-Gardner. Robyn	Awstralia	6:43.69
1986	Kay. Urzula Anne	Awstralia	6:3.69
1986	Kidd. Marilyn Joan	Awstralia	6:43.69

| 1986 | Sooner. Vicky Suzanne | Awstralia | 6:43.69 |
| 1986 | Voorthuis. Annelies | Awstralia | 6:43.69 |

Pedwarawdau â Llywiwr Menywod

1986	Clarke. Tina	Canada	6:50.13
1986	Smith. Tricia	Canada	6:50.13
1986	Thompson. Leslie	Canada	6:50.13
1986	Tregunno. Janet	Canada	8:50.13

Senglau Rhodli Menywod

| 1986 | Forster. Stephanie | Seland Newydd | 7:43.22 |

Senglau Ysgafn Rhodli Menywod

| 1986 | Ferguson. Adair Janella | Awstralia | 7:45.49 |

Parau Menywod

| 1986 | Barr. Kathryn | Canada | 7:34.51 |

1986	Schreiner. Andrea	Canada	7:34.51

Parau Rhodli Menywod

1986	Clarke. Robin	Seland Newydd	7:21.52
1986	Foster. Stephanie	Seland Newydd	7:21.52

Pedwarawdau Ysgafn Menywod

1986	Burne. Judith	Lloegr	6:54.70
1986	Clark. Lyn	Lloegr	6:54.70
1986	Forbes. Alexa	Lloegr	6:54.70
1986	Hodges. Gillian	Lloegr	6:54.70

RYGBI SAITH BOB OCHR

1998	Rush. Eric	Seland Newydd
1998	Lomu. Jonah	Seland Newydd

1998	Seymour. Dallas	Seland Newydd
1998	Ralph. Caleb	Seland Newydd
1998	Reihana. Bruce	Seland Newydd
1998	Cullen. Christian	Seland Newydd
1998	Randle. Roger	Seland Newydd
1998	Vidiri. Joeli	Seland Newydd
1998	Gear. Rico	Seland Newydd
1998	Amasio. Valence	Seland Newydd

SAETHU

50 m Reiffl Sbort Tri Safle Unigol Menywod

1998	McCreadie. Susan	Awstralia	667.3

50 m Reiffl Sbort Unigol Parau Menywod

1998	Unnikrishnan. Roopa	India	590

25 m Pistol Sbort Unigol Menywod

1998	Trefry. Christine	Awstralia	672.8

10 m Pistol Aer Unigol Menywod

1998	Forder. Annemarie	Awstralia	480.6

10 m Reiffl Aer Unigol Menywod

1998	Baharin. Nurul Hudda	Maleisia	494.8

10 m Parau Pistol Aer Menywod

1998	Forder. Anne Marie	Awstralia	748
1998	Trefrey. Christine	Awstralia	748

50 m Parau Sbort Reiffl Tor-orwedd Menywod

1998	Frazier. Kim	Awstralia	1174
1998	Quigley. Carolyn	Awstralia	1174

50 m Parau Sbort Reiffl Tri Safle Menywod

1998	Ashcroft. Christina	Canada	1133
1998	Bowes. Sharon	Canada	1133

50 m Parau Reiffl Aer Menywod

| 1998 | Ashcroft. Christina | Canada | 778 |
| 1998 | Bowes. Sharon | Canada | 778 |

25 m Parau Pistol Sbort Menywod

| 1998 | Woodward. Annette | Awstralia | 1140 |
| 1998 | Trefry. Christine | Awstralia | 1140 |

50 m Reiffl Bôr Bach Safle Unigol Dynion

1982	Allan. Alister	Yr Alban	1146
1986	Cooper. Malcolm	Lloegr	1170
1994	Dion. Michel	Canada	1234

Reiffl Bôr Llawn Tri Safle Unigol Dynion

| 1998 | Lowndes. Timothy | Awstralia | 1235.3 |

Reiffl Bôr Bach Tor- orwedd Unigol Dynion

1966	Boa. Gilmour	Canada	587
1974	Gowland. Yvonne	Awstralia	594
1978	Allan. Alister	Yr Alban	598
1982	Smith. Alan	Awstralia	1184
1986	Smith. Alan	Awstralia	599
1994	Petterson. Stephen	Seland Newydd	698.4

Reiffl Bôr Llawn Agored Unigol Dynion

1998	Paton. James	Canada	402

Reiffl Bôr Llawn Unigol Dynion

1966	*Swansea. Yr Arglwydd*	*Cymru*	*394*
1974	Gordon. Maurice	Seland Newydd	387.26
1978	Vamplew. Desmond G.	Canada	391
1982	Clarke. Arthur	Yr Alban	387
1986	Golinsky. Stanley John	Awstralia	396
1990	Mallett. Colin	Jersey	394
1994	Calvert. David Peter	Gogledd Iwerddon	398

Tîm Reiffl Bôr Llawn Dynion

1982	Affleck. Keith	Awstralia	572

| 1982 | Ayling. Geoffrey | Awstralia | 572 |

Saethu Pistol Canol Unigol Dynion

1966	Lee. James	Canada	576
1982	Cooke. John	Lloegr	580
1986	Northaver. Robert	Lloegr	583
1990	Pandit. Ashok	India	583
1994	Rana. Jaspal	India	581
1998	Rana. Jaspal	India	581

Parau Pistol Canol Cyflym Dynion

| 1998 | Rana. Jaspal | India | 1154 |
| 1998 | Pandit. Ashok | India | 1154 |

Parau Trap Dynion

| 1998 | Singh. Manavjit | India | 192pt. |
| 1998 | Singh. Mansher | India | 192 pt. |

Parau Bôr Llawn Reiffl Tri Safle Dynion

| 1998 | Sorensen. Wayne | Canada | 2276pt. |
| 1998 | Dion. Michel | Canada | 2276pt. |

Pistol Aer Unigol Dynion

| 1982 | Darling. George | Lloegr | 576 pt. |

1986	Yelavich. Gregory	Seland Newydd	575 pt.
1990	Sandstrom. Bengt Olov	Awstralia	580 pt.
1994	Huot. Jean-Pierre	Canada	672.4pt
1998	Gault. Michael	Lloegr	679.9pt

Pistol Rhydd Unigol Dynion

1966	Sexton. Charles	Lloegr	585pt.
1974	Sobrian. Jules	Canada	549 pt.
1978	Trempe. Yvon	Canada	543 pt.
1982	Guinn. Thomas	Canada	553 pt.
1986	Yelavich. Gregory	Seland Newydd	551 pt.
1990	Adams. Phillip	Awstralia	554pt.
1994	Gault. Michael	Lloegr	654.1pt
1998	Gault. Michael	Lloegr	646.3pt

Saethu Pistol Cyflym Unigol Dynion

1966	Clark. Anthony	Lloegr	585 pt.
1974	Hare. William	Canada	586 pt.
1978	Sobrian. Jules	Canada	587 pt.
1982	Lee. Solomon	Hong Kong	583 pt.

1986	Murray. Patrick	Awstralia	591 pt.
1990	Breton. Adrian	Guernsey	583 pt.
1994	*Jay. Michael*	*Cymru*	*670.7 pt*
1998	Igorov. Metodi	Canada	674.8 pt

Saethu Pistol Cyflym i Barau Dynion

| 1998 | Murray. Patrick Brian | Awstralia | 1138pt. |
| 1998 | Giustinano. Michael A. | Awstralia | 1138pt. |

25 m Saethu Pistol Cyflym i Dimau Dynion

1982	Heuke. Peter	Awstralia	1160pt.
1982	Taransky. Alexander	Awstralia	1160pt.
1986	Turner. Terry	Lloegr	1169pt.
1986	Girling. Brian Edward	Lloegr	1169pt.
1990	Favell. B.	Awstralia	1153pt.
1990	Murray. Patrick	Awstralia	1153pt.
1994	Murray. Patrick	Awstralia	1148pt.
1998	Murray. Patrick Brian	Awstralia	1138pt.

| 1998 | Giustinano. Michael A. | Awstralia | 1138pt. |

10 m Parau Pistol Aer Dynion

| 1998 | Gault. Michael | Lloegr | 1145pt. |
| 1998 | Baxter. Nick | Lloegr | 1145pt. |

Trap Unigol Dynion

| 1998 | Diamond. Michael | Awstralia | 144pt. |

Sgît Unigol Dynion

1974	Willsie. Harry	Canada	194pt.
1978	Woolley. Lawrence	Seland Newydd	193pt.
1982	Woolley. Lawrence	Seland Newydd	197pt.
1986	Kelly. Nigel	Ynys Manaw	196 pt.
1990	Harman. Kenneth	Lloegr	187 pt.
1994	Hale. Ian Maxwell	Awstralia	144 pt.
1998	***Davies. Desmond***	***Cymru***	***145 pt.***

Bôr Llawn Reiffl Tor-orwedd Dynion

1998	Petterson. Stephen	Seland Newydd	697.4 pt.

Reiffl Rhydd Tri Safle Unigol Dynion

1990	Klepp. Mart	Canada	1157pt.

Tîm Reiffl Rhydd Tri Safle Dynion

1990	Klepp. Mart	Canada	2272pt.
1990	Senecal. Jean-Francois	Canada	2272pt.

Reiffl Rhydd Tor-orwedd Unigol Dynion

1990	Harvey. Roger	Seland Newydd	591 pt.

Parau Sgît Dynion

1998	Stratis. Costas	Cyprus	188 pt.
1998	Nicolaides. Antonis	Cyprus	188 pt.

Parau Reiffl Aer Dynion

1998   Wallace. Nigel   Lloegr
1173 pt.

1998   Hector. Chris   Lloegr
1173 pt.

Parau Bôr Llawn Reiffl Tor-orwedd Dynion

1998   Van Rhyn. Gavin   De Affrica
1189 pt.

1998   Thiele. Michael   De Affrica
1189 pt.

Parau Bôr Llawn Reiffl Agored. Dynion

1998   Calvert. David   Gogledd Iwerddon   595 pt.

1998   Millar. Martin   Gogledd Iwerddon   595 pt.

Tîm Bôr Bach Reiffl Tri Safle

1982   Cooper. Malcolm   Lloegr   2301pt

1982   Dagger. Barry   Lloegr   2301pt.

1986	Cooper. Malcolm	Lloegr	2278pt.
1986	Cooper. Malcolm	Lloegr	2278pt.
1994	Sorensen. Wayne	Canada	2300pt
1994	Dion. Michel	Canada	2300pt.

Tîm Bôr Bach Tor-orwedd Dynion

1982	Cooper. Malcolm	Lloegr	1187pt.
1982	Sullivan. Mike	Lloegr	1187pt.
1986	Stewart. Gale	Canada	1175pt.
1994	Petterson. Stephen	Seland Newydd	1181pt.
1994	Arthur. Lindsay	Seland Newydd	1181pt.

Parau Pistol Rhydd Dynion

| 1998 | Baxter. Nick | Lloegr | 1093pt. |
| 1998 | Gault. Michael | Lloegr | 1093pt. |

Tîm Pistol Rhydd Dynion

1982	Adams. Philip	Awstralia	1077pt.
1982	Tremelling. John	Awstralia	1077pt.
1986	Guinn. Thomas	Canada	1099pt.
1986	Beaulieu. Claude	Canada	1099pt.

1990	Adams. Philip Maxwell	Awstralia	1106pt.
1990	Sandstrom. Bengt Olaf	Awstralia	1106 pt
1994	Adams. Philip Maxwell	Awstralia	1104pt.
1994	Sandstrom. Bengt Olaf	Awstralia	1104pt.

Tîm Saethu Pistol Canol Dynion

1982	Ryan. Noel	Awstralia	1151pt.
1982	Taransky. Alexander	Awstralia	1151pt.
1986	Adams. Philip Maxwell	Awstralia	1165pt.
1986	Hack. Roderick Douglas	Awstralia	1165pt.
1990	Adams. Philip Maxwell	Awstralia	1155pt.
1990	Quick. Bruce James	Awstralia	1155pt.
1994	Rana. Jaspel	India	1168pt.
1994	Pandit. Ashok	India	1168pt.

Tîm Reiffl Rhydd Tor-orwedd Dynion

1990	Pettersen. Stephen	Seland Newydd	1185pt.
1990	Harvey. Roger	Seland Newydd	1185pt.
1982	Gabriel. Brian	Canada	191 pt.
1982	Altmann. Fred	Canada	191 pt.
1986	Neville. Joseph Martin	Lloegr	195 pt.
1986	Harman. Kenneth	Llocgr	195 pt.

1990	Marsden. Ian	Yr Alban	189pt.
1990	Dunlop. James	Yr Alban	189pt.
1994	Andreou. Antonis	Cyprus	189 pt.
1994	Kourtellas. Christos	Cyprus	189 pt.
1998	Stratis. Costa	Cyprus	188 pt.
1998	Nicolades. Antonis	Cyprus	188 pt.

10 m Tîm Pistol Aer Dynion

1982	Adams. Philip	Awstralia	1128pt.
1982	Colbert. Gregory	Awstralia	1128pt.
1986	Leatherdale. Paul	Lloegr	1143pt.
1986	Reid. Ian	Lloegr	1143pt.
1990	Rahman. Ateequr	Bangladesh	1138pt.
1990	Sattar. Abdus	Bangladesh	1138pt.
1994	Guistiniano. Michaelangelo	Awstralia	1137pt.
1994	Sandstrom. Bengt Olov	Awstralia	1137pt.

SBONCEN

Senglau Dynion

| 1998 | Nicol. Peter | Yr Alban |

Parau Dynion

| 1998 | Johnson. Paul | Lloegr |

1998	Chaloner. Mark	Lloegr

Senglau Menywod

1998	Martin. Michelle	Awstralia

Parau Menywod

1998	Wright. Sue	Lloegr
1998	Jackmlan. Cassie	Lloegr

Parau Gymysg

1998	Martin. Michelle	Awstralia
1998	Rowland. Craig	Awstralia

YMAFLYD CODWM

Dosbarth Pryf Ysgafn

1970	Prakash. Ved	India
1974	Kawasaki. Mitchell	Canada
1978	Kumar. Ashok	India

Pwysau Pryf

1970	Kumar. Sudesh	India

| 1974 | Kumar. Sudesh | India |
| 1978 | Takahashi. Ray | Canada |

Pwysau Bantam

1938	Purcell. Edward	Awstralia
1970	Sadar. Mohd.	Pacistan
1974	Nat. Prem	India
1978	Singh. Sathir	India

Pwysau Plu

1938	Purchase. Roy	Lloegr
1970	Saeed. Mohammad	Pacistan
1974	Beiliador. Egon	Canada
1978	Beiliador. Egon	Canada

Pwysau Ysgafn

1938	Garrard. Richard	Awstralia
1970	Chand. Udey	India
1974	Singh. Jagrup	India
1978	Kelevitz. Zigmund	Awstralia

Pwysau Welter

1938	Trevaskis. Thomas	Awstralia
1970	Singh. Mukhtiar	India
1974	Pawar. Raghunath	India
1978	Singh. Rajinder	India

Pwysau Canol

1938	Evans. Terry	Canada
1970	Chandra. Harish	India
1974	Aspin. David A.	Seland Newydd
1978	Deschatelets. Richard	Canada

Pwysau Go Drwm

1938	Scarf. Eddie	Awstralia
1970	Faiz. Muhammed	Pacistan
1974	Paice. Terry E.	Canada
1978	Danier. Stephen	Canada

PwysauTrwm

| 1938 | Knight. Jack | Awstralia |

1970	Millard. Edward H.	Canada
1974	Pilon. Claude A.	Canada
1978	Wishart. Wyatt	Canada

Pwysau Gor Drwm

1970	Ilahi. Ikram	Pacistan
1974	Benko. William A.	Canada
1978	Gibbons. Robert	Canada

RHAN 2

CYMRU

PENNOD PUMP

CYNGOR CHWARAEON Y GYMANWLAD DROS GYMRU

Y Dechreuad Yng Nghymru

Blwyddyn sych a phoeth oedd 1933. ac roedd hinsawdd yr ugeinfed o Fehefin yn wresog a hafaidd.

Roedd cerddediad Mr R.P. Green yn ysgafn iawn pan yn troedio tuag at Neuadd Dinesig. Caerdydd ar y nos Fawrth arbennig hon. am iddo lwyddo i ddwyn perswâd ar yr Henadur Charles Fletcher Sanders Y.H.. Arglwydd Faer Caerdydd i groesawu grŵp bychan o ddynion â diddordeb brwd mewn chwaraeon. i gyfarfod arbennig yn y Neuadd Dinesig am hanner awr wedi chwech y noson honno.

R.P. Green, M.M.

Ysgrifennydd Cyntaf Cyngor

Chwaraeon yr Ymerodraeth Dros Gymru

Mae'n debyg fod R.P. Green yn amharod i ddatgeli ei enw. Treuliais amser yn ymchwilio. a dim ond y cyfeiriad 23 Charles St.. Caerdydd. ar papur swyddogol sydd ar gael. R.P. Green oedd ysgrifennydd Cymdeithas Amatur Nofio Cymru a'i fwriad oedd i ffurfio Cyngor Chwaraeon yr Ymerodraeth Brydeinig Dros Gymru.

Er iddo groesawu pawb i'r cyfarfod bu raid i'r Arglwydd Faer ymadael gan ddymuno llwyddiant i'r trafodaethau. Cafodd Mr Harry Parker o Gas Newydd ei ethol i'r gadair. Roedd Harry Packer wedi ennill saith o gapiau rygbi Cymru ac wedi bod yn Rheolwr dros y Llewod ym 1924 yn ogystal â bod ddwywaith yn Lywydd dros yr Undeb Draws Gwlad Rhyngwladol. Penderfynodd y pwyllgor dderbyn y gwahoddiad oddi wrth Ffederasiwn Gêmau'r Ymerodraeth, i gymryd rhan yn y Gêmau nesaf a nodwyd mae'r chwaraeon yn y rhaglen oedd. Athletau. Bowlio Lawnt. Nofio. Paffio. Beicio. ac Ymaflyd Codwm.

Yn ystod y cyfarfod etholwyd y swyddogion canlynol;

Cadeirydd	Harry Parker	Cymdeithas Amatur Athletau Cymru
Is-Gadeirydd	T.Harry Peach	Cymdeithas Bowlio Lawnt Cymru
Ysgrifennydd	R.P. Green, M.M.	Cymdeithas Nofio Amatur Cymru
Trysorydd	John A. Wood	Cymdeithas Paffio Amatur Cymru

Gosodwyd tadogaeth o £1 – 1 - 0 y flwyddyn ar yr aelodau. Ar y pedwerydd ar bymtheg o Orffennaf 1933 cymerwyd Ymaflyd Codwm dan ofal Cymdeithas Gymnasteg Amatur Cymru. Gofynwyd hefyd i Dywysog Cymru fod yn Lywydd ar Gyngor Chwaraeon yr Ymerodraeth Brydeinig Dros Gymru. Ar y pedwerydd ar ddeg o Chwefror 1934. derbynwyd ymddeoliad Harry Parker fel Cadeirydd ac etholwyd yr Is-

Gadeirydd T.Harry Peach fel Cadeirydd a derbynwyd E.W. O'Donnell yn ei le fel Is-Gadeirydd.

Gwrthododd Tywysog Cymru y gwahoddiad o fod yn Llywydd, felly, penderfynwyd roi'r gwahoddiad i'r Iarll Plymouth, ac fe'i derbyniodd.

PENNOD CHWECH

RHESTR SWYDDOGION CYNGOR CHWARAEON Y GYMANWLAD DROS GYMRU

Noder i'r Cyngor beidio a bod mewn bodolaeth rhwng 19 Ebrill 1939 a 3 Mawrth 1948, oherwydd yr ail ryfel byd. Byddau R.P. Green wedi ei fodloni pe bai wedi gweld fod 499 o gynrychiolwyr y gwahanol chwaraeon oedd yn aelodau wedi fod yn bresennol mewn cyfarfodydd y cyngor yn yr ugeinfed ganrif. **Atodiad 4.**

Noder fod Fred Howell cynrychiolydd Beicio wedi bod yn bresennol yn 229 o'r prif pwyllgorau hyn. heblaw nifer fawr iawn o is-bwyllgorau.

NODDWYR

1969	Jenour, T.D.,Y.H., D.L. Syr Maynard	
1969	Llewellyn, C.B., C.B.E.. MC..T.D..Y.H..D.L... Cyrnol Syr Godfrey	

IS NODDWYR

1969	Aberdâr. Yr Arglwydd	
1969	Berry, A.S. Yr Anrh. Anthony	
1969	Brooks, C.B.E., Y.H. Syr Richard	
1969	Cole, Y.H., C.N.D.	
1969	Harding. Yr Anrh. Y Barnwr Rowe	
1969	Heycock, C.B.E.,Y.H., O.St.J., D.L., LL.D. Yr Arglwydd	
1969	Traherne. T.D., Y.H. Cyrnol Syr Cennydd	

1969	Vaughan, C.B.E., Y.H. Dr. D.W.
1969	Wheeler, K.B.E. Syr Charles
1972-1973	Thomas. David
1973	Newcombe. John

LLYWYDDION

1934. 25 Ebrill -1937. 24 Mawrth	Plymouth. Yr Iarll
1937. 24 Mawrth -1939	Aberdâr. Yr Arglwydd
1948. 03 Mawrth -1958.06 Ionawr	Aberdâr. Yr Arglwydd
1952. 26 Ionawr - 1983.22 Mawrth	Howell. Cyril M.
1983. 22 Mawrth - 1995. 20 Mawrth	Rees. D. Thomas

Yn Eistedd -Tommy Rees (Llywydd), a Myrddin John (Ysgrifennydd)

1995. 20 Mawrth - 1999	Wright. Maurice A.(Mike)
1999 - 2000	Williams. Averil M.
2000 -	Griffiths, M.B.E. Dr Wayne

IS-LYWYDDION AM OES

1967 -	Prater, LVO. Edward H.
	Penodi Marwolaeth
1967 – 1969	Rees, OBE. W. Russell
	Penodi Marwolaeth
1967 – 1967	Salmon. Arthur H.
	Penodi Ymddiswyddo
1967 – 1970	Taylor. A. Gus
	Penodi Marwolaeth
1969 -	Reynolds. Mrs Jackie
	Etholiad
1970 – 1976	Ingledew. Kenneth H.
	Etholiad Marwolaeth
1971 -	Fearnley. Charles E.
	Etholiad Marwolaeth
1971 – 1973	Hopkins. Edward (Ted)
	Etholiad Marwolaeth

1972 -	Howell. Fred
	Etholiad
1973 -	Hooper. Berenice
	Etholiad
1974 -	Cox. Reg A.
	Etholiad Marwolaeth
1976 -	John, M.B.E. Myrddin
	Etholiad
1977 – 1983	Maidment, M.B.E. Walter
	Etholiad Marwolaeth
1983 – 1995	Howell. Cyril M.
	Etholiad Marwolaeth
1983 -	Jones, O.B.E. Raymond E.
	Etholiad
1984 -	George. Basil
	Etholiad
1990 – 1996	Jones. Wyndham H.
	Etholiad Marwolaeth
1995 – 1996	Rees. D. Thomas (Tommy)
	Etholiad Marwolaeth

1996 -	Jones-Pritchard. John A.
	Etholiad
1996 -	Keitch. Mrs Rita
	Etholiad
1996 -	Williams. Averil
	Etholiad

IS-LYWYDDION

1959 – 1963	Chapman. Herbert M.
1959 – 1963	Green, M.M. R.P.
1959 – 1967	Prater, B.A. Edward (Ted)
	Dyrchafiad i Am Oes
1959 – 1967	Rees, O.B.E. W. Russel
	Dyrchafiad i Am Oes
1959 – 1967	Salmon. Arthur H.
	Dyrchafiad i Am Oes
1959 – 1967	Taylor, M.M. A. Gus
	Dyrchafiad i Am Oes
1963 – 1965	Jones. Wyndham W.
	Marwolaeth
1963 – 1964	Matthews. Ivor
	Marwolaeth
1964 – 1968	Reynolds.Jackie
	Dyrchafiad i Am Oes
1966 – 1970	Ingledew, O.St.J. Kenneth H.
	Dyrchafiad i Am Oes

1967 – 1971	Fearnley. Charles E.
	Dyrchafiad i Am Oes
1967 – 1968	Jones, O.B.E. Raymond E.
1968 – 1972	Howell. Fred
	Dyrchafiad i Am Oes
1969 – 1973	Hooper. Berenice
	Dyrchafiad i Am Oes
1969 – 1971	Hopkins. Edward (Ted)
	Dyrchafiad i Am Oes
1969 – 1977	Maidment, M.B.E. Walter G.
	Dyrchafiad i Am Oes
1970 -	Cox. Reg A. Marwolaeth
1971 – 1976	John, M.B.E. Myrddin
	Dyrchafiad i Am Oes
1971 – 1975	Parfitt, M.B.E. Vernon J.
1974 -	Williams. Glen G.
1975 – 1976	Hooper. Wilf
	Marwolaeth
1975 -	Pine. Gordon
1976 -	Davies. Sonia
1977 – 1979	Evans. Ron B.

1977 – 1990	Jones. Wyndham H.
	Dyrchafiad i Am Oes
1978 -	Evans. Raye
1979 – 1978	Botting. Norman
	Ymddeoliad
1979 -	Llewellyn. John
	Marwolaeth
1983 – 1984	George. Basil
	Dyrchafiad i Am Oes
1983 – 1996	Keitch. Rita
	Dyrchafiad i Am Oes
1984 – 1996	Jones-Pritchard. John A.
	Dyrchafiad i Am Oes
1994 -1996	Williams. Averil
	Dyrchafiad i Am Oes
1996 -	Parker, M.B.E. Linda
1996 -	Williams. Dave
	Marwolaeth
1996 -	Williams. T. Peter
1986 -	Griffiths, M.B.E. Dr Wayne

CADEIRYDDION

1933. 20 Mehefin – 1934. 14 Chwefror	Parker. Harry
	Athletau
1934. 14 Chwefror-1939.19 Ebrill	Peach. T.Harry
	Bowlio Lawnt
1948. 03. Mawrth – 1948.19 Ebrill	Peach.T. Harry
	Bowlio Lawnt
1948. 19 Ebrill – 1949.20 Gorffennaf	O'Donnell. Eddie W.
	Athletau
1949. 20 Medi- 1952. 25 Ionawr	Taylor, M.M. A. Gus
	Nofio
1952. 25 Ionawr – 1959. 26 Ionawr	Howell. Cyril.
	Athletau

Yn dilyn hyn trosglwyddwyd safle y Cadeirydd i'r Llywydd

IS-GADEIRYDDION

1933 – 1934	Peach. T.Harry
	Bowlio
1934 – 1939	O'Donnell. Eddie W.
	Athletau
1948 – 1950	Taylor, M.M. A. Gus
	Nofio

1950 – 1952	Howell. Cyril
	Athletau
1952 -	Braddick. Reg Kenneth
	Beiclo

YSGRIFENYDDION

1933. 20 Mehefin-1937.24 Mawrth	Green. R.P.
	Nofio
1937. 24 Mawrth- 1939. 19 Ebrill	Matthews. Ivor
	Paffio
1948.19 Ebrill-1959. 26. Ionawr	Prater, Ted
	C.C.P.R.
1959.26 Ionawr-1973.19Awst	Williams, M.B.E. Jack
	Athletau
1974. 01 Awst-1975.01 Awst	Jones. Wyndham H.
	Rhwyfo
1976.29.Ionawr-1976. 22 Medi	Hooper. Wilf
	Nofio
1976. 22 Medi – 1977.26.Ionawr	Jones. Wyndham H.
	Rhwyfo

1977.26 Ionawr-1983. 22 Mawrth   Turner. D. Robert (Bob)
                                         Cleddyfaeth

1983. 22 Mawrth -   John, M.B.E. Myrddin
                                         Codi Pwysau

TRYSORYDDION

1933.20 Gorffennaf- 1939.19.Ebrill   Wood. John A.
                                         Paffio

1948.03 Mawrth- 1948.14 Gorffennaf   Wood. John A.

                                         Paffio

1948.03 Medi-1951.29 Ionawr   Swarbrick. Is-gyrnol
                                         Ernest

                                         Nofio

1951. 29 Ionawr-1954.04 Hydref   Prater. Edward H.
                                         C.C.P.R.

1954. 04 Hydref-1955. 02.Mai   Cox. Reg A.

                                         Bowlio

1955. 07 Tachwedd-1957. 01 Mai   Fisher. William E.

                                         Athletau

1958. 06 Ionawr-1961. 10 Ebrill   Jenkins. Emlyn

	Codi Pwysau
1961. 03 Gorffennaf-1983.22 Mawrth	Jones. Wyndham H.
	Rhwyfo
1983. 22 Mawrth-	Jones-Pritchard. John A.
	Nofio

CYNGHORWYR MEDDYGOL

08.06.53	Wilson. Dr J. Greenwood
04.10.54	Powell-Phillips. Dr D.W.
26.01.59	Grant. Dr Graham
30.01.63	Lloyd. Dr Kenneth
31.01.79	Williams. Dr J.P.R.
10.06.81	Griffiths, M.B.E. Dr W Wayne
2000	Jones. Dr Gareth Lloyd

PENNOD SAITH

Swyddogion Y Timau

CHEF DE MISSION/CADLYWYDD

1966	Howell. Cyril M.
1970	Howell. Cyril M.
1974	Howell. Cyril M.
1978	Howell. Cyril M.
1982	Jones. Wyndham H.
1986	Rees. Tommy
1990	Rees. Tommy
1994	John, M.B.E. Myrddin
1998	Jones-Pritchard. John A.

PRIF REOLWYR CYFFREDINOL Y TIMAU

Prif Reolwr		Dirprwy
1930	Gyda Tîm Lloegr	
1934	Green, M. M. R. P.	
1938	Gyda Tîm Lloegr	

1950 Gyda Tîm Lloegr

1954 Prater. Edward (Ted)

1958 Hopkins. Edward (Ted)

Prif Reolwr		**Dirprwy**
1962	Hopkins. Edward (Ted)	
1966	Hopkins. Edward (Ted)	
1970	Jones, O.B.E. Raymond E.	Jones. Wyndham H.
1974	Jones, O.B.E. Raymond E.	Jones. Wyndham H.
1978	Jones, O.B.E. Raymond E.	Jones. Wyndham H.
1982	Jones, O.B.E. Raymond E.	Pine. Gordon
1986	John, M.B.E. Myrddin	Williams. Averil
1990	John, M.B.E. Myrddin	George. Basil
1994	Jones-Pritchard. John A.	Williams. Averil. Howell. Fred
1998	Keitch. Rita	Williams. Peter. Perrins. John. Phelps. Bill

Myrddin John, Prif Reolwr Tîm 1986 ac Averil Williams, Dirprwy Reolwraig

ATTACHÉ Y TÎm

1954	Howard. Bruce	Fancwfer
1962	Hughes. R.	Perth
1966	Evans. Clifford	Kingston
1970	Evans. Elis	Caeredin
1974	McVeigh. Charles E.	Christchurch
1978	Russell. Dr Kelvin	Edmonton
1982	Wruck. Leon	Brisbane
1986	Hopkins. Elgar	Caeredin
1990	Davies. Richard	Auckland
1994	Richards. Gwerfyl	Fictoria
1998	Ibrahim. Alias	Kuala Lumpur

PENNOD WYTH

TIMAU CYMRU YN YR UGEINFED GANRIF

D – Dynion.   M - Menywod

Athletwr/wraig	Rhyw	Disgyblaeth

1930

Pencadlys

Nid oedd Pencadlys gan Gymru. Cytunodd Lloegr ofalu am Valerie Davies.

Nofio

Davies. E. Valerie	M	100 llath Steil Rydd
		100 llath Strôc Cefn
		400 llath Steil Rydd

1934

Pencadlys

Green. R. P.	D	Prif Reolwr

Athletau

Alford. J. W. L. (Jim)	D	800 llath
Cupid. Cyril G.	D	100 llath
Evans. G.J.	D	Herc Cam a Naid

Fer. P. M. G.	D	440 llath
Harris. Ken W. B.	D	1 milltir
Short. Wilf	D	Marathon
Tongue. Len W.	D	3 milltir
Williams. C.	D	100 llath

Bowlio Lawnt

Davies. Thomas R.	D	Parau
Holloway. P.	D	Senglau
Kemp. W.G.	D	Pedwarawdau
Manweeler. M.	D	Pedwarawdau
Rees. J.	D	Pedwarawdau (Sgip)
Weaver. Stan	D	Parau(Sgip)
Williams. R.	D	Pedwarawdau

Paffio

Barnes. Albert	D	Pwysau Bantam
Jones. J.D.	D	Pwysau Plu
Pottinger. Jackie	D	Pwysau Pryf
Taylor. N. Frank	D	Pwysau Ysgafn

Nofio

Capon. S.H.	D	4 x 200 llath Cyfnewid
Davies. E.G.	D	4 x 200 llath Cyfnewid

Davies. E. Valerie	M	100 llath Strôc Cefn. 4 x 100 llath Cyfnewid . Cyfnewid Cymysg
Evans. I.	M	4 x 100 llath Cyfnewid
Evans. R.	D	4 x 200 llath Cyfnewid
Gold. P.	M	4 x 100 llath Cyfnewid
Greenland. Joanne	M	4 x 100 llath Cyfnewid a Chyfnewid Cymysg
Perkins. E.	M	4 x 100 llath Cyfnewid Cymysg
Perrow. A. E.	D	Deifio Uchel
Street. K.	D	4 x 200 llath Cyfnewid

1938

Pencadlys

Nid oedd Pencadlys gan Gymru. Cytunodd Lloegr ofalu am dîm Cymru.

Athletau

Alford. James W.L.	D	880 llath. 1 milltir

Beicio

Braddick. Reg Kenneth	D	100 km Dechrau Torfol. 10 milltir Trac

Nofio

Browning. Shelagh	M	440 llath Steil Rydd
Greenland. Joanne	M	110 llath Steil Rydd
		110 llath Strôc Cefn
		440 llath Steil Rydd
Huxtable. Grahame R	D	110 llath Strôc Cefn
		110 llath Steil Rydd
		440 llath Steil Rydd

Paffio

Reardon. Denis Patrick	D	Pwysau Canol

1950

Pencadlys

Nid oedd Pencadlys gan Gymru. Cytunodd Lloegr ofalu am dîm Cymru.

Athletau

Richards. Tom J.	D	Marathon

Nofio

Brockway. John W.	D	110 llath Strôc Cefn

Beicio

Campbell. Malcolm T.	D	4,000 m Erlid Unigol. 100 km Ras Heol

1954

Pencadlys

Prater. Edward (Ted)	D	Prif Reolwr

Athletau

Disley. John Ivor	D	3 milltir. 1 milltir
Jones. Ken J.	D	100 llath. 220 llath
Phillips. Peter	D	440 llath. 880 llath
Roberts. J. Clive	D	Taflu'r Waywffon
Shaw. Robert Douglas	D	120 llath Dros Glwydi. 440 llath Dros Glwydi
Williams. Hywel Lloyd	D	Disgen

Bowlio Lawnt

Devonald. R.S.	D	Pedwarawdau
Hopkins. O.B.	D	Pedwarawdau
Thomas. A	D	Pedwarawdau
Thomas. A. Ivor	D	Pedwarawdau
Thomas. Alfred (Fred)	D	Senglau

Cleddyfaeth

Harding. Aileen G. M.	M	Ffoil
Reynolds. E.O.Robert	D	Ffoil. Cleddyf Blaenwl. Crymgledd

Codi Pwysau

Jenkins. Ron	D	Pwysau Plu
Evans. Alwyn	D	Pwysau Canol Trwm

Nofio

Brockway. William John	D	110 llath Strôc Cefn
Linton. Phyllis Margaret	M	110 llath Steil Rydd. 440 llath Steil Rydd

Paffio

Collins. Malcolm	D	Pwysau Plu

Beicio

Campbell. Malcolm T.	D	4,000 m Erlid Unigol. 10 milltir. 1,000 m Treial Amser. 100 km Ras Heol

Skene. Donald	D	1,000 m Sbrint.1,000m Treial Amser. 10milltir Trac. 100 km Ras Heol
Waring. P.R.	D	4,000 m Erlid Unigol. 10 m milltir.1.000m Treial Amser. 100 km Ras Heol

1958

Pencadlys

Hopkins. Edward (Ted)	D	Prif Reolwr
Seaborne.Mrs H.	M	Swyddog

Athletau

Cook. M. J.	M	Rheolwraig
Jones. K.	D	Rheolwr
Alford. Jim W.	D	Hyfforddwr
Barnett. Jackie	M	220 llath
Billington. T. Ray	D	880 llath
Davies. John R.	D	Pwysau
Davies. Rhys B.	D	Marathon
Dewar. Neil	D	Naid Polyn
Disley. John	D	3 milltir
Dodd. Richard	D	Naid Triphlyg

Fletcher. Colin K.	D	Naid Polyn
Franklin. Ron G.	D	Marathon
Gazard. Ray	D	Naid hir
Grainger. E.	M	4 x 100 llath Cyfnewid
Hall. Laurie M.	D	Morthwyl
Horrell. A.Norman	D	880 llath
Jones. Bonnie F.	M	100 llath. Naid Hir. 4 x 100 llath Cyfnewid
Jones. D.H.	D	440 llath
Jones. John C.	D	220 llath.
Jones. Ron	D	100 llath. 4 x 100 llath. Cyfnewid
Jones. Sally	M	Naid Hir
Lewis. Gwyneth	M	100 llath. 220 llath. 4 x110 llath Cyfnewid
Lewis. Sheila L.	M	80 m Dros Glwydi
Merriman. John L.	D	3 milltir. 6 milltir
Morgan. John E.P.	D	100 llath. 4 x 100 llath. Cyfnewid
Morgan. Terence	D	Naid Uchel
Oliver. J. Wynne	D	220 llath
Pemberton. Malcolm W.	D	Disgen
Phillips. Kevin M.	D	Naid Uchel
Pumfrey. Anthony F.	D	1 milltir

Rees. Dyfrig	D	Marathon
Richards. David Y.H.	D	3 milltir
Roberts. David W.	D	100 llath. 4 x100 llath Cyfnewid
Sexton. Brian G.	D	Gwaywffon
Shaw. Robert D.	D	440 llath Dros Glwydi
Tawton. Haydn G.	D	880 llath
Thomas. Carol M.	M	80 m Dros Glwydi
Turner. B.	M	100 llath
Watkins. Norman D.	D	Gwaywffon
Whitehead. Jean A.	M	100 a 220 llath. 4 x 100 llath Cyfnewid
Whitehead. Neville J.(Nick)	D	100 a 220 llath. 4 x 100 llath Cyfnewid
Williams. Daphne H.	M	220 llath
Williams. Hywel L.	D	Disgen. Pwysau.
Williams. John M.	D	880 llath
Wood. Tom C.	D	Marathon
Woolley. J. Bryan	D	Naid Hir

Bowlio Lawnt

Yeoman. T.	D	Rheolwr
Griffiths. Jack A.	D	Rincs
Hill. Len	D	Rincs

John. Wilfred	D	Parau
Jones. Evan	D	Rincs
Lewis. Jack H.	D	Parau
Prosser. Danny	D	Rincs
Williams. A.Bernard	D	Senglau

Cleddyfaeth

Lloyd. J.E.	D	Rheolwr
Evans. J. John	D	Ffoil. Cleddyf Blaenwl.Tîm Ffoil
Kerslake. Malcolm V.	D	Crymgledd. Tîm Ffoil.Tîm Crymgledd
King. J. M.	M	Ffoil
Lucas. T.R.	D	Crymgledd. Tîm Crymgledd
McCombe. J.	D	Ffoil. Tîm Ffoil
Maunder. Roger A.	D	Cleddyf Blaenwl. Crymgledd. Tîm Cleddyf Blaenwl.Tîm Ffoil. Tîm Crymgledd
Preston. John	D	Ffoil. Tîm Ffoil.Tîm Crymgledd
Waters. M.	M	Ffoil
Williams. J.L.	D	Cleddyf Blaenwl. Tîm Blaenwl

Codi Pwysau

Kelly. T.Eddie	D	Rheolwr
Barnett. Melville J.	D	Pwysau Canol Trwm

Evans. Alwyn	D	Pwysau Canol Trwm
Evans. W. Iorrie	D	Pwysau Canol
Heywood. John	D	Pwysau Plu
Jenkins. Ronald	D	Pwysau Ysgafn
John. Myrddin	D	Pwysau Bantam
Newman. Gordon	D	Pwysau Canol

Nofio

Hooper. Berenice	M	Rheolwraig
Marshall. R.	M	Swyddog
Beavan. J.E.	D	220 llath Strôc Nofio Broga. 440 llath Cyfnewid Cymysg.
Booth. C.C.	D	110 llath Strôc Cefn.
Brockway. W. John	D	110 llath Strôc Cefn. 440 llath Cyfnewid Cymysg
Davies D.	M	110 llath Strôc Cefn
Dixon. J.	M	110 llath Strôc Cefn. 440 llath Cyfnewid Cymysg
Edwards. E.M.	D	440 llath Steil Rydd. 1650 llath. Steil Rydd. 880 llath Steill Rhydd Cyfnewid
Evans. R.A.	D	220 llath Pili-pala. 440 llath Cyfnewid Cymysg

Flook. B.	D	440 llath Steil Rydd. 880 llath Steil Rydd Cyfnewid
Francis. G. M.	M	110 llath Pili-pala. 440 llath Steil Rydd Cyfnewid . 440 llath Cyfnewid Cymysg
Glasenbury. D.	D	880 llath Steil Rydd Cyfnewid
Hansard. C.J.	D	1650 llath Steil Rydd
Hewitt. J.C.	D	220 llath Strôc Nofio Broga
Hooper. Jocelyn C.	M	110 llath Steil Rydd. 440 llath Steil Rydd. 440 llath Steil Rhydd Cyfnewid . 440 llath Cyfnewid Cymysg
Howells. Miss G.	M	220 llath Strôc Nofio Broga. 440 llath Steil Rhydd Cyfnewid . 440 llath Cyfnewid Cymysg
Jenkins. R.H.	D	220 llath Strôc Nofio Broga
Lemare. Miss J.	M	220 llath Strôc Nofio Broga
Linguard. W.	D	Deifio Uchel
Morgan. G.C.	D	110 llath Steil Rydd. 880 llath Steil Rydd Cyfnewid
Newman. B.F.	D	110 llath Steil Rydd. 440 llath Cyfnewid Gymysg
O'Brien. N.	D	220 llath Pili-pala
Roberts. A.	D	Deifio Sbringfwrdd
Shaddick. C.E.	M	220 llath Strôc Nofio Broga
Stevens. A.J.	D	110 llath Strôc Cefn

Townsend. J.M.	M	110 llath Steil Rydd. 440 llath Steil Rydd Cyfnewid

Paffio

Llewellyn. John	D	Rheolwr
Manning. W.H.	D	Hyfforddwr
Waters. W.	D	Hyfforddwr
Williams. K.A.	D	Prif Hyfforddwr
Braithwaite. Donald G.	D	Pwysau Pryf
Brown. W.G.	D	Pwysau Canol Ysgafn
Collins. Malcolm	D	Pwysau Plu
Higgins. A.Robert	D	Pwysau Go Drwm
Phillips. W.G.	D	Pwysau Welter
Pleace. Robert	D	Pwysau Trwm
Robson. J.B.	D	Pwysau Ysgafn
Waters. G. M.	D	Pwysau Canol
Winstone. Howard	D	Pwysau Bantam

Rhwyfo

Thomas. M.L.	D	Rheolwr
Williams. Dr. K.A.	D	Hyfforddwr

Brown. G.H.	D	Pedwarawdau
Edwards. David C.	D	Parau. Pedwarawdau Heb Lywiwr
Edwards. John H. M.	D	Parau. Pedwarawdau Heb Lywiwr
Page. John L.	D	Pedwarawdau Heb Lywiwr
Pritchard. David L.	D	Pedwarawdau Heb Lywiwr

BEICIO

Davies. T.R.H.	D	Rheolwr
Bodman. W.H.C.	D	1.000 m Sbrint. 1.000 m Treial Amser
Evans. D.S.	D	4.000 m Erlid Unigol. 10 milltir Sgrats
Hooper. N.	D	120 milltir Ras Heol
Hughes. C.	D	120 milltir Ras Heol
Humphreys. G.	D	4.000 m Erlid Unigol. 10 milltir Sgrats
Morgan. D. M.	D	120 milltir Ras Heol
Rees. C.	D	1.000 m Sbrint. 1.000 m Treial Amser
Richards. R.W.	D	4.000 m Erlid Unigol
Roach. R.S.	D	120 milltir Ras Heol
Skene. Donald	D	1.000 m Sbrint. 1.000 m Treial Amser. 10 milltir Sgrats

Ymaflyd Codwm

Harvey. E.	D	Rheolwr a Phwysau Trwm
Bailey. Geoffrey	D	Pwysau Canol
Dodd. J.B.	D	Pwysau Go Drwm
Griffiths. S.	D	Pwysau Pryf
Scott. A.	D.	Pwysau Welter
Yates. R.D.	D	Pwysau Ysgafn

1962

Pencadlys

Hopkins. Edward (Ted)	D	Prif Reolwr

Athletau

Barnett. Jackie	M	880 llath
Davies. Lynn	D	100 llath. Naid Hir.
England. Dave M.	D	220 llath. 4 x110 llath Cyfnewid
Jones. T.Berwin	D	100 llath 4 x110 llath Cyfnewid
Jones. Ron	D	100 llath. 4 x110 llath Cyfnewid
Hall. Laurie M.	D	Pwysau. Morthwyl
Harris. Anthony J.	D	880 llath
Merriman. John L.	D	6 milltir. Marathon
Whitehead. Neville (Nick)	D	100 llath. 220 llath. 4 x110 llath Cyfnewid

Bowlio Lawnt

Evans. A.E.	D	Senglau. Pedwarawdau
Griffiths. T.	D	Parau. Pedwarawdau
Probert. E.L.	D	Parau. Pedwarawdau
Stephens. C.L.V.	D	Pedwarawdau

Cleddyfaeth

Ellis. Vivienne	M	Ffoil
Evans. J.J.	D	Ffoil. Crymgledd. Tîm Ffoil. Tîm
	B	Blaenwl. Tîm Crymgledd
Maunder. R.A.	D	Ffoil. Crymgledd. Tîm Ffoil. Tîm Blaenwl. Tîm Crymgledd
McCombe. J.	D	Crymgledd. Tîm Ffoil. Tîm Blaenwl. Tîm Crymgledd
Reynolds. B.A.	M	Ffoil
Reynolds. R.G.	D	Ffoil. Cleddyf Blaenwl. Tîm Blaenwl

Codi Pwysau

Arthur. Peter	D	Pwysau Go Drwm
Jenkins. Ronald	D	Pwysau Plu
Johnson. Horace A.	D	Pwysau Canol
Owen. Ieuan W.	D	Pwysau Ysgafn

Nofio

Beavan. J.E.	D	110 a 220 Llath Strôc Nofio Broga

Hooper. Jocelyn C.	M	110 Llath Strôc Rydd. 110 Llath Strôc Nofio Broga. 440 Llath Cymysg Unigol
Jenkins. B.	D	110 a 220 Llath Pili-pala. 440 Llath Cymysg Unigol
Jones. R.	D	110 a 220 Llath Strôc Cefn
Phillips. Glenda May	M	110 Llath Steil Rydd. 110 Llath Strôc Nofio Broga. 110 Llath Pili-pala
Shaddick. C.	M	110 a 220 Llath Strôc Nofio Broga

Paffio

James. L.G.(Rocky)	D	Pwysau Trwm
Lendrum. R.J.	D	Pwysau Plu
Paley. D.R.	D	Pwysau Go Drwm
Rees. G.W.	D	Pwysau Welter Ysgafn
Renney. B.V.	D	Pwysau Ysgafn

Beicio

Davies. M. J.	D	4,000 m Erlid Unigol. 120 milltir Ras Heol. 10 milltir Sgrats
Hutchins. A.P.	D	4,000 m Erlid Unigol. 120 milltir Ras Heol. 10 milltir Sgrats
Skene. D.J.C.	D	1,000 m Sbrint. 1,000m Treial Amser. 10 milltir Sgrats

Rhwyfo

Edwards. D.C.	D	Parau. Pedwerawdau Heb Lywiwr
Edwards. J.H.M.	D	Parau. Pedwarawdau Heb Lywiwr
Luke. J.C.	D	Pedwarawdau Heb Lywiwr
Luke. R.T.	D	Pedwarawdau Heb Lywiwr

1966

Pencadlys

Hopkins. Ted	D	Prif Reolwr
Williams. J.D.B.	D	Gweinyddwr
Fearnley. C.E.	D	Gweinyddwr

Athletau

Pickering. Ron J.	D	Hyfforddwr
Appleby. Thelwyn	M	100. 220 a 440 llath. 4 x 110 llath Cyfnewid
Davies. Howard G.	D	220 a 440 llath
Davies. Lynn	D	Naid Hir. 100 llath. 4 x 110 llath Cyfnewid
Davies. Terrence	D	100 a 220 llath. 4 x 110 llath Cyfnewid
Dourass. Gloria	M	100, 220 a 440 llath. 4 x 110 llath Cyfnewid

Gill. Elizabeth A.	M	100 llath. 220 llath. 4 x x 10 llath Cyfnewid
Harris. Anthony J.	D	880 llath. 1 milltir
Hart. Roy A.	D	20 milltir Cerdded
Jones. Ronald	D	100 llath. 4 x 110 llath Cyfnewid
Jones. William K.	D	100 llath. 220 llath. 4 x 110 llath Cyfnewid
Longe. Clive C.	D	Decathlon
Parsons. Elizabeth M.	M	100 llath. 220 llath. 4 x 110 llath Cyfnewid

Badminton

Jennings. Howard R.	D	Senglau. Parau
Seaman. Peter A.	D	Senglau. Parau

Cleddyfaeth

Davis. Julia M.	M	Ffoil. Tîm Ffoil
Julian. Angela M.	M	Ffoil. Tîm Ffoil
McGrath. John N.	D	Cleddyf Blaenwl. Tîm Cleddyf Blaenwl. Crymgledd. Tîm Ffoil
Reynolds. Andrew S.	D	Ffoil. Tîm Ffoil. Crymgledd. Tîm Crymgledd
Reynolds. Frances R.	M	Ffoil. Tîm Ffoil
Reynolds. Robert G.	D	Ffoil. Cleddyf Blaenwl. Tîm Ffoil. Tîm Cleddyf Blacnwl. Tîm Crymgledd

Turner. D. Robert(Bob)	D	Ffoil. Cleddyf Blaenwl. Crymgledd. Tîm Ffoil. Tîm Cleddyf Blaenwl. Tîm Crymgledd

Codi Pwysau

Acocks. Jack	D	Rheolwr
Arthur. Peter J.	D	Pwysau Go Drwm
Chung Kum Weng	D	Pwysau Plu
Johnson. Horace A.	D	Pwysau Canol
Owen. Ieuan W.	D	Pwysau Ysgafn
Perdue. Terence	D	Pwysau Trwm

Nofio

Bevan. Julia Lynne	M	110 llath Strôc Nofio Broga. 220 l llath Strôc Nofio Broga
Haswell. Madeline	M	Deifio Sbringfwrdd. Deifio Uchel
Jenkins. Ronald H.	D	110 llath Strôc Nofio Broga. 220 l llath Strôc Nofio Broga. 440 llath Cymysg
Jones. Roderick S.	D	110 llath Strôc Cefn. 220 llath Strôc Cefn. 440 llath Cyfnewid Cymysg. 440 llath Strôc Rhydd Cyfnewid
Lewis. Alan	D	110 llath Steil Rydd. 440 llath Steil Rydd Cyfnewid

Moran. Kevin	D	110 llath Steil Rydd. 440 llath Steil Rydd Cyfnewid
Phillips. Glenda May	M	110 llath Steil Rydd. 110 llath Pili-pala.220 llath Pili-pala
Priestley. David	D	Deifio Sbringfwrdd. Deifio Uchel
Rees. Keith D.	D	110 llath Steil Rydd. 440 llath C Cyfnewid Cymysg. 440 llath Steil Rydd Cyfnewid
Ross. K.	D	110 llath Steil Rydd
Woodroffe. Martyn J.	D	110 llath Pili-pala. 220 llath Pili-pala. 440 llath Gymysg. 440 llath Cyfnewid Cymysg

Paffio

Whelan. R.J.	D	Hyfforddwr
Aldridge. Maurice A.	D	Pwysau Pryf
Cranswick. Donald G.	D	Pwysau Canol Ysgafn
Cutts. Ian G.	D	Pwysau Welter Ysgafn
Dwyer. Thomas H.	D	Pwysau Plu
Perry. Reginald D.	D	Pwysau Ysgafn

Saethu

Lewis. T.V.	D	Hyfforddwr
Williams. G.G.	D	Hyfforddwr
Dunn. Thomas W.	D	Reiffl Bôr Bach

Dyer. Douglas D.	D	Reiffl Bôr Bach
Hassell. Robert S. Pistol	D	.22 Pistol Saethu Cyflym Canol Saethu
Pryor. John	D	.303 Reiffl
Swansea. Yr Arglwydd John	D	.303 Reiffl

Beicio

Dyer. John	D	1,000 m Sbrint Heb Handicap. 10 milltir Heb Handicap. 1,000 m Treial Amser
Lewis. Colin	D	4,000 m Erlid. 120 milltir Ras Heol
Pratt. Roger T.	D	4,000 m Erlid. 120 milltir Ras Heol
Smart. Edward C.	D	4,000 m Erlid. 10 milltir Heb Handicap. 120 milltir Ras Heol. 1,000 m Treial Amser. 1,000 m Sbrint Heb Handicap

1970

Pencadlys

Howell. Cyril M.	D	Cadlywydd
Jones. Raymond E.	D	Prif Rheolwr
Reynolds. Jackie	M	Dirprwy Prif Rheolwr

Jones. Wyndham H.   D   Trysorydd

Williams, M.B.E. J.D.B.   D   Ysgrifennydd

Fearnley. Charles E.   D   Swyddog

Jack Williams, Ysgrifennydd

Staff Meddygol

Lloyd. Dr Kenneth	D	Swyddog Meddygol
Burge. T.C.	D	Ffisiotherapydd
Edwards. Marilyn J.	M	Ffisiotherapydd
Holley. Tom P.J.	D	Ffisiotherapydd

Athletau

Evans. Raye M.	M	Rheolwr
Hopkins. Edward.(Ted)	D	Rheolwr
Lay. Peter A.	D	Hyfforddwr
Adams. Robert S. (Bob)	D	800 m
Ashton. Anthony F.(Tony)	D	5.000 m
Bateman. Thelwyn	M	800 m 1,500 m
Craig. Christine S.	M	Naid Uchel
Davies. D. Hedydd	D	Marathon
Davies. Hilary	M	100 m 200 m
Davies. Howard G.	D	400 m 4 x 100 m Cyfnewid
Davies. M.B.E. Lynn.	D	Naid Hir.100 m 4 x100 m Cyfnewid
Davies. Maurice G.(Mal)	D	Morthwyl
Davies. Terry	D	200 m 4 x 100 m Cyfnewid
Davis. Gwynne C.	D	1,500 m 5,000 m

Dourass. Gloria	M	400 m 800 m
Greatrex. John M.	D	800 m
Griffiths. D. Gwynne	D	400 m
Griffiths. Peter J.L.	D	3,000 m Ffos a Pherth
Hayward. Bernard L.	D	3.000 m Ffos a Pherth
Hirst. A. June	M	Pentathlon
James. Alun A.	D	110 m Dros Glwydi
Jones. Ronald	D	100 m 200 m 4x100 m Cyfnewid
Joslyn. Alan L.	D	5.000 m 10.000 m
Lease. David N.	D	Naid Polyn
Leigh. Cyril T.	D	Marathon
Lewis. Phillip J.	D	800 m
Martin-Jones. Ruth	M	100 m 200 m Pentathlon
Maplestone. Robert N.	D	1,500 m
McAndrew. Ronald	D	3,000 m Ffos a Pherth
Pearce. Maureen L.	M	Taflu Pwysau
Plain. Bernard John	D	5,000 m 10,000 m
Price. Berwyn	D	110 m Dros Glwydi
Richardson. Roger C.	D	400 m Dros Glwydi
Rosser. R. David	D	20 milltir Cerdded
Rowland. Michael	D	Marathon

Sherlock. Nigel E.	D	Gwayffon
Shiels. Patrice Margaret	M	100 m 200 m
Smith. Michele	M	100 m 200 m
Thomas. Phillip L.	D	1,500 m
Walters. E. John	D	Pwysau. Disgen
Webb. Graham	D	Naid Triphlyg
Williams. Averil Muriel	M	Gwaywffon
Williams. Gwynfryn J.	D	Naid Hir
Williams. John J.	D	100 m 200 m 4 x 100 m Cyfnewid

Badminton

Pine. S. Gordon	D	Rheolwr
Colmer. W. David	D	Senglau. Parau
Gully. Stephen J. (Steve)	D	Senglau. Parau. Parau Cymysg
Hughes. Susan (Sue)	M	Senglau. Parau. Parau Cymysg
Jennings. Howard R.	D	Senglau. Parau. Parau Cymysg
Morgan. J.	D	Senglau. Parau
Stockden. Julie	M	Senglau. Parau. Parau Cymysg

Bowlio Lawnt

Toms. Trevor	D	Rheolwr

Howells. Gwyn	D	Parau
Jenkins. D. Leighton	D	Parau
John. E. Aeron	D	Pedwarawdau
Jones. A. Roy	D	Pedwarawdau
Pattimore. William E.	D	Pedwarawdau
Thompson. C. Henry	D	Pedwarawdau
Wilkins. J. David	D	Senglau

Tîm Codi Pwysau 1970 <u>Chwith i'r dde</u> Peter Arthur, Terry Bennett, Peter Nitsch, Horace Johnson, Terry Perdue, Ieuan Owen, Robert Wrench, Meurin Williams, John Jones. Rhestr blaen Myrddin John, Chung Kum Weng

Codi Pwysau

John, M.B.E. Myrddin	D	Hyfforddwr
Jones. John G.	D	Rheolwr
Arthur. Peter J.	D	Pwysau Go Drwm
Bennett. Terry	D	Pwysau Canol
Chung. Kum Weng	D	Pwysau Plu
Johnson. Horace A.	D	Pwysau Canol
Owen. Ieuan W.	D	Pwysau Ysgafn
Nitsch. Peter J.	D	Pwysau Canol Trwm
Perdue. Terry R.J.	D	Pwysau Gor Drwm
Williams. D. Meurin	D	Pwysau Bantam
Wrench. Robert	D	Pwysau Canol

Cleddyfaeth

Pearson. K.	D	Hyfforddwr
Reynolds. Glyn S.	D	Rheolwr
Barkley. Julia	M	Ffoil. Tîm Ffoil
Brown. Lynda	M	Ffoil. Tîm Ffoil
Edwards. Ian Llewellyn	D	Ffoil. Crymgledd. Tîm Crymgledd
Lucas. Derek J.	D	Blaenwl. Tîm Blaenwl
McGrath. John N.	D	Tîm Blaenwl
Reynolds. Andrew S.	D	Ffoil. Crymgledd. TîmCrymgledd

Reynolds. Frances R.	M	Ffoil. Tîm Ffoil
Reynolds. Robert. G.	D	Ffoil. Blaenwl. Tîm Ffoil. Tîm Crymgledd
Turner. D. Robert	D	Blaenwl. Tîm Blaenwl

Nofio

Eady. Roger J.	D	Hyfforddwr
Hooper. Berenice H.	M	Rheolwr
Bowen. Bernadette	M	200 m 400 m a 800 m Steil Rydd. 4 x100 m Steil Rydd
Bryce. Donald	D	Deifio Sbringfwrdd
Comins. Jacqueline L.	M	100 m Pili-pala. 200 m a 400 m Cymysg Unigol. 4 x100 m Cyfnewid Cymysg
Davies. Christine	M	100 m a 200 m Strôc Nofio Broga. 4 x 100 m Cyfnewid Steil Rydd. 4 X100 m Cyfnewid Cymysg
Davies. Vivian J.	D	100 m a 200 m Strôc Nofio Broga. 200 m Cymysg Unigol
Edwards. Ceinwen B.	M	100 m a 200 m Strôc Nofio Broga
Godfrey. Peter Charles	D	100 m a 200 m Pili-pala
Hamilton. Jane F.	M	Deifio Springfwrdd. Deifio Bwrdd Uchel
Hurn. Sally A.	M	200 m Steil Rydd
Johnson. Nigel R.	D	100 m a 200 m Strôc Nofio Broga
Jones. G. Rowland	D	400 m Cymysg Unigol. 200 m Strôc Cefn.

Jones. Susan	M	200 m 400 m a 800 m Steil Rydd. 4 x100 m Cyfnewid Steil Rhydd
Lewis. Clive M.	D	100 m Strôc Cefn
Maher. Sean L.	D	100 m Pili-pala. 200 m a 400 m Cymysg Unigol. 100 m a 400 m Steil Rydd. 4 x100 m a 4 x 200 m Steil Rydd Cyfnewid
Moran. Kevin	D	100 m Steil Rydd. 4 x100 m Steil Rydd Cyfnewid. 4 x 100 m Cyfnewid Cymysg
Morgan. Trevor G.	D	100 m a 200 m Strôc Nofio Broga
Parsons. Janice	M	Deifio Springfwrdd. Deifio Bwrdd Uchel
Price. Stephanie R.	M	100 m Steil Rydd. 4 x 100 m Steil Rydd Cyfnewid. 4 x 100 m Cyfnewid Cymysg
Richards. Martin	D	400 m a 1,500 m Steil Rydd. 4 x 100 m a 4 x 200 m Steil Rydd C Cyfnewid. 4 x100 m Cyfnewid C Cymysg
Richards. Michael J.	D	100 m a 200 m Strôc Cefn
Simpson. Nigel K.	D	100 m a 200 m Strôc Cefn. 4 x 200 m Steil Rydd Cyfnewid
Stephens. Gail F.	M	100 m a 200 m Strôc Cefn. 4 x 100 m Cymysg Cyfnewid
Thomas. Cheryl	M	100 m Steil Rydd

Wells. Pat C.	M	100 m a 200 m Strôc Nofio Broga
Williams. Alan	D	100 m 200 m a 400 m Steil Rydd. 4 x 100 m a 4 x 200 m Steil Rydd Cyfnewid
Woodroffe. Martyn J.	D	200 m a 400 m Cymysg Unigol. 100 m a 200 m Pili-pala. 4 x 100 m Cyfnewid Cymysg

Paffio

Llewellyn. John P	D	Rheolwr
Hawksworth. L.J.	D	Hyfforddwr
Roberts. E. M.	D	Hyfforddwr
Davies. Anthony	D	Pwysau Pryf Ysgafn
Davies. David I.	D	Pwysau Welter Ysgafn
Davies. Phillip	D	Pwysau Bantam
Phillips. Martin	D	Pwysau Ysgafn
Lloyd. Peter. M	D	Pwysau Canol Ysgafn
May. William James	D	Pwysau Canol
McCluskie. Michael	D	Pwysau Welter
O'Sullivan. Maurice A.	D	Pwysau Pryf
Pritchard. Edward V.	D	Pwysau Plu
Roberts. Anthony M.	D	Pwysau Go Drwm

Beicio

Richards. R.W.	D	Rheolwr

Williams. Sam J.	D	Rheolwr
Beswick. John M.	D	1,000 m Sbrint Sgrats. 2000 m Tandem Sbrint
Davies. John (Cornelly)	D	4,000 m Erlid Unigol. 10 milltir Sgrats
Davies. John (Rhondda)	D	1,000 m Treial Amser. 10 milltir Sgrats
Hatfield. John T.	D	1,000 m Sbrint Sgrats. 2000 m Tandem Sbrint. 10 milltir Sgrats
Jenkins. Graeme J.	D	102 milltir Ras Heol
Mery. Roland E. R.	D	102 milltir Ras Heol
Milward. Andrew R.	D	4,000 m Erlid Unigol. 1,000 m Treial Amser. 10 milltir Sgrats
Pritchard. John	D	4,000 m Erlid Unigol. 1,000 m T Treial Amser
Russell. David J.	D	1000 m Sbrint Sgrats

1974

Pencadlys

Howell. Cyril M.	D	Cadlywydd
Jones. Raymond E.	D	Prif Reolwr
Jones. Wyndham H.	D	Dirprwy Rheolwr
Hooper. Berenice	M	Gwarchodwraig
Pine. S. Gordon	D	Swyddog

Rees. Ann	M	Swyddog
McVeigh. Charles	D	Attaché

Meddygol

Lloyd. Dr Kenneth	D	Prif Swyddog Meddygol
Holley. Tom	D	Ffisiotherapydd

Athletau

Snow. Reg C.G.	D	Rheolwr
Clemo. Anthony (Tony)	D	Hyfforddwr
Davies. John	D	3,000 m Ffos a Pherth. 1,500 m 5,000 m
Delaney. Michael	D	200 m 400 m
Dourass. Gloria	M	400 m 800 m
Hayward. Bernard	D	3,000 m Ffos a Pherth. 800 m 1,500 m
James. Susan	M	Gwaywffon
Lease. David	D	Naid Polyn
Lewis. Philip	D	800 m
Leyshon. Wynford	D	400 m Dros Glwydi. 400 m
Lockhead. Jean	M	800 m 1,500 m
Martin-Jones. Ruth	D	Naid Hir
Minty. Gordon	D	5,000 m 10,000 m
O'Neil. Colin	D	400 m Dros Glwydi

Plain. Bernard	D	10,000 m. Marathon
Price. Berwyn	D	110 m Dros Glwydi
Thomas. Malcolm	D	Marathon

Badminton

Alfieri. Susan (Sue)	M	Senglau. Parau Gymysg
Jennings. Howard	D	Senglau. Parau Gymysg

Bowlio Lawnt

Toms. Trevor	D	Rheolwr
Evans. Maldwyn (Mal)	D	Senglau
Evans. Russell	D	Parau
Humphreys. Gareth	D	Pedwarawdau
Jenkins. D. Leighton	D	Pedwarawdau
Richards. David	D	Pedwarawdau
Stanbury. Ellis	D	Parau
Sutherland. Ian	D	Pedwarawdau

Codi Pwysau

Evans. W. Iorrie	D	Rheolwr
Bennett. Terence	D	Pwysau Canol
Brown. Michael (Mike)	D	Pwysau Trwm
Burns. John	D	Pwysau Canol Trwm
Chung. Kum Weng	D	Pwysau Plu

Owen. Ieuan W.	D	Pwysau Ysgafn
Perdue. Terry	D	Pwysau Gor Drwm
Williams. D. Meurin	D	Pwysau Plu
Wrench. Robert	D	Pwysau Canol
Nitsch. Peter	D	Pwysau Canol

Nofio

Huxtable. Grahame	D	Rheolwr
Hooper. Berenice	M	Hyfforddwraig
Adams. Anne W.	M	Pili-pala 100 m. Unigol Cymysg 200 m a 400 m
Beavan. Patricia (Pat)	M	Strôc Nofio Broga 100 m a 200 m. Cymysg Unigol 200 m
Culverwell. Nigel J.	D	Strôc Cefn 100 m a 200 m
Davies. Vivian J.	D	Strôc Nofio Broga 100 m a 200 m. Unigol Cymysg 400 m
Davis. Elizabeth (Liz)	M	Strôc Cefn 100 m a 200 m
Hurn. Sally A.	M	Steil Rydd 100 m a 200 m Pili-pala 200 m
John. Penelope (Penny) R.	M	Pili-pala 200 m. Steil Rydd 400 m. Unigol Cymysg 400 m
Jones. G. Rowland	D	Strôc Cefn 100 m a 200 m. Unigol Cymysg 400 m
Lewis. Clive	D	Steil Rydd 100 m a 200m. Strôc Cefn 100 m

Maher. Sean	D		Pili-pala 100 m. Unigol Cymysg 200 m
Moran. Kevin	D		Steil Rydd 100 m
Parry. Judith	M		Strôc Nofio Broga 100 m a 200 m. Unigol Cymysg 400 m
Walker. Kim	M		Strôc Cefn 100 m a 200 m. Steil Rydd 100 m

Paffio

Davies. John	D	Rheolwr
Evans. Gwilym	D	Hyfforddwr
Allen. William (Billy)	D	Pwysau Canol
Bennett. Wayne	D	Pwysau Ysgafn
Davies. Christopher	D	Pwysau Plu
Griffiths. Bryn	D	Pwysau Pryf
McKenzie. Errol	D	Pwysau Welter

Saethu

Williams. Glen	D	Rheolwr
George. Basil	D	Rheolwr Cynorthwyol
Whittaker.O.B.E. T.W.Gilbert	D	Rheolwr Cynorthwyol
Bevan. Ronald	D	Saethu Trap Clai
Cross. Richard	D	Pistol Rhydd
Gray. Stanley	D	Reiffl Bôr Llawn

Harris. Colin T.	D	Reiffl Bôr Bach
Hassall. Robert	D	Pistol Cyflym. Pistol Rhydd
Lewis. Phillip	D	Saethu Trap Clai
O'Dwyer. Terence	D	Pistol Cyflym
Rees. Roger J	D	Saethu Sgit
Swansea. Yr Arglwydd .	D	Bôr Llawn
Watkins. William H.	D	Bôr Bach

Beicio

Williams. John (Johnny)	D	Rheolwr
Demery. Thomas Edwin	D	114 milltir Ras Heol
Hatfield. John	D	1,000 m 2,000 m Tandem. 10 milltir. Erlid Tîm
James. John	D	114 milltir Ras Heol
Pritchard. John	D	Treial Amser Cilogrammedr. Erlid Unigol. 10 milltir. Erlid Tîm
Smith. Barrie (Jingles)	D	114 milltir Ras Heol. Erlid Unigol. Erlid Tîm
Taylor. Phillip	D	Treial Amser Cilogram. Erlid Unigol. 10 milltir. Erlid Tîm
Thornton. Colin	D	114 milltir Ras Heol. Erlid Unigol. Erlid Tîm
Tudor. John	D	1,000 m 2,000 m Tandem. 10 milltir

Uwchben Tîm Cymru ym 1978

Gwaelod - Staff Pencadlys Cymru yn 1978 chwyth i'r dde Tony Clemo, Tom Holley, Dr Ken Lloyd, Ruth Howell, Raymond Jones, Pat Beavan, Cyril Howell, Berwyn Price, Fred Howell, Gordon Pine, Bob Turner

1978

Pencadlys

Howell. Cyril M.	D	Cadlywydd
Jones. Raymond E.	D	Prif Reolwr
Jones. Wyndham H.	D	Dirprwy Rheolwr
Pine. Gordon	D	Gweinyddwr
Howell. Fred	D	Gweinyddwr
Turner. Robert	D	Gweinyddwr
Farnel. Jodi (Canada)	M	Swyddog
Beavan. Pat	M	Gwarchodwraig
Lloyd. Dr Kenneth	M	Meddyg
Clemo. Tony	D	Swyddog Cludiant
Russell. Dr Kelvin	D	Attaché

Athletau

Snow. Reg	D	Rheolwr
Williams. Averil	M	Rheolwraig
Arnold. Malcolm	D	Hyfforddwr
Davies. John	D	3,000 m Ffos a Pherth. 5,000 m
Delaney. Michael	D	400 m 4 x 400 m Cyfnewid
Evans. John	D	Naid Driphlyg
Grant. Glen Arthur B.	D	800 m 1,500 m

Critchley. Michael J.	D	Marathon
James. Steve	D	4 x 400 m Cyfnewid
Griffiths. Jeffrey Stephen	D	200 m 400 m. 4 x 400 m Cyfnewid
Head. Venissa Ann	M	Disgen. Pwysau
Hollick. Hilary Jane	M	1,500 m
Howell. Ruth	M	Naid Hir. Pentathlon
Jones. Stephen Henry	D	1,500 m
Phillips. David	D	Naid Driphlyg
Price. Berwyn	D	110 m Dros Glwydi. 4 x 400 m Cyfnewid
Roberts. David Lloyd	D	100 m 200 m
Rowlands. Michael J.	D	Marathon
Simmons. Anthony Derrick	D	5,000 m 10,000 m
Zaslona. Jacqueline	M	Gwaywffon

Badminton

Hawkes. Graham	D	Rheolwr
Blake. Linda	M	Senglau. Parau. Tîm Cymysg
Brimble. Susan	M	Senglau. Parau. Parau Cymysg. Tîm Cymysg
Jones. Brian	D	Senglau. Parau. Tîm Cymysg
Lim. Yim Chong	D	Senglau. Parau. Parau Cymysg. Tîm Cymysg

Bowlio Lawnt

Toms. Trevor	D	Rheolwr
Evans. Gwyn	D	Pedwarawdau
Evans. John Russell	D	Senglau
Morgan. James	D	Parau
Stanbury. Ellis	D	Pedwarawdau
Sutherland. Ian	D	Pedwarawdau
Thompson. John	D	Pedwarawdau
Williams. Raymond	D	Parau

Codi Pwysau

John. Myrddin	D	Rheolwr
John. Delfrig	D	Hyfforddwr
Bennett. Terry	D	Dosbarth 82.5 kg
Brown. David	D	Dosbarth 90 kg
Brown. James Michael	D	Dosbarth 110+kg
Bryce. Jeffrey	D	Dosbarth 56 kg
Burns. John Robert	D	Dosbarth 100 kg
Locking. Alan Wilson	D	Dosbarth 90 kg
McCreadie. John N.	D	Dosbarth 67.5 kg
Owen. Ieuan Wyn	D	Dosbarth 67.5 kg
Shepherd. Robert Michael	D	Dobarth 60 kg

Gymnasteg

Jones. Vivian	D	Rheolwr
Keitch. Rita	M	Hyfforddwraig
McCarthy. Bob	D	Hyfforddwr
Bernard. Linda	M	Amryddawn Unigol. Cystadleuaeth Tîm
Hallam. Andrew Julian	D	Cystadleuaeth Tîm
Higgins. Michael Joseph	D	Amryddawn Unigol. Cystadleuaeth Tîm
Jones. Robert	D	Amryddawn Unigol. Cystadleuaeth Tîm
Pocock. Christina	M	Amryddawn Unigol. Cystadleuaeth Tîm
Preedy. Paul	D	Amryddawn Unigol. Cystadleuaeth Tîm
Surringer. Linda	M	Amryddawn Unigol. Cystadleuaeth Tîm
Vokes. Jacqueline	M	Amryddawn Unigol. Cystadleuaeth Tîm

Nofio

Crosswaite. Rosina	M	Rheolwraig
Hooper. Berenice	M	Hyfforddwr

Adams. Wilma Anne	M	100 m Strôc Nofio Broga. 100 m Strôc Pili-Pala. 200 m Unigol Cymysg. 4 x100 m Steil Rydd Cyfnewid. 4 x100 m Cyfnewid Cymysg
Atkinson. Leigh	D	200 m Strôc Nofio Broga. 4 x100 m Cyfnewid Cymysg
Bullock. Venissa Jane	M	4 x100 m Steil Rydd Cyfnewid
James. Amanda	M	100 m Strôc Cefn. 4 x100 m Cyfnewid Cymysg .
Jones. Melanie Anne	M	100 m Strôc Cefn. 200 m Strôc Cefn. 4 x100 m Cyfnewid
Morris. Peter	D	100 m Strôc Pili-Pala. 200 m Strôc Pili-Pala. 400 m Cymysg Unigol.
Motly. Lindsey Adriene	M	100 m Strôc Cefn. 100 m Steil Rydd. 4 x 100 m Steil Rydd Cyfnewid. 4 x 100 m Cyfnewid Cymysg
Roberts. David	M	Anabl 100 m
Roberts. Michael	D	100 m Strôc Cefn. 4 x 100 m Cyfnewid Steil Rydd. 4 x 100 m Cyfnewid Cymysg
Sadler. Grahame	D	200 m Steil Rydd. 400 m Steil Rydd. 4 x100 m Cyfnewid Cymysg
Taylor. Mark Grahame	D	200 m Steil Rydd. 4 x100 m Cyfnewid Cymysg

Thomas. Mark Morgan	D	200 m Unigol Cymysg

Paffio

Llewellyn. John	D	Rheolwr
Grieves. Jerry	D	Hyfforddwr
Feal. Anthony	D	Dosbarth 67 kg
George. David	D	Dosbarth 54 kg
Jones. Russell	D	Dosbarth 51 kg

Beicio

Clarke. J.H.	D	Rheolwr
Walker. H.	D	Hyfforddwr
Hamilton. Peter	D	4,000 m Erlid Unigol. 183 km Ras Heol
Hodge. Neil	D	183 km Ras Heol
Patten. David	D	1,000 m Treial Amser
Pritchard. John	D	4,000 m Erlid Unigol. 183 km Ras Heol
Thornton. Colin	D	4,000 m Erlid Unigol
Taylor. Phillip	D	1,000 m Treial Amser
Tudor. John	D	1,000 m Sbrint. 1,000 m Treial Amser

Saethu

Williams. Glen G.	D	Rheolwr

George. Basil	D	Hyfforddwr
Phelps. Bill	D	Hyfforddwr
Whittaker. O.B.E. Is-Gyrnol	D	Hyfforddwr

1982

Pencadlys

Jones. Wyndham	D	Cadlywydd
Jones. Raymond E.	D	Prif Reolwr
Pine. Gordon	D	Dirprwy Rheolwr
Clemo. Tony	D	Swyddog Cludiant
Howell. Fred	D	Gweinyddwr
Keitch. Rita	M	Gweinyddwraig
Speck. Terry	D	Gweinyddwr
Wruck. Leon	D	Attaché

Meddygol

Griffiths. Dr Wayne	D	Meddyg (Pennaeth)
Russell. Dr Kelvin	D	Meddyg
McKenzie. Jack	D	Ffisiotherapydd

Athletau

Snow. Reg	D	Rheolwr
Williams. Averil Muricl	M	Rheolwraig

Arnold. Malcolm	D	Hyfforddwr
Barry. Steven	D	30 km Cerdded
Fowles. Dennis	D	5,000 m 10,000 m
Fryar. Diane	M	400 m Dros Glwydi
Hackney. Roger	D	3,000 m Ffos a Pherth
Head. Venissa	M	Pwysau. Disgen
Hollick. Hilary	M	3,000 m 5,000 m
Jones. Stephen	D	5,000 m 10,000 m
Llewelyn. Trevor	D	Naid Uchel
Lock. Kim	M	800 m 1,500 m 3,000 m
McDermot. Kirsty	M	400 m 800 m
Norgate. Philip	D	800 m
Owen. Sarah	M	Heptathlon
Price. Berwyn	D	110 m Dros Glwydi
Reagan. Gillian	M	Naid Hir
Rowe. Sarah	M	Heptathlon
Scutt. Michelle	M	100 m 400 m
Smart. Carmen	M	100 m 200 m

Badminton

Brimble. John	D	Rheolwr
Richards. Mark	D	Senglau. Parau

Sutton. Philip	D	Senglau. Parau

Bowlio Lawnt

Stephens. Charles	D	Rheolwr
Parker. Linda	M	Rheolwraig
Ackland. Janet	M	Triphlyg
Miles. Gill	M	Triphlyg
Morgan. James	D	Pedwarawdau
Perkins. Lyn	D	Parau
Pomeroy. Margaret	M	Triphlyg
Thomas. Alun	D	Pedwarawdau
Williams. Cliff	D	Pedwarawdau
Williams. Ray	D	Pedwarawdau
Wilshire. Spencer	D	Parau

Codi Pwysau

John. Myrddin	D	Rheolwr
Welch. Dennis	D	Hyfforddwr
Bryce. Jeffrey	D	Dosbarth 62 kg
Burns. John	D	Dosbarth 110 kg
Easton. Paul	D	Dosbarth 92 kg
Lee. Ronald	D	Dosbarth 56 kg
Locking. Alan	D	Dosbarth 92 kg

Morgan. David	D	Dosbarth 69 kg
Shepherd. Robert	D	Dosbarth 75 kg
Taylor. Gary	D	Dosbarth 100 kg
Wilson. Steven	D	Dosbarth 105 kg

Nofio

Jones-Pritchard. John A.	D	Rheolwr
Williams. Bryn	D	Hyfforddwr
Adkins. Karl	D	200 m Cyfnewid Unigolyn. 4 x100 m Cyfnewid Steil Rydd
Atkinson. Leigh	D	100 m Strôc Nofio Broga. 4 x 100 m Cyfnewid Cymysg
Day. Anthony	D	1.500 m Steil Rydd. 4 x 200 m Cyfnewid Steil Rydd
Gwilt. Peter	D	100 m Strôc Nofio Broga. 4 x 100 m Cyfnewid Steil Rhydd. 4 x 100 m Cyfnewid Cymysg
Morgan. Robert	D	Deifio. Sbringfwrdd. Llwyfan
Morris. Peter	D	200 m Pili-pala. 4 x 200 m C Cyfnewid Steil Rydd
Perry. Bruce	D	200 m Cymysg Unigolyn. 4 x 200 m Cyfnewid Steil Rhydd
Roberts. Stuart	D	100 m Steil Rydd. 4 x 100 m Cyfnewid Steil Rydd.

Taylor. Mark	D	4 x 100 m Cyfnewid Cymysg 100 m a 200 m Steil Rydd. 4 x 100m a 4 x 200 m Cyfnewid Steil Rydd. 4 x 100 m Cyfnewid Cymysg
Tucker. Clare	M	Nofwraig

Paffio

Carro. Wilfred	D	Rheolwr
Pearson. Charles	D	Hyfforddwr
Alsop. Jonathan	D	Pwysau Ysgafn
Lewis. Paul	D	Paffiwr

Saethu

George. Basil	D	Rheolwr
Gilbertson. Richard	D	Rheolwr Bôr Llawn
Monk. Tony	D	Rheolwr Bôr Bach
Arnold. David	D	Tri Safle Reiffl Bôr Bach. Reiffl A Aer Unigol a Tîm
Bowden. Anthony	D	Reiffl Aer Unigol a Tîm
Edwards. John	D	Saethwr
Harris. Colin	D	Reiffl Tor-orwedd Tîim
Llewellyn. Phil	D	Sgît

O'Leary. Dion	D	Bôr Llawn Tîm
Pelopida. Peter	D	Tîm Trap
Swansea. Yr Arglwydd John	D	Bôr Llawn Tîim
Watkins. William	D	Reiffl Tor-orwedd Unigol a Tîim

Saethyddiaeth

Mansel-Edwards. Digby	D	Rheolwr
Bluck. C.	D	Hyfforddwr
Lewis. Anthony	D	Rownd FITA Dwbl
Workman. Marion	M	Rownd FITA Dwbl

Tim Cymru yng Nghaeredin 1986

1986

Pencadlys

Rees. Tommy	D	Cadlywydd
John. Myrddin	D	Prif Reolwr
Williams. Averil M.	M	Dirprwy Rheolwraig
Evans. John	D	Gweinyddwr
Howell. Fred	D	Gweinyddwr
Keitch. Rita	M	Gweinyddwraig
Hopkins. Elgar	D	Attaché

Meddygol

Griffiths. Dr Wayne	D	Prif Feddyg
Phillips. Nicola	M	Ffisiotherapydd
Phillips. Jacqueline	M	Ffisiotherapydd

Tîm Athletau Cymru, Caeredin 1986

Athletau

Williams. David	D	Rheolwr
Elgie. Margaret	M	Rheolwraig
Arnold. Malcolm	D	Hyfforddwr
Edwards. Malcolm	D	800 m
Ellis. Ieuan	D	Marathon
Evans. A.	M	400 m Dros Glwydi

Hackney. Roger	D	3,000 m Ffos a Pherth
Head. Venissa	M	Disgen
Horsfield. Neil	D	1.500 m
Hough. Karen	M	Gwaywffon
Jackson. Nigel	D	110 m Dros Glwydi
Johnson. Stephen	D	30 km Cerdded
Jones. Steve	D	10,000 m
McKenzie. Colin	D	Gwaywffon
Miles. Helen	M	100 m 4 x 100 m Cyfnewid .
Morley. Kay	M	100 m Dros Glwydi. 4 x 100 m Cyfnewid .
Morris. Sharon	M	400 m
Morris. Sian	M	200 m 4 x 100 m Cyfnewid
Newnham. Tim	D	Gwaywffon
Pickering. Shaun	D	Morthwyl. Disgen. Pwysau
Reagan. Gillian	M	Naid Hir
Short. Sally-Anne	M	100 m 200 m
Smart. Carmen	M	100 m 200 m. 4 x 100 m Cyfnewid
Tooby. Angela	M	10,000 m
Tooby. Susan	M	10,000 m

Vandendrook-Evans. Alyson	M		400 m Dros Glwydi
Wade. Kirsty	M		800 m 1.500 m
Walker. Nigel	D		110 m Dros Glwydi
Wood. David	D		Naid Driphlyg
Williams. P.	D		800 m

Badminton

Fifield. Richard	D	Rheolwr
Doody. Sarah	M	Senglau. Parau. Parau Gymysg
Rees. Christopher	D	Senglau. Parau
Roberts. Lesley	M	Senglau. Parau. Parau Gymysg
Sutton. Philip	D	Senglau. Parau Gymysg
Williams. Lyndon	D	Parau. Parau Gymysg

Bowlio Lawnt

Hubbard. Victor	D	Rheolwr
Ackland. Janet	M	Parau
Dainton. Ann	M	Senglau
Evans. Linda	M	Pedwarawdau
Hill. Ray	D	Senglau
Jones. Rita	M	Pedwarawdau

x

Parker. Linda	M	Pedwarawdau
Perkins. Lyn	D	Parau
Pomeroy. Margaret	M	Parau
Rickets. Joan	M	Pedwarawdau
Thomas. Hafod	D	Pedwarawdau
Thomas. William	D	Pedwarawdau
Weale. Robert	D	Pedwarawdau
Wilshire. Spencer	D	Parau

Tîm Codi Pwysau Cymru. Rhestr Blaen Chwith I'r dde **Myrddin John, Den Welch, Jeff Bryce, Neil Taylor, Ray Williams, David Morgan, Chris Edwards, Arthur Jenkins. Cefn – Gareth Hives, Andrew Davies, Steve Wilson, Ken Webster**

<u>Caeredin 1986</u>

Codi Pwysau

Jenkins. Arthur	D	Rheolwr
Welch. Den	D	Hyfforddwr
Bryce. Jeffrey	D	60 kg
Davies. Andrew	D	100 kg
Edwards. Chris	D	56 kg
Hives. Gareth	D	82.5 kg
Morgan. David	D	82.5 kg
Taylor. Neil	D	67.5 kg
Webster. Ken	D	+110 kg
Williams. Raymond	D	60 kg
Wilson. Steve	D	110 kg

Nofio

James. Robert	D	Rheolwr
Williams. Bryn	D	Hyfforddwr
Budd. Andy	D	Deifio Bwrdd Uchel
Cumbers. Nicky	M	100. 200. 400 a 800 m Steil Rydd. 200 a 400m Cymysg Unigol. 4 x 100mm Cyfnewid Steil Rhydd

Day. Anthony	D	200. 400. a 1,500 m Steil Rydd. 400 m Gymysg Unigol. 4 x 100 a 4 x 200 m Cyfnewid Steil Rhydd
Gwynne. Steven	D	200. 400 a 1,500 m Steil Rydd. 100.a 200 m Pili-pala. 4 x 100 m a 200 m Cyfnewid Steil Rhydd. 4 x 100 m Cyfnewid Cymysg.
Lewis. Samantha	M	100 m Steil Rydd. 100 m Strôc Nofio Broga. 200 m Pili-pala. 200 m Cymysg Unigol. 4 x 100 m Cyfnewid Unigol. 4 x 100 m Cyfnewid Cymysg
McKinnell. Maxine	M	100 a 200 m Steil Rydd. 100m Pili-pala. 2 x 100 m Cymysg U Unigol. 4 x 100 m Cyfnewid Gymysg. 4 x 100 m Steil Rydd.
Morgan. Robert	D	Deifio Bwrdd Uchel a 3 m Springfwrdd
Perry. Bruce	D	100 a 200 m Strôc Nofio Broga. 1 100 a 200 m Gymysg Cyfnewid U Unigol. 4 x 100 m a 4 x 200 m C Cyfnewid Steil Rydd.
Reeve. Claire	M	100 a 200 m Strôc Nofio Broga. 4 x 100 m Cyfnewid Cymysg

Rosser. Ian	D	400 m Steil Rydd. 100 a 200 m Strôc Cefn 200 a 400 m Cymysg Unigol. 4 x 100 m Cyfnewid Steil Rydd. 4 x 100 m Cyfnewid Cymysg
Tucker. Clare	M	100 a 200 m Strôc Nofio Broga. 4 x 100 m Cyfnewid Steil Rydd. 4 x 100 m Cyfnewid Gymysg
Williams. Gareth	D	100 a 200 m Strôc Cefn. 100 m Pili-pala. 400 m Cymysg Unigol

Paffio

Turner. Robert	D	Rheolwr
Dyer. Ray	D	Hyfforddwr
Alsop. Jonathan	D	Welter Ysgafn
Khan. Tony	D	Plu
Haddock. Neil	D	Ysgafn
Lewis. Paul	D	Canol
McCormack. Kevin	D	91 kg
Piper. C	D	67 kg
Pullen. Byron	D	81 kg
Thomas. Glyn	D	57 kg
Webber. Kerry	D	Pryf

Tîm Rhwyfo Cymru 1986

Rhwyfo

Hartland. John	D	Rheolwr
Collingwood. Dave	D	Hyfforddwr
Woods. Alexander	D	Rheolwr Cyfarpar
Davies. Rhian	M	Sengl Sgyls. Sengl Sgyls Ysgafn
Edwards. Jeremy	D	Pedwarawdau Ysgafn
Gregory. Philip	D	Pedwarawdau
Hartland. Nicholas Wythau	D	Senglau. Pedwarawadau â Llywiwr.
Hartland. Katherine	M	Pedwarawdau â Llywiwr. Pedwarawdau Heb Llywiwr

Hancock. Richard	D	Sgyls Parau
Hnatiw. Michael	D	Pedwarawdau. Wythau
Howell. Chris	D	Senglau Sgyls
Hyndman. Martin	D	Pedwarawdau Ysgafn
Jenkins. Christopher	D	Llywiwr Pedwarawdau. Llywiwr Wythau
Jones. Chris	D	Pedwarawdau Heb Llywiwr.
Kidwell. David	D	Pedwarawdau Ysgafn
Kingsley. Louise	M	Pedwarawdau â Llywiwr. Pedwarawdau Heb Lywiwr
Lloyd. Ivor	D	Senglau. Pedwarawdau â Llywiwr. Wythau
Luke. Robert	D	Sgyls Parau
McCann. Sarah	M	Pedwarawdau Ysgafn
Partridge. Michael	D	Senglau. Pedwarawd â Llywiwr. Chwechawdau Heb Lywiwr
Price. Fiona	M	Pedwarawdau â Llywiwr
Redwood. Stephen	D	Pedwarawdau Ysgafn
Roberts. Iestyn	D	Pedwarawdau. Wythau
Roberts. Robin	D	Pedwarawdau. Wythau
Taylor. Paul	D	Pedwarawdu â Llywiwr. Pedwarawdau Heb Lywiwr.Wythau

Thomas. Guy	D	Pedwarawdau. Wythau
Trigwell. Lorna	M	Pedwarawdau â Llywiwr. Pedwarawdau Heb Lywiwr
Williams. Robin	D	Senglau Sgyls Ysgafn

Saethu

Speck. Terry	D	Rheolwr
Gilbertson. Cyrnol Gilbert	D	Hyfforddwr
Monk. Tony	D	Hyfforddwr
Arnold. David	D	Reiffl Bôr Bach Tri Safle
Clubb. David	D	Hyfforddwr
Clubbe. Stuart	D	Trap Olympaidd
Fox. Albert	D	Pistol Rhydd
Griffiths. Terry	D	Sgît
Harris. Colin	D	Reiffl Bôr Bach Safle Tor-orwedd
Hockley. Christopher	D	Reiffl Bôr Llawn
Irving. Gareth	D	Pistol Saethu Cyflym

Tîm Beicio Cymru 1986

Beicio

Friswell. John	D	Rheolwr
Williams. Bob	D	Hyfforddwr
Coles. Stuart	D	100 km Team Time Trial. 105 milltir Ras Heol
Davies. Norton	D	Treial Amser Tîm Cilogram. 4,000m Erlid Tîm Trac
		10 milltir Trac

Davies. Tim	D	10 milltir Trac. 4,000 m Erlid Unigol.4,000 m Erlid Tîm Trac
Evans. John	D	100 km Treial Amser Tîm 105 milltir Ras Heol
Hughes. Norman	D	100 km Treial Amser Tîm 105 milltir Ras Heol
Jones. Keith	D	100 km Treial Amser Trac. 105 milltir Ras Heol
Murphy. Mike	D	Sbrint. 4,000 m Erlid Tîm Trac
Paulding. Steve	D	Treial Amser Cilogram. Sbrint. 10 milltir Trac
Westwood. Mark	D	4,000m Erlid Unigol. 4.000 m Erlid Tîm Trac.10 milltir Trac

1990

Pencadlys

John.M.B.E. Myrddin	D	Prif Reolwr
George. Basil	D	Dirprwy Prif Reolwr
Jones-Pritchard. John A.	D	Gweinyddwr
Howell. Fred	D	Swyddog
Keitch. Rita	M	Swyddog

Staff Meddygol

Griffiths. M.B.E. Dr Wayne	D	Prif Swyddog Meddygol
Munson (Phillips). Nicola	M	Ffisiotherapydd
Phillips. Jacqueline	M	Ffisiotherapydd

Athletau

Elgie. Margaret	M	Rheolwraig Menywod
Williams. David	D	Rheolwr Dynion
Arnold. Malcolm	D	Hyfforddwr
Bevan. Nigel	D	Gwaywffon
Brace. Steve	D	Marathon
Edwards. Paul	D	Pwysau. Disgen
Hackney. Roger	D	3,000 m Ffos a Pherth
Hamer. Ian	D	1,500 m 5,000 m
Horsfield. Neil	D	800 m 1,500 m
Jackson. Colin	D	110 m Dros Glwydi
Jones. Stephen	D	10,000 m. Marathon
Miles. Helen	M	100 m 200 m. 4 x 110 m Cyfnewid
Morley. Kay	M	100 m Dros Glwydi. 4 x 100 m Cyfnewid
Short. Sallyanne	M	100 m 200 m. 4 x 100 m Cyfnewid

Smart. Carmen	M	100 m. 4 x100 m Cyfnewid	
Tooby. Angela	M	10,000 m	
Walker. Nigel	D	110 m Dros Glwydi	
White. Caroline	M	Gwaywffon	

Badminton

Ford. Mike	D	Rheolwr	
Rees. Christopher	D	Senglau. Parau Gymysg	
Williams. Sarah	M	Senglau. Parau Gymysg	

Beicio

Williams. Robert	D	Rheolwr
Jones. Phillip	D	Hyfforddwr
Evans. John	D	120 milltir Ras Heol. 100 km Treial Ras Heol Tîm
Greenwood. Claire	M	3,000 m Erlid. 60 km Ras Heol
Hughes. Norman	D	120 milltir Ras Heol. 100 km Treial Ras Heol Tîm
Hughes. Richard	D	4,000 m Erlid Tîm 10 milltir Trac.120 milltir Ras Heol.
Jones. Louise	M	1,000 m Sbrint. 60 km Ras Heol
McKenzie. Sally	M	300 m Erlid. 60 km Ras Heol
Paulding. Steven	D	1,000 m Sbrint. 1.000 m Treial, Amser. 10 milltir Trac. 50 km Pwyntiau

Postle. Matthew   D   120 milltir Ras Heol. 100 km

Bowlio Lawnt

Calnan. John	D	Rheolwr
Parker. M.B.E. Linda	M	Rheolwraig
Ackland. Janet	M	Senglau
Beer. Alan	D	Pedwarawdau
Dainton. Ann	M	Pedwarawdau
Evans. Linda	M	Pedwarawdau
Griffiths. Pamela	M	Parau
Hughes. Mary	M	Parau
Jones. Rita	M	Pedwarawdau
Mounty. Trevor	D	Pedwarawdau
Oliver. Stella	M	Pedwarawdau
Price. John	D	Senglau
Thomas. William	D	Parau
Vowles. David	D	Pedwarawdau
Weale. Robert	D	Parau
Wilkins. David	D	Pedwarawdau

Codi Pwysau

Phillips. Gordon	D	Rheolwr
Welch. M.B.E. Dennis	D	Hyfforddwr
Arnold. Aled	D	Dosbarth 110 kg
Bryce. Jeffrey	D	Dosbarth 60 kg
Chaplin. Ricky	D	Dosbarth 75 kg
Davies. Andrew	D	Dosbarth 110+ kg
Hives. Gareth	D	Dosbarth 100 kg
Jones. Karl	D	Dosbarth 75 kg
Morgan. David	D	Dosbarth 82.5 kg
Roach. Mark	D	Dosbarth 67.5 kg
Williams. Raymond	D	Dosbarth 67.5 kg
Wilson. Steven	D	Dosbarth 110 kg

Gymnasteg

Jones. Leigh	D	Rheolwr
Black. Lisa	M	Hyfforddwraig
Clubb. David	D	Hyfforddwr
Bennion. Catherine	M	Artistig. Artistig Tîm
Buffin. David	D	Artistig
Griffiths. David	D	Artistig. Artistig Tîm

Morris. Andrew	D	Artistig. Artistig Tîm
Sloman. Peter	D	Artistig. Artistig Tîm

Jwdo

Farthing. Glyn	D	Rheolwr
Duston. Noel	D	Hyfforddwr
Charles. James	D	Pwysau Ysgafn Ychwanegol
Davies. Daniel	D	Pwysau Canol Hanner
Duston. Helen	M	Pwysau Ysgafn Ychwanegol
Griffiths. Lisa	M	Pwysau Hanner Ysgafn
Jenkins. Andrew	D	Pwysau Ysgafn
Knowles. Philippa	M	Pwysau Hanner Trwm
Sutton. Moira	M	Pwysau Ysgafn
Thomas. Dafydd	D	Pwysau Hanner Ysgafn
Woods. Simon	D	Pwysau Canol

Nofio

James. Robert	D	Rheolwr
Atkinson. Leigh	D	Hyfforddwr
Squire. Peter	D	Hyfforddwr Deifio
Brown. Richard	D	100 a 200 m Strôc Nofio Broga
Clark. Olivia	M	Deifio 10 m Bwrdd 3 m a 1m Sbringfwrdd

Day. Anthony	D	400 a 1,500 m Steil Rydd.
		400 m Cyfnewid
Evans. Joanne	M	100 m Steil Rydd. 100 a
		200 m Strôc Cefn
Henwood. Julia	M	100 a 200 m Strôc Nofio Broga
Jones. Debbie	M	100.200.400 a 800 m Steil Rydd
Jones. Mark	D	50 a 100 m Steil Rydd.
		100 m Pili-pala
Lock. Maxine	M	50 a 100 m Steil Rydd.
		100 m Pili-pala. 200 m Gymysg
Mansfield. Helen	M	100 a 200 m Steil Rydd.
		200 m Gymysg
Morgan. Robert	D	Deifio 3 m Llwyfanfwrdd. 3 a
		1m Sbringfwrdd
Rosser. Ian	D	100 a 200 m Strôc Cefn.
		200 a 400 m Gymysg
Watkins. Michael	D	200 m Steil Rydd. 100 a
		200 m Pili-pala. 200 m Gymysg

Paffio

Allen. Ray	D	Rheolwr
Watts. Gerry	D	Hyfforddwr

Mathews. Jason	D	Pwysau Ysgafn
McCormack. Kevin	D	Pwysau Gor Drwm
Smyth. Michael	D	Pwysau Welter Ysgafn
Williams. John	D	Pwysau Plu

Saethu

Speck. Terry	D	Rheolwr
Osborne. John	D	Hyfforddwr
Birkett – Evans. Chris U	D	Dryll Peledu Trench Olympaidd Unigol a Pharau
Dallimore. John	D	Reiffl Bôr Bach 50 m Unigol a Pharau
Evans. Colin	D	Dryll Peledu Trench Olympaidd Unigol a Pharau
Davies. Desmond	D	Dryll Peledu. Sgît Unigol a Pharau
Hockley. Christopher	D	Reiffl Bôr Llawn Unigol a Pharau
Jay. Michael	D	Saethu Cyflym Pistol. Saethu Pistol Canolog Unigol a Pharau
Lewis. Anthony	D	Dryll Peledu. Sgît Unigol a Pharau
O'Leary. Dion	D	Reiffl Bôr Llawn. Unigol a Pharau
Pengelly. Stephen	D	Saethu Cyflym Pistol. Saethu Pistol Canolog Unigol a Pharau
Wakefield. Terence Parau	D	Reiffl Bôr Bach Tor-orwedd 50 m

Staff y Pencadlys yn Edmonton 1994 <u>Chwith i'r dde</u>-Ray Allen, John Jones-Pritchard, Dr Nicola Phillips, Dr Wayne Griffiths, Averil Williams, Malcolm Stammers, Fred Howell, Russell Davison, Linda Parker

1994

Pencadlys

John, M.B.E. Myrddin	D	Chef de Mission
Jones-Pritchard. John A.	D	Prif Reolwr
Howell. Fred	D	Dirprwy Prif Reolwr
Williams. Averil	M	Dirprwy Prif Reolwr
Allen. Ray	D	Swyddog
Parker, M.B.E. Linda	M	Swyddog
Richards. Gwerfyl	D	Attaché

Staff Meddygol

Griffiths, M.B.E. Dr Wayne	D	Swyddog Meddygol
Davison. Russell	D	Ffisiotherapydd
Phillips. Nicola	M	Ffisiotherapydd

Cysylltiadau Cyhoeddus

Rees. Allan	D	Swyddog
Stammers. Malcolm	D	Swyddog

Athletau

Davies. Delyth	M	Rheolwraig
Perks. Steve	D	Hyfforddwr
Baulch. James	D	200 a 400 m 4 x 400 m Cyfnewid
Bevan. Nigel	D	Gwaywffon
Chaston. Justin	D	3,000 m Ffos a Pherth
Dawson. Catherine	M	800 m
Gibbs. Lisa	M	Heptathlon
Gray. Paul	D	110 m Dros Glwydi. 4 x 400 m Cyfnewid
Harries. Philip	D	400 m Dros Glwydi. 4 x 400 m Cyfnewid
Hobbs. Justin	D	5,000 m 10,000 m
Ingram. Steve	D	Naid Hir. 4 x 400 m Cyfnewid
Jackson, M.B.E. Colin	D	110 m Dros Glwydi
Maitland. Peter	D	100 m 200 m 4 x 400 m Cyfnewid
Nash. Hayley	M	Marathon
Rixon. Dale	D	Marathon
Thomas. Iwan	D	400 m. 4 x 400 m Cyfnewid
Wiltshire. Lee	D	Pwysau
Winter. Neil	D	Naid Polyn

Athletau Cadair Olwyn

Hallam. Chris	D	800 m Cadair Olwyn
Harris. John	D	800 m Cadair Olwyn
Powell. Richard	D	Marathon Cadair Olwyn

Badminton

Clark. Dennis	D	Rheolwr
Lewis. Geraint	D	Senglau. Parau Gymysg. Tîm
Morgan. Kelly	M	Senglau. Parau. Parau Gymysg. Tîm
Phipps. Rachel	M	Senglau. Parau. Parau Gymysg. Tîm
Rees. Christopher	D	Senglau. Parau. Tîm
Tonks. David	D	Parau. Parau Gymysg. Tîm

Beicio

Jones. Phil	D	Rheolwr
Owen. Bill	D	Hyfforddwr
Colloby. Stephen	D	4,000 m Erlid Unigol. 4,000 m Erlid Tîm. 40 km Pwyntiau. 1,000 km Tîm Ras Heol Treial
Greenwood. Clare	M	3,000 m Erlid Unigol. 25 km Pwyntiau. Ras Heol
Hodge. Sally	M	25 km Pwyntiau. Ras Heol

Hughes. Richard	D	4,000 m Erlid Unigol. 4000 m Erlid Tîm. 10 milltir Trac.40 km Pwyntiau
Owen. Alun	D	4,000 m Erlid Tîm. 10 milltir Trac.40 km Pwyntiau. 100 km Treial Amser Tîm Ras Heol
Postle. Matthew	D	4,000 m Erlid Unigol. 4,000 m Erlid Tîm. 10 milltir Trac. 100 km Treial Amser Tîm Ras Heol. Ras Heol
Wedley. Daniel	D	Ras Heol
Wooles. Richard	D	100 km Treial Amser Tîm Ras Heol. Ras Heol
Wright. Will	D	1,000 m Treial Amser. Ras Heol

BOWLIO LAWNT

Flemming. Barry	D	Rheolwr
Griffiths. Pamela	M	Rheolwraig
Ackland. Janet	M	Parau
Dainton. Ann	M	Parau
Davies. Mary	M	Pedwarawdau
Evans. Linda	M	Pedwarawdau
Hoskins. Jim	D	Pedwarawdau
Howell. Valerie	M	Pedwarawdau
Jones. Rita	M	Senglau
Matthews. Wyn	D	Pedwarawdau

Morgan. Betty	M	Pedwarawdau
Price. John	D	Parau
Rowlands. Philip	D	Pedwarawdau
Thomas. William	D	Senglau
Weale. Robert	D	Parau
Wilkins. David	D	Pedwarawdau

BOWLIO LAWNT DIFFYG GWELD

Hopkins. Ken	D	Cyfarwyddwr
Hopkins. Gloria	M	Senglau
Edmunds. Glenys	M	Cyfarwyddwr
Edmunds. George	D	Senglau

CODI PWYSAU

Welch, M.B.E. Dennis	D	Rheolwr
Roach. Lynne	D	Hyfforddwr
Goswell. Andrew	D	Dosbarth 70 kg
Hives. Gareth	D	Dosbarth 99 kg
Morgan. David	D	Dosbarth 76 kg
Morgan. Tony	D	Dosbarth 70 kg
Perdue. Terry (Iau)	D	Dosbarth 110+ kg
Richard. Paul	D	Dosbarth 64 kg

Roach. Mark	D	Dosbarth 70 kg
Taylor. Neil	D	Dosbarth 83 kg
Thomas. Rhodri	D	Dosbarth 83 kg
Williams. Gary	D	Dosbarth 91 kg

GYMNASTEG

Keitch. Rita	M	Rheolwraig
Burton. Neil	D	Hyfforddwr
Davies. Gareth	D	Artistig
Hamer. Clare	M	Artisig
Irwin. Gareth	D	Artistig
Lawrence. Sonia	M	Artistig
Mortimer. Janine	M	Artistig
Powell. Bethan	M	Artistig
Tombs. Andrew	D	Artistig

NOFIO

Rosser. Gary	D	Rheolwr
Ayres. Andrew	D	Hyfforddwr/100 a 200 m Strôc Nofio Broga
Hale. Victoria	M	200 a 400 m Steil Rydd. 400 m Gymysg.
Hopkins. Sara Rydd	M	50 m Steil Rydd.100 m Steil

Jones. Christopher	D	200 m Steil Rydd. 100 a 200 m Strôc Cefn. 200 a 400 m Gymysg
Jones. Mark	D	50 a 100 m Steil Rydd. 100 m Pili-Pala
Lock. Maxine	M	50 a 100 m Steil Rydd. 100 m Pili-Pala
Lundie. Ian	D	200 a 400 m Steil Rydd
Melhuish. Philip	D	100 a 200 m Strôc Nofio Broga. 4 x100 m Cyfnewid Cymysg
Morgan. Robert	D	Deifio Sbringfwrdd 1m a 3 m Deifio Uchel
Niblett. Charlotte	M	200 a 400 m Unigolyn Gymysg
Watkins. Michael	D	200 m Steil Rydd. 100 a 200 m Pili-pala

PAFFIO

Smith. Terry	D	Rheolwr
Braithwaite. Don	D	Hyfforddwr
Teague. Billy	D	Hyfforddwr
Briggs. Grant	D	Canol
Cook. Jason	D	Plu
Lawrence. Gareth	D	Ysgafn
McCormack. Kevin	D	Gor Drwm

Robinson. Andrew	D	Welter Ysgafn
Thomas. Karl	D	Welter
Vowles. Richard	D	Bantam

SAETHU

Osborne. John	D	Rheolwr
Dallimore. John	D	Hyfforddwr
Hockley. Christopher	D	Hyfforddwr
Birkett-Evans. James	D	Unigol a Pharau Saethu Trap
Craven. Richard	D	Unigol a Pharau Pistol Saethu C Canol 25 m Unigol a Pharau. Pistol Saethu Cyflym
Davies. David	D	Unigolyn a Pharau Reiffl Bôr Llawn
Davies. Desmond	D	Unigolyn a Pharau Saethu Sgît
Evans. Mark	D	Unigolyn a Pharau Saethu Trap
Hartop. Susan 10m. m.	M	Unigolyn a Pharau Reiffl Aer Reiffl Bôr Bach Tor-orwedd 50 Reiffl Bôr Bach 3 Safle 50 m
James. Jonathan	D	Unigolyn a Pharau Reiffl Bôr Llawn
Jay. Michael	D	Unigol a Pharau Pistol Saethu Canol 25 m a Pistol Cyflym 25 m

Lewis. Tony	D	Unigol a Pharau Saethu Sgît
Malcolm. Julie	M	Unigol a Pharau Reiffl Aer 10 m. Reiffl Bôr Bach Tor-orwedd. Reiffl Bôr Bach Tri Safle 50 m
Morris. Adrian	D	Reiffl Aer 10 m

Uwhben-Chwith i dde Malcolm Stammers, Swyddog, Steve Gallagher, Swyddog. Blaen- Peter Williams, John Jones-Pritchard, Rita Keitch, John Perrins, Bill Phelps.

Isod-Swyddogion ac ymwelwyr yn y swyddfa'r Pencadlys yn Kuala Lumpur.

1998

PENCADLYS

Jones-Pritchard. John A.	D	Chef de Mission
Keitch. Rita	M	Prif Reolwraig
Perrins. John	D	Dirprwy Prif Reolwr
Phelps. Bill	D	Dirprwy Prif Reolwr
Williams. T. Peter	D	Dirprwy Prif Reolwr
Stammers. Malcolm	D	Cysylltwr Cyhoeddus
Gallagher. Steve	D	Swyddog Cludiant

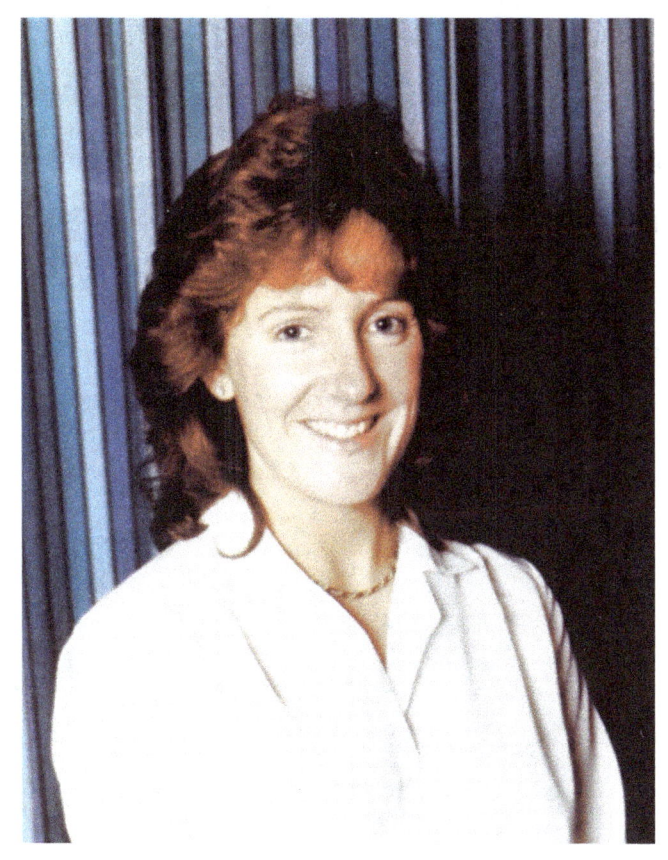

Dr Nicola Phillips, Prif Ffysiotherapydd Tîm Cymru

STAFF MEDDYGOL

Griffiths, M.B.E. Dr. Wayne	D	Prif Swyddog Meddygol
Jones. Dr. Gareth Lloyd	D	Swyddog Meddygol
Morrison. Dr. Linda	M	Swyddog Meddygol
Phillips. Dr. Nicola	M	Prif Ffisiotherapydd

Anderson. Graham	D	Ffisiotherapydd
Blair. Saskia	M	Ffisiotherapydd
Coales. Philippa	M	Ffisiotharapydd
Davies. Mark	D	Ffisiotherapydd
Morris. Lyn	D	Ffisotherapydd
Zaslona. Jackie	M	Ffisiotherapydd

Dr Nicola Phillips yn cyfarch y tîm rheoli.

Tîm Athletau Cymru 1998

ATHLETAU

Davies. Delyth	M	Rheolwraig
Delaney. Michael	D	Rheolwr
Banning. Phil	D	Hyfforddwr
Thomas. Adrian	D	Hyfforddwr
Baulch. Jamie	D	400 m 4 x 100 m Cyfnewid .4 x 400 m Cyfnewid
Bevan. Nigel	D	Gwaywffon
Brace. Steve	D	Marathon
Clarke. Rhian	M	Naid Polyn
Crane. Julie	M	Naid Uchel

Davies. Emma	M	800 m 1,500 m 4 x 400 m Cyfnewid
Elias. Matthew	D	400 m Dros Glwydi. 4 x 400 m Cyfnewid
Gray. Paul	D	110 m Dros Glwydi. 400 m Dros Glwydi. 4 x 400 m Cyfnewid
Henthorn. Jamie	D	100 m 200 m 4 x100 m Cyfnewid 4 x 400 m Cyfnewid
Jackson. Colin	D	110 m Dros Glwydi. 4 x 100 m Cyfnewid
King. Rachel	M	100 m Dros Glwydi
Layzell. Alyson	M	400 m Dros Glwydi. 4 x 400 m Cyfnewid
Mair. Angharad	M	Marathon
Malcolm. Christian	D	100 a 200 m 4 x 100 m Cyfnewid
Moore. Sarah	M	Morthwyl
Nash. Hayley	M	10,000 m
Newcombe. Rachel	M	800 m 4 x 400 m Cyfnewid
Newman. Lee	D	Disgen
Pickering. Shaun	D	Pwysau
Rixon. Dale	D	Marathon
Roles. Philippa	M	Disgen
Stephenson. Christian	D	1,500 m 3,000 m Ffos a Pherth

Thomas. Iwan	D	400 m 4 x 400 m Cyfnewid
Turner. Douglas	D	200 m 4 x 100 m Cyfnewid
Williams. Kevin	D	100 m 4 x 100 m Cyfnewid

BADMINTON

Ford. Michael	D	Rheolwr
Rees. Chris	D	Hyfforddwr
Ashworth. Robyn	M	Parau Gymysg
Groves-Burke. Andrew	D	Parau Gymysg
Groves-Burke. Natasha	M	Senglau
Howell. Katy	M	Senglau. Parau
Hughes. Matthew	D	Senglau
Leung. John	D	Senglau. Parau
Lewis. Geraint	D	Senglau. Parau
Morgan. Kelly	M	Senglau
Osborne. Gail	M	Senglau. Parau
Vaughan. Richard	D	Senglau

BEICIO

Jones. Phil	D	Rheolwr
Cosgrove. Matt	D	Hyfforddwr
Sutton. Shane	D	Hyfforddwr

Taylor. Simon	D	Hyfforddwr
Beckett. Mathew	D	184 km Ras Heol. Dynion
Esposti. Paul	D	184 km Ras Heol. Dynion
Greenwood. Clare	M	24 km Pwyntiau. 28 km IRTT.92 km Ras Heol
Hughes. Megan	M	24 km Pwyntiau.28 km IRTT. 92 km Ras Heol
Jones. Louise	M	3,000 m Erlid Unigol. 24 km Pwyntiau. 28 km IRTT. 92 km Ras Heol
Jones. Sion	D	4,000 m Erlid Unigol. 4.000 m Erlid Tîm
Malarczyk. Tony	D	184 km Ras Heol
Owen. Alun	D	1,000 m IRTT. 4,000 m Erlid Unigol. 4,000 m Erlid Tîm.20 km Sgrats
Postle. Matthew	D	42 km IRTT
Pritchard. Ceri	D	4,000 m Erlid Unigol. 42 km IRTT
Pritchard. Huw	D	4,000 m Erlid Unigol. 4,000 m Erlid Tîm. 20 km Sgrats
Rand. David	D	184 km Ras Heol
Sheppard. Paul	D	4,000 m Erlid Unigol. 4.000 m Erlid Tîm

Williams. Chris	D	184 km	Ras Heol
Winn. Julian	D	184 km	Ras Heol

BOWLIO DECBIN

Chamberlain. Laura	M	Rheolwraig
Parker. Alan	D	Hyfforddwr
Ball. Geoffrey	D	Athletwr
Fortt. Cynthia	M	Athletwraig
Outrim. Patricia	M	Athletwraig

Tîm Bowlio Lawnt Cymru 1998

BOWLIO LAWNT

Humphreys. Gareth	D	Rheolwr
Parker, M.B.E. Linda	M	Rheolwraig
Anstey. Mark	D	Pedwarawdau
Jones. Rita	M	Parau
Mansbridge. Sarah	M	Pedwarawdau
Miles. Gillian	M	Pedwarawdau
Morgan. Betty	M	Pedwarawdau
Pearce. Kathy	M	Pedwarawdau
Sutherland. Ann	M	Parau
Price. John	D	Senglau

Rees. Neil	D	Pedwarawdau
Slade. Ian	D	Pedwarawdau
Thomas. William	D	Parau
Watson. Judith	M	Senglau
Weale. Robert	D	Parau
Wilkins. David	D	Pedwarawdau

CODI PWYSAU

John. Delfrig	D	Rheolwr
Lee. Alan	D	Hyfforddwr
Roach. Simon	D	Hyfforddwr
Earwicker. Robert	D	95 kg
Goswell. Andrew	D	77kg
Hardiman. Marius	D	85 kg
Hives. Gareth	D	105 kg
Morgan. David	D	77 kg
Morgan. Tony	D	69 kg
Roberts. Jonathan	D	95 kg
Taylor. Neil	D	85 kg

GYMNASTEG

John. Sue	M	Rheolwraig
Burton. Neil	D	Hyfforddwr

Coombs. Joanne	M	Hyfforddwraig
Still. Colin	D	Hyfforddwr
Cotter. Jeanette	M	Rhythmig Menywod
Davies. Gareth	D	Artistig Dynion
Eaton. David	D	Artistig Dynion
Irwin. Gareth	D	Artistig Dynion
Lawrence. Sonia	M	Artistig Menywod
Lucitt. Natalie	M	Artistig Menywod
Macleod. Emma	M	Artistig Menywod
Maunton-Gardiner. Jennifer	M	Rhythmig Menywod
Morris. Paul	D	Artistig Dynion
Mortimer. Janine	M	Artistig Menywod
Wink. Jason	D	Artistig Dynion

HOCI DYNION

Gilbody. Martin	D	Rheolwr
Lindley. Martin	D	Is-Rheolwr
Bunyan. David	D	Hyfforddwr
Ashcroft. Chris	D	Athletwr
Carruthers. Alistair	D	Athletwr
Colclough. Tony	D	Athletwr
Edwards. Paul	D	Athletwr

Egan. Graeme	D	Athletwr
Griffiths-Jones. Owen	D	Athletwr
Grimes. Andrew	D	Athletwr
Hughes-Rowlands. Ian	D	Athletwr
Hacker. David	D	Athletwr
Jones. Zak	D	Athletwr
Lindley. Martin	D	Athletwr
Markham. Richard	D	Athletwr
Moore. Tyrone	D	Athletwr
Organ. Simon	D	Athletwr
O'Sullivan. Clive	D	Athletwr
Priday. Kevin	D	Athletwr
Williamson. Michael	D	Athletwr

HOCI MENYWOD

Edwards. Margaret	M	Rheolwraig
Lawrence. Jan	M	Hyfforddwraig
Medlow. Margaret	M	Hyfforddwraig
Bevan. Ann	M	Athletwraig
Daltry. Michelle	M	Athletwraig
Ellis. Louise	M	Athletwraig
Thomas. Michelle	M	Athletwraig

James. Emma	M	Athletwraig
Jones. Caroline	M	Athletwraig
Williams. Justine	M	Athletwraig
Williams. Lauren	M	Athletwraig

PAFFIO

Jones. Jim	D	Rheolwr
Lewis. Steve	D	Hyfforddwr
Ross. Bill	D	Hyfforddwr
Gammer. Ralph	D	Hyfforddwr
Connors. William	D	57 kg
Donaldson. Stephen	D	81 kg
Evans. Kevin	D	91 kg
Flynn. Mark	D	91+ kg
Hall. Ceri	D	60 kg
Hayde. Darren	D	51 kg
Pepperall. Sean	D	75 kg
Powell. Vince	D	63.5 kg
Short. Kevin	D	71 kg
Thomas. Karl	D	67 kg

PÊL RHWYD

Handley. Ann	M	Rheolwraig

Roper. Avril	M	Hyfforddwraig
Allen. Janet	M	Athletwraig
Battle. Ceri	M	Athletwraig
Donovan. Dawn	M	Athletwraig
Evans. Mair	M	Athletwraig
Hawkins. Clare	M	Athletwraig
Jackson. Kara	M	Athletwraig
Jones. Rhian	M	Athletwraig
Kendrick. Claire	M	Athletwraig
Phillips. Leanne	M	Athletwraig
Rees. Elizabeth	M	Athletwraig
Walker. Pam	M	Athletwraig
Weston. Helen	M	Athletwraig

RYGBI 7 OCHR

Ryan. John	D	Rheolwr
Hopkins. Kevin	D	Hyfforddwr
Cooper. Gareth	D	Chwaraewr
Gibbs. Scott	D	Chwaraewr
Howley. Robert	D	Chwaraewr
James. Dafydd	D	Chwaraewr
Ringer. Jamie	D	Chwaraewr

Robinson. Matthew	D	Chwaraewr
Thomas. Gareth	D	Chwaraewr
Warlow. Craig	D	Chwaraewr
Wyatt. Chris	D	Chwaraewr
Wyatt. Gareth	D	Chwaraewr

SAETHU

Osborne. John	D	Rheolwr
Mumford. Patricia	M	Hyfforddwraig
Davies. Gwyn	D	Hyfforddwr
George. David	D	Hyfforddwr
Grey. Paul	D	Hyfforddwr
Edwards. Dr. Richard	D	Hyfforddwr
Allen. Malcolm	D	Parau Sgît
Birkett-Evans. James	D	Parau Trap
Blake. Martyn	D	Reiffl Bôr Bach Rhydd Tri Safle. 50 m Parau. 50 m Parau Reiffl Aer
Brekke. Johanne	M	Reiffl Bôr Bach. Reiffl Sbort Tor-orwedd 50 m Parau
Brown. Fred	D	Parau 50 m Reiffl Bôr Bach Tor-orwedd
Craft. Steve	D	Parau 10 m Pistol Aer. 25 m Pistol Saethu Rhydd Canol

Craven. Richard	D	Parau 25 m Pistol Saethu Cyflym
Davies. David	D	Parau Reiffl Bôr Llawn Agored
Davies. Desmond	D	Sgît Unigol a Parau
Davies. Gwyn	D	
Davies. Robert	D	Parau Trap
Daltry. Stuart	D	Parau Reiffl Aer 10 m Parau Reiffl Bôr Bach Rhydd Tri Safle
Harris. Ian	D	Parau 10 m Pistol Aer
Hockley. Chris Reiffl Bôr Llawn	D	Parau Reiffl Bôr Llawn. Unigol
Malcolm. Julie	M	Parau Reiffl Aer 10 m Parau Reiffl bort Bôr Bach Tor-orwedd 50 m Reiffl Sbort Bôr Bach Tor-orwedd 50 m Trydydd Safle
Pengelly. Steve	D	Parau Saethu Pistol 25 m Canol a Cyflym
Wakefield. Terry	D	Parau Reiffl Bôr Bach Rhydd orwedd 50 m
Wyke. Rhian	M	Reiffl Aer

SBONCEN

Evans. Andrew	D	Rheolwr
Robertson. Chris	D	Hyfforddwr
Benjamin. Matthew	D	Senglau. Parau
Davies. Gareth	D	Parau. Parau Gymysg

Evans. David	D	Parau. Parau Gymysg
Hogan. Katrina	M	Parau.Parau Gymysg
Johnson. Sian	M	Parau.Parau Gymysg
Tippings. Greg	D	Senglau. Parau Gymysg

PENNOD NAW

MEDALAU

MEDALAU Â ENNILLWYD GAN GYMRU YN CHWARAEON Y GYMANWLAD 1930 - 1998

Au – Aur **Ar** – Arian **Ef** – Efydd **D** – Dynion **M** - Menywod

Blwyddyn	Athletwr/Athletwraig	Rhyw	Disgyblaeth	Au	Ar	Ef
Athletau						
1938	Alford. James (Jim) William.	D	1.500 m	1		
1954	Jones. Kenneth	D	200 m			1
1958	Shaw. Robert	D	400 m Dros Glwydi			1
1958	Merriman. John	D	10.000 m		1	
1962	England. David M.	D	4 x100 m Cyfnewid			1
1962	Jones. Ronald	D	4 x100 m Cyfnewid			
1962	Jones. T. Berwin	D	4 x100 m Cyfnewid			
1962	Whitehead. Neville J.	D	4 x100 m Cyfnewid			
1966	Longe. Clive	D	Decathlon		1	
1966	Davies. Lynn	D	Naid Hir	1		

Blwyddyn	Athletwr/Athletwraig	Rhyw	Disgyblaeth	Au	Ar	Ef
1970	Davies. Lynn	D	Naid Hir	1		
1974	Martin-Jones. Ruth	M	Naid Hir			1
1974	Davies. John	D	3.000 m Ffos a Pherth	1		
1974	Price. Berwyn	D	110 m Dros Glwydi	1		
1978	Price. Berwyn	D	110 m Dros Glwydi	1		
1982	Scutt. Michelle	M	400 m		1	
1982	McDermott. Kirsty	M	800 m	1		
1982	Barry. Steve	D	30 km Cerdded	1		
1986	Wade(McDermott). Kirsty	M	800 m	1		
1986	Wade(McDermott). Kirsty	M	1.500 m	1		
1986	Miles. Helen	M	4 x100 m Cyfnewid			1
1986	Morris. Sian	M	4 x100 m Cyfnewid			
1986	Short. Sally Anne	M	4 x100 m Cyfnewid			
1986	Smart. Carmen	M	4 x100 m Cyfnewid			

Blwyddyn	Athletwr/Athletwraig	Rhyw	Disgyblaeth	Au	Ar	Ef
1986	Head. Venissa	M	Taflu Disgen		1	
1986	Tooby. Angela	M	10.000 m			1
1986	Hackney. Roger	D	3.000 m Ffos a Pherth	1		
1986	Jones. Steve	D	10.000 m			1
1986	Jackson. Colin	D	110 m Dros Glwydi			
1990	Morley. Kay	M	100 m Dros Glwydi	1		
1990	Jackson. Colin	D	110 m Dros Glwydi	1		
1990	Hamer. Ian	D	5.000 m			1
1990	Edwards. Paul	D	Taflu Pwysau			1
1994	Jackson. Colin	D	110 m Dros Glwydi	1		
1994	Grey. Paul	D	110 m Dros Glwydi			1
1994	Winter. Neil	D	Naid Polyn	1		
1998	Thomas. Iwan	D	400 m	1		
1998	Malcolm. Christian	D	200 m		1	
1998	Pickering. Shaun	D	Taflu Pwysau			1
1998	Grey. Paul	D	4 x 400 m Cyfnewid			1

Blwyddyn	Athletwr/Athletwraig	Rhyw	Disgyblaeth	Au	Ar	Ef
1998	Baulch. Jamie	D	4 x 400 m Cyfnewid			
1998	Turner. Doug	D	4 x 400 m Cyfnewid			
1998	Thomas. Iwan	D	4 x 400 m Cyfnewid			
Bowlio Lawnt						
1934	Davies. Thomas. R.	D	Parau			1
1934	Weaver. Stan	D	Parau			
1978	Evans. John	D	Senglau			1
1978	Morgan. James	D	Parau			1
1978	Williams. Ray	D	Parau			
1982	Perkins. Lyn	D	Parau		1	
1982	Wilshire. Spencer	D	Parau			
1986	Evans. Linda	M	Pedwarawdau	1		
1986	Rickets. Joan	M	Pedwarawdau			
1986	Jones. Rita	M	Pedwarawdau			
1986	Parker. Linda	M	Pedwarawdau			
1986	Morgan. James	D	Pedwarawdau	1		
1986	Thomas. Hafod	D	Pedwarawdau			
1986	Thomas. William	D	Pedwarawdau			
1986	Weale. Robert	D	Pedwarawdau			

Blwyddyn	Athletwr/Athletwraig	Rhyw	Disgyblaeth	Au	Ar	Ef
1994	Jones. Rita	M	Senglau		1	
1994	Hopkins. Gloria	M	Senglau-Diffyg Gweld		1	
1994	Ackland. Janet	M	Parau			1
1994	Dainton. Ann	M	Parau			
1994	Weale. Robert	D	Parau		1	
1994	Price. John	D	Parau			
1998	Price. John	D	Senglau		1	
1998	Jones. Rita	M	Parau			1
1998	Sutherland. Ann	M	Parau			
1998	Thomas. William	D	Parau		1	
1998	Weale. Robert	D	Parau			
1998	Rees. Neal	D	Pedwarawdau			1
1998	Slade. Ian	D	Pedwarawdau			
1998	Anstey. Mark	D	Pedwarawdau			
1998	Wilkins. David	D	Pedwarawdau			
Badminton						
1998	Morgan. Kelly	M	Senglau	1		
Cleddyfaeth						
1954	Harding. Aileen	M	Ffoil			1
1958	Evans. J. John	D	Ffoil Tîm			1
1958	Maunder. Roger A.	D	Ffoil Tîm			

Blwyddyn	Athletwr/Athletwraig	Rhyw	Disgyblaeth	Au	Ar	Ef
1958	McCombe. J.	D	Ffoil Tîm			
1958	Kerslake. Malcolm V.	D	Crymgledd Tîm			1
1958	Maunder. Roger A.	D	Crymgledd Tîm			
1958	Preston. John	D	Crymgledd Tîm			
1958	Reynolds. E.O. Robert	D	Cleddyf Blaenwl			1
Codi Pwysau						
1954	Jenkins. Ronald	D	60 kg			1
1962	Owen. Ieuan W.	D	60 kg		1	
1962	Johnson. Horace A.	D	75 kg			1
1962	Arthur. Peter J	D	82.5 kg		1	
1966	Chung. Kum Weng	D	60kg	1		
1966	Owen. Ieuan W.	D	67.5 kg		1	
1966	Johnson. Horace A.	D	75 kg			1
1970	Owen. Ieuan W.	D	67.5 kg		1	
1970	Arthur. Peter	D	82.5 kg			1
1970	Perdue. Terry	D	110+ kg		1	
1974	Owen. Ieuan W.	D	67.5 kg		1	
1974	Wrench. Robert	D	75 kg			1

Blwyddyn	Athletwr/Athletwraig	Rhyw	Disgyblaeth	Au	Ar	Ef
1974	Perdue. Terry	D	110+ kg			1
1978	Bryce. Jeffrey	D	56 kg			1
1978	Burns. John	D	100 kg		1	
1982	Morgan. David	D	67.5 kg	1		
1982	Burns. John	D	110 kg	1		
1986	Williams. Raymond	D	60 kg	1		
1986	Bryce. Jeffrey	D	60 kg			1
1986	Taylor. Neil	D	75 kg			1
1986	Morgan. David	D	82.5 kg	1		
1986	Davies. Andrew	D	110 kg			1
1990	Roach. Mark	D	67.5 kg Cipiad			1
1990	Roach. Mark	D	67.5 kg Cyfanswm			1
1990	Jones. Karl	D	75 kg Cipiad		1	
1990	Morgan. David	D	82.5 kg Cipiad	1		
1990	Morgan. David	D	82.5 kg Hwb	1		
1990	Morgan. David	D	82.5 kg Cyfanswm	1		
1990	Wilson. Steve	D	110 kg Cipiad			1
1990	Arnold. Aled	D	110 kg Hwb			1
1990	Arnold. Aled	D	110 kg			1

Blwyddyn	Athletwr/Athletwraig	Rhyw	Disgyblaeth	Au	Ar	Ef
			Cyfanswm			
1990	Davies. Andrew	D	110+kg Cipiad	1		
1990	Davies. Andrew	D	110+kg Hwb	1		
1990	Davies. Andrew	D	110+kg Cyfanswm	1		
1994	Morgan. David	D	76 kg Cipiad	1		
1994	Morgan. David	D	76 kg Hwb		1	
1994	Morgan. David	D	76 kg Cyfanswm	1		
1994	Hives. Gareth	D	100 kg Cipiad			1
1994	Hives. Gareth	D	100 kg Hwb			1
1994	Hives. Gareth	D	100 kg Cyfanswm			1
1998	Morgan. Tony	D	67.5 kg Cipiad			1
1998	Morgan. David	D	77 kg Cipiad	1		
Gymnasteg						
1994	Lawrence. Sonia	M	Llofnaid		1	
Jwdo						
1990	Duston. Helen	M	48 kg		1	
1990	Griffiths. Lisa	M	52 kg			1
1990	Sutton. Moira	M	56 kg			1

Blwyddyn	Athletwr/Athletwraig	Rhyw	Disgyblaeth	Au	Ar	Ef
1990	Knowles. Philippa	M	72 kg			1
1990	Charles. James	D	60 kg			1
Nofio						
1930	Davies. E. Valerie	M	100 m llath Steil Rydd			1
1930	Davies. E. Valerie	M	100 m llath Strôc Cefn		1	
1930	Davies. E. Valerie	M	400 m llath Steil Rydd		1	
1934	Davies. E. Valerie	M	100 llath Strôc Cefn			1
1938	Greenland. Joanne	M	110 llath Strôc Cefn		1	
1950	Brockway. John	D	100 m Strôc Cefn		1	
1970	Richards. Michael J.	D	100 m Strôc Cefn		1	
1970	Woodroffe. Martyn	D	200 m Pili-pala Gymysg		1	
1970	Richards. Michael J.	D	4 x 400 m Cyfnewid Cymysg			1
1970	Johnson. Nigel R.	D	4 x 400 m Cyfnewid			

Blwyddyn	Athletwr/Athletwraig	Rhyw	Disgyblaeth	Au	Ar	Ef
			Cymysg			
1970	Woodroffe. Martyn	D	4 x 400 m Cyfnewid Cymysg			
1970	Moran. Kevin	D	4 x 400 m Cyfnewid Cymysg			
1970	Richards. Michael J.	D	200 m Strôc Cefn	1		
1974	Beavan. Pat	M	200 m Strôc Nofio Broga	1		
1986	Morgan. Robert	D	Deifio			1
1990	Morgan. Robert	D	Deifio	1		
Paffio						
1934	Pottinger. Jackie	D	Dosbarth Pryf			1
1934	Barnes. Albert	D	Dosbarth Bantam		1	
1934	Jones. J.D.	D	Dosbarth Plu		1	
1934	Taylor. Frank	D	Dosbarth Ysgafn		1	
1938	Reardon. Dennis P.	D	Dosbarth Canol	1		
1954	Collins. Malcolm	D	Dosbarth Plu		1	

Blwyddyn	Athletwr/Athletwraig	Rhyw	Disgyblaeth	Au	Ar	Ef
1958	Braithwaite. Donald	D	Dosbarth Pryf			1
1958	Winstone. Howard	D	Dosbarth Bantam	1		
1958	Collins. Malcolm	D	Dosbarth Ysgafn		1	
1958	Brown. W.G.	D	Dosbarth Canol Ysgafn			1
1958	Higgins. Robert	D	Dosbarth Go Drwm		1	
1958	Pleace. Robert	D	Dosbarth Drwm			1
1970	Davies. Dai J.	D	Dosbarth Welter Ysgafn		1	
1974	McKenzie. Errol	D	Dosbarth Welter		1	
1978	Friel. Anthony	D	Dosbarth Welter			1
Rhwyfo						
1958	Edwards. D.C.	D	Pedwarawdau Heb Llywiwr			1
1958	Page. J.L.	D	Pedwarawdau Heb Llywiwr			

Blwyddyn	Athletwr/Athletwraig	Rhyw	Disgyblaeth	Au	Ar	Ef
1958	Pritchard. D.L.	D	Pedwarawdau Heb Llywiwr			
1958	Edwards. J.H.M	D	Pedwarawdau Heb Llywiwr			
1962	Edwards. D.C.	D	Pedwarawdau Heb Llywiwr		1	
1962	Edwards. J.H.M	D	Pedwarawdau Heb Llywiwr			
1962	Luke. R.T.	D	Pedwarawdau Heb Llywiwr			
1962	Luke. J.C.	D	Pedwarawdau Heb Llywiwr			
Saethu						
1966	Swansea.Yr Arglwydd John	D	Reiffl .303	1		
1974	Lewis. Philip	D	Trap Targed Clai			1
1974	Watkins. William (Bill)	D	Reiffl Bôr Bach		1	
1982	Watkins. William (Bill)	D	Reiffl Bôr Bach Tor-orwedd			1
1982	Swansea. Yr Arglwydd John	D	Reiffl Bôr Llawn		1	

Blwyddyn	Athletwr/Athletwraig	Rhyw	Disgyblaeth	Au	Ar	Ef
1982	Harris. Colin	D	Tîm Bôr Bach Tor-orwedd		1	
1982	Watkins. William (Bill)	D	Tîm Bôr Bach Tor-orwedd			
1986	Phillips. Rowland	D	Trap			1
1986	Wakefield. Terry	D	Tîm Bôr Bach Tor-orwedd			1
1986	Harries. Colin	D	Tîm Bôr Bach Tor-orwedd			
1990	Evans. Colin	D	Parau Gwn Saethu Trench		1	
1990	Birkett-Evans. James	D	Parau Gwn Saethu Trench			
1990	Jay. Michael	D	25 m Pistol Saethu Cyflym			1
1994	Craven. Richard	D	Parau Pistol Saethu		1	

Blwyddyn	Athletwr/Athletwraig	Rhyw	Disgyblaeth	Au	Ar	Ef
			Cyflym			
1994	Jay. Michael	D	Parau Pistol Saethu Cyflym			
Sboncen						
1998	Gough. Alex	D	Senglau			1
Beicio						
1954	Skene. Donald	D	10 milltir Trac			1
1958	Skene. Donald	D	10 milltir Trac			1
1970	Hatfield. John	D	Sbrint Tandem			1
1970	Beswick. John M	D	Sbrint Tandem			
1990	Jones. Louise	M	1.000 m Sbrint	1		
1994	Hodge. Sally	M	25 km		1	

CHWARAEON CYMRU Â ENILLODD MEDALAU YN Y GÊMAU YN YR UGEINFED GANRIF

Campau	Nifer o Êmau	Aur	Arian	Efydd	Swm
Athletau	16	13	9	12	34
Bowlio Decbin	1	0	0	0	0
Bowlio Lawnt	15	2	6	6	14
Badminton	9	1	0	0	1
Beicio	14	1	1	3	5
Cleddyfaeth	6	0	0	4	4
Codi Pwysau	13	13	11	19	43
Criced	1	0	0	0	0
Gymnasteg	4	0	1	0	1
Hoci	1	0	0	0	0
Jwdo	1	0	1	4	5
Nofio	16	4	6	5	15
Paffio	16	2	11	9	22
Pêl Rhwyd	1	0	0	0	0
Rhwyfo	7	0	1	1	2
Rygbi	1	0	0	0	0
Saethu	8	2	6	5	11
Saethyddiaeth	1	0	0	0	0
Sboncen	1	0	0	1	1

Campau	Nifer o Êmau	Aur	Arian	Efydd	Swm
Ymaflyd Codwm	13	0	0	0	0

MEDALYDDION ATHLETWYR UNIGOL CYMRU YN CHWARAEON Y GYMANWLAD YN YR UGEINFED GANRIF

Atodiad 1

MEDALAU AUR David Morgan Prif Medalydd Cymru

Enw	**Chwarae**	**Nifer**
Morgan. David	Codi Pwysau	7
Davies. Andrew	Codi Pwysau	3
Wade (McDermott). Kirsty	Athletau	3
Burns. John	Codi Pwysau	2
Davies. O.B.E. Lynn	Athletau	2
Jackson. Colin	Athletau	2
Arthur. Jamie	Paffio	1
Alford. Jim	Athletau	1
Beavan. Pat	Nofio	1
Chung. Kum Weng	Codi Pwysau	1
Evans. Linda	Bowlio Lawnt (4au)	1
Jay. Michael	Saethu	1
Jones. Rita	Bowlio Lawnt (4au)	1
Jones. Louise	Beicio	1
Morgan. James	Bowlio Lawnt (4au)	1
Morgan, M.B.E. Kelly	Badminton	1
Morgan. Robert	Nofio (Deifio)	1
Morley. Kay	Athletau	1
Parker. M.B.E. Linda	Bowlio Lawnt (4au)	1
Price. Berwyn	Athletau	1

Reardon. Dennis P.	Paffio	1
Richards. Michael J.	Nofio	1
Rickets. Joan	Bowlio Lawnt (4au)	1
Swansea. Yr Arglwydd	Saethu	1
Thomas. Hafod	Bowlio Lawnt (4au)	1
Thomas. Iwan	Athletau	1
Thomas. William	Bowlio Lawnt (4au)	1
Weale. Robert	Bowlio Lawnt (4au)	1
Williams. Raymond	Codi Pwysau	1
Winstone. Howard	Paffio	1
Winter. Neil	Athletau	1

MEDALAU ARIAN

Owen. Ieuan W.	Codi Pwysau	3
Collins. Malcolm	Paffio	2
Davies. E. Valerie	Nofio	2
Morgan. David	Codi Pwysau	2
Price. John	Bowlio Lawnt	2
Watkins. Bill	Saethu	2
Weale. Robert	Bowlio Lawnt	2
Arthur. Peter J.	Codi Pwysau	1

Barnes. Albert	Paffio	1
Birkett-Evans. James	Saethu Parau	1
Brockway. John	Nofio	1
Burns. John	Codi Pwysau	1
Cave. Leanda	Treiathlon	1
Cook. Jason	Paffio	1
Craven. Richard	Saethu Parau	1
Davies. Dai	Paffio	1
Davies. John	Athletau	1
Duston. Helen	Jwdo	1
Edwards. D.C.	Rhwyfo 4awd heb Lywiwr	1
Edwards. J.H.M	Rhwyfo 4awd heb Lywiwr	1
Evans. Aneurin	Paffio	1
Evans. Colin	Saethu Parau	1
Elias. Matthew	Athletau	1
Greenland. Joanne	Nofio	1
Hackney. Roger	Athletau	1
Haddock. Neil	Paffio	1
Head. Venissa	Athletau	1
Higgins. Robert	Paffio	1
Hodge. Sally	Bcicio	1

Hopkins. Gloria	Bowlio Lawnt(Diffyg Gweld)	1
Jackson. Colin	Athletau	1
Johnson. Horace A.	Codi Pwysau	1
Jones. J.D	Paffio	1
Jones. Karl	Codi Pwysau	1
Jones. Rita	Bowlio Lawnt	1
Lawrence. Sonia	Gymnasteg	1
Longe. Clive	Athletau	1
Luke. J.C.	Rhwyfo 4awd heb Lywiwr	1
Luke. R.T.	Rhwyfo 4 awd heb Lywiwr	1
Malcolm. Christian	Athletau	1
McKenzie. Errol	Paffio	1
Merriman. John	Athletau	1
Perdue. Terry	Codi Pwysau	1
Perkins. Lyn	Bowlio Lawnt	1
Price. Berwyn	Athletau	1
Price. John	Bowlio Lawnt	2
Richards. Mike	Nofio	1
Scutt. Michelle	Athletau	1
Taylor. Frank	Paffio	1
Weale. Robert	Bowlio Lawnt	1

Wilshire. Spencer	Bowlio Lawnt	1
Woodroffe. Martyn	Nofio	1

MEDALAU EFYDD

Hives. Gareth	Codi Pwysau	3
Arnold. Aled	Codi Pwysau	2
Davies. Valerie E.	Nofio	2
Gray. Paul	Athetau	2
Johnson. Horace A.	Codi Pwysau	2
Maunder. Roger A.	Cleddyfaeth	2
Roach. Mark	Codi Pwysau	2
Skene. Donald	Beicio	2
Ackland. Janet	Bowlio Lawnt	1
Anstey. Mark	Bowlio Lawnt	1
Arthur. Peter J.	Codi Pwysau	1
Baulch. Jamie	Athletau	1
Beswick. John M.	Beicio	1
Braithwaite. Donald	Paffio	1
Brown. W.G.	Paffio	1
Bryce. Jeffery	Codi Pwysau	1
Dainton. Ann	Bowlio Lawnt	1

Davies. Andrew	Codi Pwysau	1
Davies. Thomas R.	Bowlio Lawnt	1
Edwards. D.C.	Rhwyfo	1
Edwards. J. M.	Rhwyfo	1
Edwards. Paul	Athletau	1
England. David M.	Athletau	1
Evans. John	Bowlio Lawnt	1
Evans. John J.	Cleddyfaeth	1
Freal. Anthony	Paffio	1
Gough. Alex	Sboncen	1
Griffiths. Lisa	Jwdo	1
Hamer. Ian	Athletau	1
Harding. Aileen	Cleddyfaeth	1
Harries. Colin	Saethu	1
Hatfield. John	Beicio	1
James. Charles	Jwdo	1
Jay. Michael	Saethu	1
Jenkins. Ronald	Codi Pwysau	1
Johnson. Nigel R.	Nofio	1
Jones. Berwyn	Athletau	1
Jones. Kenneth	Athletau	1

Jones. Rita	Bowlio Lawnt	1
Jones. Ronald	Athletau	1
Jones. Steve	Athetau	1
Kerslake. Malcolm	Cleddyfaeth	1
Knowles. Philippa	Jwdo	1
Lewis. Philip	Saethu	1
Martin-Jones. Ruth	Athletau	1
McCombe. J.	Cleddyfaeth	1
Miles. Helen	Athletau	1
Moran. Kevin	Nofio	1
Morgan. Anthony	Codi Pwysau	1
Morgan. James	Bowlio Lawnt	1
Morgan. Robert	Nofio (Deifio)	1
Morris. Sian	Athletau	1
Page. D.L.	Rhwyfo	1
Perdue. Terry	Codi Pwysau	1
Phillips. Rowland	Saethu	1
Pickering. Shaun	Athletau	1
Pleace. Robert	Paffio	1
Pottinger. Jackie	Paffio	1
Preston. John	Cleddyfaeth	1

Pritchard. D.L.	Rhwyfo	1
Rees. Neil	Bowlio Lawnt	1
Reynolds. E.O. Robert	Cleddyfaeth	1
Richards. Michael J.	Nofio	1
Shaw. Robert	Athletau	1
Short. Sally Anne	Athletau	1
Slade. Ian	Bowlio Lawnt	1
Smart. Carmen	Athletau	1
Sutherland. Ann	Bowlio Lawnt	1
Sutton. Moira	Jwdo	1
Taylor. Neil	Codi Pwysau	1
Thomas. Iwan	Athletau	1
Thomas. William	Bowlio Lawnt	1
Tooby. Angela	Athletau	1
Turner. Douglas	Athletau	1
Wakefield. Terry	Saethu	1
Watkins. William	Saethu	1
Weaver. Stan	Bowlio Lawnt	1
Whitehead. Neville	Athletau	1
Wilkins. David	Bowlio Lawnt	1
Williams. Ray	Bowlio Lawnt	1

Wilson. Steve	Codi Pwysau	1
Woodroffe. Martyn J.	Nofio	1
Wrench. Robert	Codi Pwysau	1

MEDAL CYNTAF CYMRU

Davies. E. Valerie   Nofio   Efydd   1930

MEDAL AUR CYNTAF I GYMRU

Reardon. Dennis   Paffio   1938

MEDAL ARIAN CYNTAF I GYMRU

Davies. E. Valerie   Nofio   1930

MEDAL EFYDD CYNTAF I GYMRU

Davies. E. Valerie   Nofio   1930

MEDALAU CYNTAF YN Y CAMPAU DROS GYMRU

Athletau	**AUR**	Alford. Jim	1938
	ARIAN	Merriman. John	1958
	EFYDD	Jones. Ken	1954
Badminton	**AUR**	Morgan. Kelly	1998
Beicio	**AUR**	Jones. Louise	1994
	ARIAN	Hodge. Sally	1994
	EFYDD	Skene. Donald	1954
Bowlio (M)	**AUR**	Evans. Linda	1986
	AUR	Jones. Rita	1986
	AUR	Parker. Linda	1986

	AUR	Rickets. Joan	1986
	ARIAN	Jones. Rita	1994
	EFYDD	Ackland. Janet	1994
Bowlio (D)	AUR	Morgan. James	1986
	AUR	Thomas. Hafod	1986
	AUR	Thomas. William	1986
	AUR	Weale. Robert	1986
	ARIAN	Perkins. Lyn	1982
	ARIAN	Wilshire. Spencer	1982
	EFYDD	Davies. Thomas R.	1934
	EFYDD	Weaver. Stan	1934
Cleddyfaeth	EFYDD	Harding. Aileen	1954
Codi Pwysau	AUR	Chung. Kum Weng	1966
	ARIAN	Owen. Ieuan	1962
	EFYDD	Jenkins. Ron	1954
Gymnasteg	ARIAN	Lawrence. Sonia	1994
Jwdo	ARIAN	Duston. Helen	1990
	EFYDD	Griffiths. Lisa	1990
Nofio	AUR	Brockway. John	1950
	ARIAN	Davies. E. Valerie	1930
	EFYDD	Davies. E. Valerie	1930

Paffio	**AUR**	Reardon. Dennis	1938
	ARIAN	Barnes. Albert	1934
	EFYDD	Pollinger. Jackie	1934
Rhwyfo	**ARIAN**	Edwards. David C.	1962
	ARIAN	Edwards. John H. M.	1962
	ARIAN	Luke. Richard T.	1962
	ARIAN	Luke. J.C.	1962
	EFYDD	Edwards. David C.	1958
	EFYDD	Edwards. John H. M	1958
	EFYDD	Page. J.L.	1958
	EFYDD	Pritchard. D.L.	1958
Saethu	**AUR**	Swansea. Yr Arglwydd John	1966
	ARIAN	Birkett-Evans. James	1990
	ARIAN	Evans. Colin	1990
	EFYDD	Lewis. Philip	1974
Sboncen	**EFYDD**	Gough. Alex	1998

Noder pan yn cyfri medalau, fod timoedd i'w cyfri fel un medal er bod yr athletwyr yn cynnwys y tîm yn derbyn medal yr un. Felly hefyd i pharau, pedwarawdau, ac ati.

GWLEDYDD Â ENILLODD MEDALAU YN Y GÊMAU

Noder fod rhai gwledydd wedi newid eu henwau neu wedi ymuno a gwledydd eraill neu wedi gadael y Gymanwlad.

Hen Enw	**Enw Presennol**
Aden	Wedi Gadael y Gymanwlad
Dominica	Wedi Gadael y Gymanwlad
Hondiwras Prydeinig	Belîs
Y Traeth Aur	Ghana
Giana Prydeinig	Giana
Maleia	Maleisia
Sarawak	Maleisia
Sabah	Maleisia
Iwerddon	Gogledd Iwerddon
Seilon	Sri Lanca
Tanganica	Tansania
Gogledd Rhodesia	Sambia
De Rhodesia	Simbabwe
Tir Newydd	Canada

1930		Aur	Arian	Efydd	Swm
1	Lloegr	25	23	13	61
2	Canada	20	15	19	54
3	De Affrica	6	4	7	17
4	Seland Newydd	3	4	2	9
5	Awstralia	3	4	1	8
6	Yr Alban	2	3	5	10
7	*Cymru*	*0*	*2*	*1*	*3*
8	Giana Prydeinig	0	1	1	2
9	Gogledd Iwerddon	0	1	0	1

1934		Aur	Arian	Efydd	Swm
1	Lloegr	29	20	24	73
2	Canada	17	25	9	51
3	Awstralia	8	4	2	14
4	De Affrica	7	10	5	22
5	Yr Alban	5	4	17	26
6	Seland Newydd	1	0	2	3
7	Giana Prydeinig	1	0	0	1
8	*Cymru*	*0*	*3*	*3*	*6*
9	Gogledd Iwerddon	0	1	2	3

10	Jamaica	0	1	1	2
11	De Rhodesia	0	0	2	2
12	India	0	0	1	1

1938		**Aur**	**Arian**	**Efydd**	**Swm**
1	Awstralia	24	19	22	65
2	Lloegr	15	14	10	39
3	Canada	13	16	15	44
4	De Affrica	10	10	6	26
5	Seland Newydd	5	7	12	24
6	*Cymru*	*2*	*2*	*0*	*4*
7	Seilon	1	0	0	1
8	Yr Alban	0	2	3	5
9	Rhodesia	0	0	2	2
10	Giana Prydeinig	0	1	0	1

1950		**Aur**	**Arian**	**Efydd**	**Swm**
1	Awstralia	34	27	19	80
2	Lloegr	19	16	13	48
3	Seland Newydd	10	22	21	53

4	Canada	8	9	14	31
5	De Affrica	8	4	7	19
6	Yr Alban	5	2	3	10
7	Maleisia	2	1	1	4
8	Ffiji	1	2	2	5
9	Seilion	1	2	1	4
10	Nigeria	0	1	0	1
10	Rhodesia	0	1	0	1
12	***Cymru***	*0*	*1*	*0*	*1*

1954		**Aur**	**Arian**	**Efydd**	**Swm**
1	Lloegr	23	24	20	67
2	Awstralia	20	11	17	48
3	De Affrica	16	7	12	35
4	Canada	9	20	14	43
5	Seland Newydd	7	6	6	19
6	Yr Alban	6	2	5	13
7	Trinidad a Thobago	2	2	0	4
8	De Rhodesia	2	1	0	3
9	Gogledd Iwerddon	2	1	0	3
10	Gogledd Rhodesia	1	5	4	10
11	Nigeria	1	3	3	7

12	Pacistan	1	3	2	6
13	*Cymru*	*1*	*1*	*5*	*7*
14	Jamaica	1	0	0	1
15	Hong Kong	0	1	0	1
16	Uganda	0	1	0	1
17	Barbados	0	1	0	1
18	Giana Prydeinig	0	0	0	1

1958		**Aur**	**Arian**	**Efydd**	**Swm**
1	Lloegr	29	22	29	80
2	Awstralia	27	2	17	66
3	De Affrica	13	10	8	31
4	Yr Alban	5	5	3	13
5	Seland Newydd	4	6	9	19
6	Jamaica	4	2	1	7
7	Pacistan	3	5	2	10
8	India	2	1	0	3
9	Singapôr	2	0	0	2
10	Canada	1	10	16	27
11	*Cymru*	*1*	*3*	*7*	*11*
12	Gogledd Iwerddon	1	1	3	5

13	Bahamas	1	1	0	2
13	Barbados	1	1	0	2
15	Maleia	0	2	0	2
16	Nigeria	0	1	1	2
17	Giana Prydeinig	0	1	0	1
17	Uganda	0	1	0	1
19	De Rhodesia	0	0	3	3
20	Cenia	0	0	2	2
21	Ghana	0	0	1	1
21	Trinidad a Thobago	0	0	1	1
21	Ynys Manaw	0	0	1	1

1962		**Aur**	**Arian**	**Efydd**	**Swm**
1	Awstralia	38	36	31	105
2	Lloegr	29	22	27	78
3	Seland Newydd	10	12	10	32
4	Pacistan	8	1	0	9
5	Canada	4	12	15	31
6	Yr Alban	4	7	3	14
7	Ghana	3	5	1	9
8	Jamaica	3	1	1	5

9	Cenia	2	2	1	5
10	Singapôr	2	0	0	2
11	Uganda	1	1	4	6
12	Rhodesia	0	2	5	7
13	*Cymru*	*0*	*2*	*4*	*6*
14	Bahamas	0	1	0	1
15	Ffiji	0	0	2	2
15	Trinidad a Thobago	0	0	2	2
17	Barbados	0	0	1	1
17	Giana Prydeinig	0	0	1	1
17	Gogledd Iwerddon	0	0	1	1
17	Jersey	0	0	1	1
17	Maleisia	0	0	1	1
17	Papwa Gini Newydd	0	0	1	1

1966		**Aur**	**Arian**	**Efydd**	**Swm**
1	Lloegr	33	24	23	80
2	Awstralia	23	28	22	73
3	Canada	14	20	23	57
4	Seland Newydd	8	5	13	26
5	Ghana	5	2	2	9

5	Trinidad a Thobago	5	2	2	9
7	Pacistan	4	1	4	9
8	Cenia	4	1	3	8
9	India	3	4	3	10
9	Nigeria	3	4	3	10
11	*Cymru*	*3*	*2*	*2*	*7*
12	Maleisia	2	2	1	5
13	Yr Alban	1	4	4	9
14	Gogledd Iwerddon	1	3	3	7
15	Ynys Manaw	1	0	0	1
16	Jamaica	0	4	8	12
17	Bahamas	0	1	0	1
17	Bermiwda	0	1	0	1
17	Giana	0	1	0	1
17	Papwa Gini Newydd	0	1	0	1
21	Uganda	0	0	3	3
22	Barbados	0	0	1	1

1970		Aur	Arian	Efydd	Swm
1	Awstralia	36	24	22	82
2	Lloegr	27	25	32	84
3	Canada	18	24	24	66
4	Yr Alban	6	8	11	25
5	Cenia	5	3	6	14
6	India	5	3	4	12
7	Pacistan	4	3	3	10
8	Jamaica	4	2	1	7
9	Uganda	3	3	1	7
10	Gogledd Iwerddon	3	1	5	9
11	*Cymru*	*2*	*6*	*4*	*12*
12	Seland Newydd	2	6	6	14
13	Ghana	2	3	2	7
14	Nigeria	2	0	0	2
15	Maleisia	1	1	1	3
16	Hong Kong	1	0	0	1
17	Trinidad a Thobago	0	4	3	7
18	Sambia	0	2	4	4
19	Singapôr	0	1	1	2
20	Barbados	0	1	0	1

20	Tansania	0	1	0	1
22	Ffiji	0	0	1	1
22	Gambia	0	0	1	1
22	Giana	0	0	1	1
22	Malawi	0	0	1	1
22	San Finsent	0	0	1	1
22	Ynys Manaw	0	0	1	1

1974		**Aur**	**Arian**	**Efydd**	**Swm**
1	Awstralia	29	29	25	83
2	Lloegr	28	31	22	81
3	Canada	25	18	18	61
4	Seland Newydd	9	8	18	35
5	Cenia	7	2	9	18
6	India	4	8	3	15
7	Yr Alban	3	5	10	18
8	Nigeria	3	3	4	10
9	Gogledd Iwerddon	3	1	2	6
10	Uganda	2	4	3	9
11	Jamaica	2	1	0	3
12	*Cymru*	*1*	*5*	*4*	*10*

13	Ghana	1	3	5	9
14	Sambia	1	1	1	3
15	Maleisia	1	0	3	4
16	Tansania	1	0	1	2
17	San Finsent	1	0	0	1
18	Gorllewin Samoa	0	1	1	2
18	Trinidad a Thobago	0	1	1	2
20	Leswtw	0	0	1	1
20	Singapôr	0	0	1	1
20	Gwlad Swasi	0	0	1	1

1978		**Aur**	**Arian**	**Efydd**	**Swm**
1	Canada	45	31	33	109
2	Lloegr	27	29	31	87
3	Awstralia	24	33	27	84
4	Cenia	7	6	5	18
5	Seland Newydd	5	5	10	20
6	India	5	4	6	15
7	Yr Alban	3	6	5	14
8	Jamaica	2	2	3	7
9	*Cymru*	*2*	*1*	*5*	*8*

10	Gogledd Iwerddon	2	1	2	5
11	Hong Kong	2	0	0	2
12	Maleisia	1	2	1	4
13	Ghana	1	1	1	3
13	Giana	1	1	1	3
15	Tansania	1	1	0	2
16	Sambia	0	2	2	4
16	Trinidad a Thobago	0	2	2	4
18	Papwa Gini Newydd	0	1	0	1
19	Gorllewin Samoa	0	0	3	3
20	Ynys Manaw	0	0	1	1

1982		**Aur**	**Arian**	**Efydd**	**Swm**
1	Awstralia	39	39	29	107
2	Lloegr	38	38	32	108
3	Canada	26	23	33	82
4	Yr Alban	8	6	12	26
5	Seland Newydd	5	8	13	26
6	India	5	8	3	16
7	Nigeria	5	0	8	13

8	*Cymru*	*4*	*4*	*1*	*9*
9	Cenia	4	2	4	10
10	Bahamas	2	2	2	6
11	Jamaica	2	1	1	4
12	Tansania	1	2	2	5
13	Maleisia	1	0	1	2
14	Ffiji	1	0	0	1
14	Hong Kong	1	0	0	1
14	Simbabwe	1	0	0	1
17	Gogledd Iwerddon	0	3	3	6
18	Uganda	0	3	0	3
19	Sambia	0	1	5	6
20	Guernsey	0	1	1	2
21	Bermiwda	0	0	1	1
21	Singapôr	0	0	1	1
21	Gwlad Swasi	0	0	1	1

1986		**Aur**	**Arian**	**Efydd**	**Swm**
1	Lloegr	52	42	49	143
2	Canada	51	34	30	115
3	Awstralia	40	46	33	119

4	Seland Newydd	8	16	14	38
5	*Cymru*	*6*	*5*	*12*	*23*
6	Yr Alban	3	12	18	33
7	Gogledd Iwerddon	2	4	9	15
8	Ynys Manaw	1	0	0	1
9	Guernsey	0	2	0	2
10	Swasiland	0	1	0	1
11	Hong Kong	0	0	2	2
11	Malawi	0	0	2	2
13	Botswana	0	0	1	1
13	Jersey	0	0	1	1
13	Singapôr	0	0	1	1

1990		**Aur**	**Arian**	**Efydd**	**Swm**
1	Awstralia	52	54	56	162
2	Lloegr	47	40	42	129
3	Canada	35	41	37	113
4	Seland Newydd	17	14	27	58
5	India	13	8	11	32
6	*Cymru*	*10*	*3*	*12*	*25*
7	Cenia	6	9	3	18

8	Nigeria	5	13	7	25
9	Yr Alban	5	7	10	22
10	Maleisia	2	2	0	4
11	Jamaica	2	0	2	4
12	Uganda	2	0	2	4
13	Gogledd Iwerddon	1	3	5	9
14	Nawrw	1	2	0	3
15	Hong Kong	1	1	3	5
16	Cyprus	1	1	0	2
17	Bangladesh	1	0	1	2
18	Jersey	1	0	1	2
19	Bermiwda	1	0	0	1
20	Papwa Gini Newydd	1	0	0	1
20	Guernsey	1	0	0	1
22	Simbabwe	0	2	1	3
23	Ghana	0	2	0	2
24	Tansania	0	1	2	3
25	Sambia	0	0	3	3
26	Bahamas	0	0	2	2
26	Gorllewin Samoa	0	0	2	2

28	Giana	0	0	1	1
28	Malta	0	0	1	1

1994		**Aur**	**Arian**	**Efydd**	**Swm**
1	Awstralia	88	34	43	184
2	Canada	41	43	49	133
3	Lloegr	31	45	51	127
4	Nigeria	11	13	13	37
5	Cenia	7	4	8	19
6	India	6	12	7	25
7	Yr Alban	6	3	11	20
8	Seland Newydd	5	16	21	42
9	*Cymru*	*5*	*8*	*6*	*19*
10	Gogledd Iwerddon	5	2	3	10
11	Nawrw	3	0	0	3
12	De Affrica	2	4	5	11
13	Jamaica	2	4	2	8
14	Maleisia	2	3	2	7
15	Cyprus	2	1	2	5
16	Sri Lanca	1	2	0	3

17	Sambia	1	1	2	4
18	Namibia	1	0	1	2
19	Simbabwe	0	3	3	6
20	Papwa Gini Newydd	0	1	0	1
20	Samoa	0	1	0	1
22	Hong Kong	0	0	4	4
23	Pacistan	0	0	3	3
24	Ghana	0	0	2	2
24	Trinidad a Thobago	0	0	2	2
24	Uganda	0	0	2	2
27	Bermiwda	0	0	1	1
27	Botswana	0	0	1	1
27	Guernsey	0	0	1	1
27	Seychelles	0	0	1	1
27	Tansania	0	0	1	1
27	Tonga	0	0	1	1
27	Ynys Norfolc	0	0	1	1

1998		**Aur**	**Arian**	**Efydd**	**Swm**
1	Awstralia	82	61	57	200
2	Lloegr	36	47	52	135
3	Canada	30	31	40	101
4	Maleisia	10	14	12	36
5	De Affrica	9	11	14	34
6	Seland Newydd	8	6	20	34
7	India	7	10	8	25
8	Cenia	7	5	4	16
9	Jamaica	4	2	0	6
10	*Cymru*	*3*	*4*	*8*	*15*
11	Yr Alban	3	2	7	12
12	Nawrw	3	0	0	3
13	Gogledd Iwerddon	2	1	1	4
14	Simbabwe	2	0	3	5
15	Ghana	1	1	3	5
16	Mauritius	1	1	2	4
17	Cyprus	1	1	1	3
17	Tansania	1	1	1	3
17	Trinidad a Thobago	1	1	1	3
20	Bahamas	1	1	0	2

20	Mosambîc	1	1	0	2
22	Barbados	1	0	2	3
23	Leswtw	1	0	0	1
24	Camerŵn	0	3	3	6
25	Namibia	0	2	1	3
26	Seychelles	0	2	0	2
27	Sri Lanca	0	1	1	2
28	Bermiwda	0	1	0	1
28	Ffiji	0	1	0	1
28	Pacistan	0	1	0	1
28	Ynys Manaw	0	1	0	1
32	Papwa Gini Newydd	0	0	1	1
32	Sambia	0	0	1	1
32	Uganda	0	0	1	1

Dilyniant Cymru yn Tabl Safleoedd Gwledydd yn y Chwaraeon a Nifer o Fedalau

Blwyddyn	Safle	Aur	Arian	Efydd	Swm
1930	7	0	2	1	3
1934	8	0	3	3	6
1938	6	2	2	0	4
1950	12	0	1	0	1
1954	13	1	1	5	7
1958	11	1	3	7	11
1962	13	0	2	4	6
1966	11	3	2	2	7
1970	11	2	6	4	12
1974	12	1	5	4	10
1978	9	2	1	5	8
1982	8	4	4	1	9
1986	5	6	5	12	23
1990	6	10	3	12	25
1994	9	5	8	6	19
1998	10	3	4	8	15

(Atodiad 3)

Nifer Medalau Cymru Yn Yr Ugeinfed Ganrif

Medalau Aur	40
Medalau Arian	52
Medalau Efydd	74
Cyfanswm	**166**

(Atodiad 1)

PENNOD DEG

Y GÊMAU YNG NGHAERDYDD 1958

Wedi'r Gêmau yn Sydney yn 1938 cafodd y syniad o ddod â'r Gêmau i Gymru ei grybwyll gan Syr Robert Wheeler ond daeth yr ail ryfel byd i ymyryd â'r freuddwyd. Y canlyniad oedd i Gymru gael gwahoddiad i gynnal rhain yn 1958. Mewn cyfarfod yn ystod y Gêmau Olympaidd yn Helsinki yn 1952 rhoddwyd caniatâd ffurfiol i'r Gêmau gael eu cynnal yng Nghymru yn 1958. Felly roedd gan Gymru chwe blynedd i baratoi. Roedd hyn tipyn yn fwy na'r saith mis gafodd Hamilton i baratoi am y Gêmau cyntaf.

Cafodd Syr Godfrey Llewellyn y fraint a'r anrhydedd o gadeirio threfniant y Gêmau. Ffurfiwyd rhyw 30 o bwyllgorau bychain a rhain â chynrychiolydd ar y Pwyllgor Gwaith.

Chweched Gêmau Yr Ymerodraeth Prydeinig A'r Gymanwlad

SWYDDOGION

Traherne. T.D., Y.H. Uwchgapten Cennydd G.

Arglwydd Raglaw Morganwg	Llywydd
Aberdâr. Yr Arglwydd	Dirprwy Llywydd
Morgan. Y.H. Yr Anrh. Henadur J.H.	Gadeirydd
Ferrier. Henadur G.Ll. Gadeirydd	Anrh. Dirprwy

Llewellyn, C.B., C.B.E., MC., T.D., Y.H., D.L.

Syr Godfrey	Cadeirydd
Jenour, T.D., Y.H. Syr A. Meynard C. Gadeirydd	Dirprwy
Newham, O.B.E. Charles E.	Cyfarwyddwr Trefnu

Y PWYLLGOR TREFNU

CADEIRYDDION	**PWYLLGOR**
Alexander, T.D., MA. Duncan	Pentre'r Gemau
Bailey, O.B.E., D.F.C., Grŵp-Gapten	Cyllid
Berry. Yr Anrh. Anthony	Gwasg a Cyhoeddusrwydd
Bradburn. R.F.	Cyfathbriadau
Crouch, D.L. Cyrnol L. Roy	Medalau
Duncan, T.D., D.L. Cyrnol D.A.	Llyfr Swfenîr
Groves. Cynghorwr W.	Pwll Nofio
Harding. Yr Anrh. Barnwr Rowe	Rygbi
Harris. K. M.	Tocynnau
Howell. Cyril M.	Technogel
Hurford, M.B.E., T.D.,Y.H., D.L., A.D.C. Brigadydd E.C.	Seremonial

Ingledew, B.C.L., B.A., O.St.J. Kenneth H.	Cyfreithiol
Jenkins, O.B.E., T.D., K.St.J., D.L. Dr J. Powell	Meddygol
Llewellyn, C.B., C.B.E., M.C., T.D., Y.H., D.L. Syr Godfrey	Apêl
Owen. Uwch Gapten T.D. D. Glyn	Llundain
Rhys. Grŵp- Gapten R.O.	Gweithwyr a Staff
Smith, C.B.E. W.H.	Derebyniadau a Adloniant
Swift, O.B.E., M.Inst.T. H.H.	Cludiant
Thomas. Prif Gwnstabl W.F.	Trafnidiaeth
Thorpe. Is-Gyrnol V.F.A.	Cyfatebiaethau/Consesiwnau
Vile, M.B.E., Y.H. Uwch-Gapten T.H.	Prif Stadiwm
Wheeler, C.B.E. C. Robert	Llyn Padarn
Williams, O.B.E., Y.H., D.L. Henadur D.T.	Lletty Ymwelwyr
Wynne-Jones, O.B.E., Y.H. G.V.	Cefnogaeth Cenedlaethol

Brooke. Y.H., A.C.A. N.R.R.

John. Richard

Oaten. J.

Oldfield-Davies, C.B.E., M.A. A.B.

Pode. Y.H., A.C.A., F.C.I.S. E. Julian

Paton. J. Roy

Prater. B.A. Edward(Ted) H.

Richards, B.COM. T. Wyndham

Tapper-Jones, Ll.B. S.

Thomas. Howard

Llewellyn. Ward

Webber, Y.H., D.L. Syr Robert

Ar y cyfan roedd rhyw 140 o bwyllgorau â phob un â thasg arbennig. Rhain yn syrthio mewn i batrwm arbennig ac yn bwydo'r Pwyllgor Gwaith. Roeddwn yn aelod o'r Pwyllgor Technegol Codi Pwysau dan cadeiryddiaeh Emlyn Jenkins. Prif Athro o Bontypŵl. Roedd y pwyllgorau yma yn cwrdd unwaith y mis ac felly roedd y Cadeirydd yn gyfamserol â cyflwr y trefnuadau.

Yn ogystal â rhain lledodd diddordeb yn y Gêmau ar draws Cymru a sefydlwyd bwyllgorau bychain i gasglu arian dros ledled y wlad ac mae engraifft o hyn yw weld yn y daflen a ddosbarthwyd o ardal Cross Hands, Sir Gaerfyrddin –

VIth BRITISH EMPIRE AND COMMONWEALTH GAMES

WALES - 1958

MABOLGAMPAU'R GYMANWLAD BRYDEINIG

Dear Sir or Madam,

The Year 1958 will focus the attention of the British Empire and Commonwealth, and indeed the World, on our little Country—WALES, for between July 18th and 26th, 1958, the VIth British Empire and Commonwealth Games will be staged in our Capital City—Cardiff.

We feel certain that every Welsh man and woman will wish to uphold the standard of hospitality and sportsmanship which is part of our tradition.

It was to this end that a Public Meeting was convened at Cross Hands recently, when it was unanimously decided, by a well attended meeting, to form a Committee to be called " The Cross Hands and District Appeals Committee."

It is therefore with the greatest confidence that we make this appeal for donations, as the cost of staging the Games is estimated to be at least £350,000. This amount is so great and our resources as a small country so little that the success of the venture will depend upon the goodwill and generosity of all of us throughout the country.

Wales is not likely to see the Games for another 80 years. Let us therefore make certain that the 1958 Games will be the most memorable in its history.

All contributions, great or small, will be gratefully appreciated, and you are kindly asked to return the attached envelope containing your donation to the Headmaster of your local school, who has readily agreed to act as local Treasurer.

Who knows ? Events such as these, where the Youth of more than 24 Countries will be meeting in friendly competition, may do more than anything else towards the advancement of World Peace.

Give generously so that Mynydd Mawr will have contributed its share in ensuring the success of the Games in Wales.

We are,

Yours sincerely,

W. DAVIES (Chairman), Cross Hands.
T. JOHNS (Treasurer), Lloyds Bank, Tumble.
T. H. RICHARDS (Hon. Secretary), Cross Hands.
D. A. STEPHENS, Headmaster, C.P. School, Cross Hands
T. M. JONES, ,, ,, Gorslas
GWYNNE D. EVANS, ,, ,, Nantygroes.
T. D. JONES, ,, ,, Penygroes.
D. J. MORRIS, ,, ,, Llechyfedach.
B. F. THOMAS, ,, ,, Drefach.
A. G. JONES, ,, ,, Cefneithin.
D. P. JONES, ,, ,, Tumble
DELME THOMAS, ,, ,, Llannon.
GWILYM WALTERS, ,, ,, Cwmgwili.
W. HARRIES, ,, ,, Maesybont.

Roedd canlyniadau'r holl weithgareddau yn llwyddiant mawr. Rwy'n cofio y cynnwrf a'r disgwyl wedi i mi gyrraedd gorsaf trenau Abertawe wrth wisgo blaser goch newydd sbon y tîm, a chwrdd â Iorrie Evans a John Heywood, Codwyr Pwysau, a Geoff Bailey, Ymgodymwr, ar ein ffordd i Gaerdydd i ymuno â thîm Cymru, ym Mhwll Nofio yr Ymerodraeth Brydeinig yng Nghaerdydd.

<u>Chwith i'r dde</u>: IorrieEvans, John Heywood, Myrddin John, Geoff Bailey

Diddorol oedd cael y wybodaeth isod gan Wynne Oliver o Lanelli. Roedd saith myfyriwr ysgol yn cynrychioli Cymru yn y Gêmau. Enwau'r saith oedd:

Dynion

John Davies	Taflu Pwysau
J.C. Jones	220 llath
J. Wynne Oliver	220 llath
John Williams	880 llath

Menywod

Bonny F. Jones	100 llath
Carol M Thomas	80 llath Dros Glwydi
Daphne H. Williams	220 llath

Roedd cael eu dewis i gystadlu yn y Gêmau yn anrhydedd ond i gael eu dewis pan yn blant ysgol yn achlysur bythgofiadwy. Gwersyll y timau oedd Gwersyll y Llu Awyr yn Sain Tathan. Cawsom ein lletya mewn cabanau hir â pharedau bach yn eu rhannu i wneud ystafelloedd bach â ond digon o le i dri neu bedwar gwely sengl.

Cawsom ein bwyd yn y gwersyll. Wedi newydd ddod allan o'r Rhyfel Byd â'i ddogni ar bobeth, yn enwedig ar fwyd, roedd gweld cymaint o fwyd yn syndod mawr i ni. Nid yn unig roedd digonedd o fwyd ar gael ond roedd mor flasus hefyd, a chofiaf yn glir Y Dug Caeredin yn bwyta ar yr un bwrdd a ni. Yn ogystal, o amgylch y lletyoedd cysgu roedd llawer o stondinau yn dosbarthu byrbrydau a diod ysgafn yn ddi-dâl.

Oherwydd pellter y Gwersyll o Gaerdydd (rhyw bymtheg milltir) trefnwyd cludiant gwennol drwy'r dydd â rheol llym fod pawb yn gorfod eistedd ar y bysiau â neb yn sefyll. Un diwrnod pan yn dychwelyd o Gaerdydd i'r gwersyll sylweddolodd Wynne Oliver fod dim sedd iddo ar y bws. Er ei fod yn athletwr arbennig, un byr o faint oedd Wynne. Wrth iddo wneud ei ffordd allan o'r bws er mwyn dal y bws nesaf, fe gydiodd ymgodymwr mawr o Awstralia yn Wynne a'i osod yng ngarffed Dawn Fraser y nofwraig byd enwog, ac yno bu Wynne yn eistedd yn gyfforddus, nes cyrraedd Sain Tathan, ac wedi felly â chydymffurfio â'r rheol.

Mae Wynne Oliver a minnau'n cofio y gwahaniaeth rhwng y rhwysg o'r Seremoni Agoriadol a'r Seremoni Anffurfiol ar ddiwedd y Gêmau. Yn y Seremoni i gloi y Gêmau darllenwyd y neges wrth y Frenhiness yn dweud byddai Y Tywysog Siarl yn cael ei wneud yn Dywysog Cymru yng Nghaernarfon yn y dyfodol.

Trist iawn oedd gweld y gweithwyr â'u peiriannau'n dechrau torri'r trac i fynny cyn bod yr athletwyr wedi gorffen mynd allan o'r stadiwm, er mwyn paratoi y Trac Rhedeg milgwn.

Trefnwyd Dawns i ffarwelio'r timau ym mhafiliwn Gerddi Sophia, ac yn ystod y noswaith roedd dawns arbennig i ddewis y dyn byrraf a'r fenyw dala oedd yn dawnsio â'u gilydd, ac hefyd y dyn talaf gyda'r fenyw byrraf. Y pâr a dewisiwyd yn fuddugol oedd Wynne Oliver a Marie M Dupree. Taflwr y Ddisgen i fenywod o Ganada. Y pâr arall oedd Daphne Williams a Stephanus J. Du Plessis o De Affrica. enillydd y fedal aur Taflu'r Ddisgen Dynion.

Penododd y Pwyllgor Gwaith, Cyfarwyddwr Trefnuadau talentog, Charles Newham, i fod yn ben ar y Pencadlys i redeg y trefnuadau yn ddyddiol, ac yn atebol i'r Cadeirydd ar sut oedd y trefnuadau yn datblgu.

Mae hanes yn dangos fod Charles Newham wedi gwneud ei waith yn arbennig o dda ac rwyn methu darganfod un achlysur pan gellir dweud bod unrhyw drefniadau yn wallus neu hyd yn oed yn gyffredinol.

Yn ogystal â hyn roedd y Gêmau yn llwyddiant yn y perfformiadau gan yr cystadleuwyr. Yr oedd y safon yn wefreiddiol a 10 record byd yn cael eu torri yn ogystal â nifer helaeth o recordiau Gymanwlad. Enillodd Cymru 11 medal – un aur, tri arian a saith efydd.

Tabl y medalau ennillwyd gan Gymru hyd yn hyn oedd:

1930	3
1934	6
1938	3
1950	1
1954	7
1958	11

Ar ddiwedd y Gêmau rhoddodd y Pwyllgor Trefnu £33.677 i Gyngor Chwaraeon Yr Ymerodraeth Brydeinig a'r Gymanwlad Dros Gymru. Pwrpas yr arian yma oedd i wneud yn siwr fod Cymru yn medru fforddio cynnal ei cyfrifoldebau, fel aelod cyflawn o'r Ffederasiwn ac i anfon timau o Gymru i Chwaraeon y Gymanwlad yn y dyfodol. Buddsoddwyd yr arian mewn cronfa ymddiriedolaeth. Allan o'r llog pob blwyddyn byddau'r Cyngor yn cael ychydig o arian er mwyn helpu i dalu mân dreuliadau y Cyngor a fyddai'r gweddill yn cael ei ychwanegu at y Gronfa Ymddiriedolaeth. Dros y blynyddoedd mae hwn wedi tyfu'n swm eithaf sylweddol. Mae'n ddyletswydd pwysig felly ar aelodau'r Cyngor drwy ei oes, i fod yn wyliadwrus. ac yn ofalus a doeth pan yn edrych ar ôl y cyfalaf yma er mwyn sicrhau safle ac annibynniaeth y Cyngor yn y dyfodol, i'r sawl bydd yn dilyn. Da sylwi bod y Cyngor hyd hyn wedi dal at gofynion rhain a fod swm sylweddol wedi crynhoi ac ar gael i unrhyw Gyngor mewn taro yn y dyfodol.

Ysgrifennodd Y Dug Caeredin:

From every point of view the VI British Empire and Commonwealth Games at Cardiff were immensely successful, in numbers of competitors, in Standards of achievement, and, most important,. in the friendly comradeship which existed throughout the Games.

All this was matched by a wonderful piece of detailed organisation by the local committee.

All who were fortunate enough to see something of the games witnessed many remarkable performances and sportsmanship at its best, and all of us have taken away our own impressions of this memorable Commonwealth occasion.

Phillip

Yr oedd Ffederasiwn y Chwaraeon hefyd yn ganmolaethus am lwyddiant y Gêmau a ysgrifennodd Syr Arthur Porritt:

The triumph of Wales and Cardiff in staging the Sixth British Empire and Commonwealth Games is now history – and history that will ring down the years to come. The smallest country yet to accept, the onerous responsiobility of acting as host. Wales produced what, in retrospect, can only be called a masterpiece. Superb organisation, both administrative and technical, a standard of competiotion and sporting results comparing with the best in the world and, most important of all, a spirit of friendship and understanding engendoured automatically by the traditional and spontaneous Welsh enthusiasm and warmth of hospitality – all combined to ensure an outstanding success.

Wales should be justly proud of this achievement. We of the British Empire and Commonwealth Games Federation can only express for ourselves and on behalf of all our daughter Associations a deep and genuine gratitude for and appreciation of an unique occasion – an occasion which so amply fulfilled the highest ideals of the Empire Games movement.

Arthur Porritt

Chairman

British Empire and Commonwealth Games Federation

November 1958

CAIS AM GÊMAU'R GYMANWLAD YN 1994

Roedd India, Canada, Cenia, Gorllewin Iwerddon, Barbados a Chymru wedi dangos diddordeb i geisio am drefnu y Gêmau yn 1994. Yn 1983 wedi llawer o drafod cytunodd pwyllgor trefnu Cyngor Chwaraeon Y Gymanwlad Dros Gymru i gynnig yn swyddogol am rhain.

Bu agwedd y Cyngor yng Nghymru yn siomedig ac yn ddigalonus a bu'n rhaid i mi godi'r pwnc mewn llawer pwyllgor rhwng 1979 a Gorffennaf 1981, nes or diwedd rhoddwyd caniatâd i mi a'r llywydd, Cyril Howell, gwrdd â Chyngor Abertawe er mwyn cael ei cefnogaeth i rhoi Abertawe ymlaen fel dinas i gynnal y Gêmau yn 1990. Gwrthododd Abertawe.

Yna ymdrechais llawer gwaith er mwyn cynnig am 1994. Y tro yma llwyddais unwaith eto. Nid oedd gan Abertawe ddiddordeb ond bu Dinas Caerdydd yn awyddus i rhoi cynnig.

Ar 14 Mehefin 1984 dewiswyd y Pwyllgor Ymchwiliadol canlynol i drefnu'r cais:

Cadeirydd	Syr Cennydd Traherne
Is-Gadeirydd	Yr Arglwydd J.Brooks
Cyfarwyddwr Trefnu	Myrddin John
3 cynghorwr o Gyngor Caerdydd a De Morgannwg	
Cyngor Chwaraeon Cymru	Lin Tatham
Cyngor Chwaraeon Y Gymanwlad	Tommy Rees
	Averil Williams
	Fred Howell
	Basil George
	John Jones-Pritchard
	Rita Keitch

Am rhyw rheswm newidiodd Cyngor Dinas a Cyngor De Morgannwg yr Is-Gadeirydd a penodi Cynghorwr Ron Watkiss yn lle Yr Arglwydd Brooks. heb gysylltu ag unrhyw un arall . Hefyd. dyma'r Pwyllgor Llywio hyn yn cynyddu drwy gynnwys yn ychwanegol,- Cyng. Jeff Sainsbury. Cyng. John Reynolds. Cyng. T.H. Davies. Cyng. Jenny Randerson. Cyng. P.H. Bowen. Cyng. G. M Brinks. Cyng. D.J. Selignan. W.Emrys Evans. Prys Edwards. Geoff Rich a Paul Loveluck. Penodwyd Peter Gill a'i gwmni i lunio'r cais ac hefyd Brian Hoey i gyfarwyddo cyflwyniadau'r cais.

Trefnwyd arddangosfeydd yn Nairobi, Noumea, Rhufain, Seoul, Caeredin a Llundain. Rhaid rhoi gwerthfawrogiad yma i'r Arglwydd Jack Brooks am ei gyfraniadau tu ôl i'r llenni a thrwy ei gysylltiadau byd-eang, yn enwedig yn Nairobi lle gawsom croeso arbennig gan Mr a Mrs Clive Pulman. Cymro oedd Clive Pulman ac yn Gyfarwyddwr Reoli ar y papur newyddion y Standard. Cawsom gyhoeddisrwydd helaeth yn ddyddiol yn y papur hwn.

Er i mi gynghori ac erfyn ar y Cyng. Ron Watkiss bod hi'n rhaid talu ymweliad ar bob gwlad yn unigol â oedd â phleidlais, gwrthodwyd y cyngor yma. Roeddwn o'r farn fod hwn yn gamsyniad mawr iawn, oherwydd er mor ganmoladwy oedd cwrdd â'r gwledydd hwnt ag yma ar rhyw achlysur pan oedd y gwledydd yn ymgasglu, doedd hwn ddim mor drawiadol a gwneud ymdrech arbennig i ennill pleidlais y wlad trwy gwneud ymweliad arbennig er mwyn elwa eu cefnogaeth.

Roedd y pwyllgor yn ddiolchgar i dderbyn sponsoriaeth sylweddol o £5.000 gan Pannell, Kerr, Foster tuag at y costiau allan yn Seoul i hyrwyddo cais Cymru am y Gêmau. Gwnaeth Partneriaeth Peter Gill, pamphledi a ffilm arbennig ond collwyd y frwydr â Fictoria yn ennill y dydd, Delhi yn ail a Chaerdydd yn drydydd yn y pleidliais.

Roedd hwn yn siom mawr oherwydd roedd arddangosfa Cymru ymhell o flaen y gweddill ac yn fwy proffesiynol o lawer. Yn anffodus, am nad oedd Cymru yn cael ei ystyried fel gwlad, roedd dim grym gyda ni ar y lefel yma yn y byd gwleidyddol. Ar y lefel yma mae'r penderfyniadau mawr yn cael eu gwneud ac mae'n rhaid i'r dirprwyon sylweddoli hyn yn y dyfodol os fydd Cymru yn cynnig am y Gêmau.

Mae'n rhaid cael cefnogaeth gwleidyddol yn ogystal a thargedu pob cyngor Chwaraeon y Gymanwlad yn unigol.

Yn syth wedi hyn dywedais wrth y gwledydd byddau Cymru yn cynnig am 2014. Yn anffodus am rhyw rheswm aeth neb ymlaen â'r cais oherwydd y Gêmau Olympaidd yn Llundain? Roedd hwn yn benderfyniad ffôl i wneud. Aeth Glasgow ymlaen â'i cais. Rwyn siwr byddau Cymru wedi bod yn fuddugol y tro yma ac nid Glasgow. Roedd y Gêmau wedi bod yn Yr Alban ddwywaith yn barod yn 1970 a 1986 ac yng Ngymru ond unwaith ymhell yn ôl yn 1958.

Efallai bod Cymru wedi colli ei siawns o gael y Gêmau yn ein gwlad ni, oherwydd fel mae'r Gêmau yn datblygu. Petasau ni yn mentro i gynnal y Gêmau byddau'n siwr o rhoi'r wlad mewn dyled enfawr dros llawer o flynyddoedd.

PENNOD UN AR DDEG

Y CHWARAEON OLYMPAIDD

Er mai prif bwrpas y llyfr hwn yw canolbwyntio ar weithredoedd athletwyr a gweinyddwyr Cymru yn Chwaraeon Y Gymanwlad yn yr ugeinfed ganrif, a'u sefyllfa yn gyffredinol yn y Chwaraeon hyn, byddwn braidd yn ddiofal pe na buaswn yn sôn ychydig am sefyllfa Cymru yn y Chwaraeon Olympaidd.

Teimlaf ein bod fel cenedl wedi cael ein pwylltreisio i feddwl ein bod yn wlad fach ac ein bod fel pobl o ganlyniad yn israddol. Mae'n amlwg fod hyn ddim yn wir oherwydd mae y Cymry fel cenedl wedi bod yn llwyddianus yn y celfyddydau, cerddoriaeth, llenyddiaeth a pob fath o feysydd eraill. Dengys y llyfr hwn o leiaf bod Cymru yn dal ei thir mewn cymhariaeth â gwledydd eraill Y Gymanwlad a'r Byd mewn chwaraeon.

Mae'r Cymry sydd wedi cynrychioli Prydain yn y Gêmau Olympaidd wedi disgleirio a ennill mwy o fedalau na nifer mawr o wledydd sydd â llawer mwy o boblogaeth. Difynnaf isod rhestr fach o'r cewri sydd wedi ymsefydlu ym mharthenon chwaraeon Cymru fel Syr Harry Llewellyn, Lynn Davies, Colin Jackson, Nicole Cooke, Tanni Grey-Thompson, Chris Hallam, Dai Roberts, Valerie Davies, Paul Radmilovic ac ati. Daw rhain i'r cof yn rhwydd.

Rhestraf isod y Cymry sydd wedi ennill medalau yn y Chwaraeon Olympaidd yn yr Ugeinfed Ganrif. Mae'r rhestr hon o fedalau yn arbennig, ac ymhell o gyrraedd llawer iawn o wledydd bach sydd wedi cymryd rhan mewn Chwaraeon Olympaidd. Yn wir byddau llawer o wledydd mawr y byd yn hoffi fod yn berchen ar rhestr fel hon.

MEDALAU GAN GYMRU YN Y GÊMAU OLYMPAIDD

GÊMAU		ENW	CAMP
AUR			
1908	Llundain	Radmilovic Paulo	**Polo Dŵr**
		Radmilovic Paulo	**Nofio** 4 x 200m Steil Rydd Cyfnewid
		Gladstone. Albert	**Rhwyfo** Wythiau â Llywiwr
1912	Stockholm	Jacobs. David	**Athletau** 4 x100 m Cyfnewid
		Steer. Irene	**Nofio** 4 x100 m Steil R Rydd
		Radmilovic. Paulo	**Polo Dŵr**
1920	Antwerp	Radmilovic. Paulo	**Polo Dŵr**
		Jones. Christopher	**Polo Dŵr**
		Griffiths. Cecil	**Athletau** 4 x100 m Cyfnewid Ainsworth-
		Davies. John	**Athletau** 4 x 400 m Cyfnewid
1932	Los Angeles	Edwards. Hugh	**Rhwyfo** Parau heb Lywiwr
		Edwards. Hugh	**Rhwyfo** Pedwarawdau heb Lywiwr
1952	Helsinki	Llewellyn. Syr Harry	**Marchogyddiaeh** Neidio Ceffylau Tîm
1964	Tokyo	Davies. Lynn	**Athletau** Naid Hir
1968	Mecsico	Meade. Richard	**Marchogyddiaeth**

1972	Munich	Meade. Richard	**Marchogyddiaeh**
			Tîm 3 Diwrnod
		Meade. Richard	**Marchogyddiaeh**
			Unigol 3 Diwrnod

Rhaid talu teyrneg i Paul Radmilovic am ei record amlwg. Ganwyd Paul Radmilovic yng Nghaerdydd yn 1886. ei dad o wlad Groeg a'i fam yn Wyddeles. Enilliodd Paul pedwar medal aur Olympaidd. Tair medal aur yn Polo Dŵr yn 1908. 1912 a 1920 ac un yn Nofio yn 1908 yn y 4 x200 m Steil Rydd Cyfnewid . Bu yn cystadlu mewn pump Gêmau Olympaidd. Rhwng 1901 a 1922 bu yn bencampwr Cymru 15 o weithiau yn y 100 llath Steil Rydd.

ARIAN

1908	Llundain	Brookes-King. Reginald	**Saethyddiaeth**
1948	Llundain	Richards. Thomas	**Athletau**
			Marathon
		Jones. Ken	**Athletau** 4 x100m
			Cyfnewid
		Davis. Ron	**Hoci**
		Griffiths. William	**Hoci**
1968	Mecsico	Woodroffe. Martyn	**Nofio** 200 m
1988	Seoul	Jackson. Colin	**Athletau** 110 m
			Dros Glwydi
1996	Atlanta	Baulch. Jamie	**Athletau** 4 x400m
			Cyfnewid
		Thomas. Iwan	**Athletau** 4x400 m
			Cyfnewid
2000	Sydney	Barker. Ian	Hwylio

EFYDD

1908	Llundain	Cymru	Hoci *
1912	**Stockholm**	Titt. William Cowhig. William	**Gymnasteg** **Gymnasteg** Tîm Ymryddawn
1932 Strôc	**Los Angeles**	Davies. Valerie Davies. Valerie	**Nofio** 100 m Cefn **Nofio** 4 x 100 m Steil Rydd Cyfnewid
1948	**Llundain**	Llewellyn. Syr Harry	**Marchogyddiaeh** Neidio Ceffylau Tîm
1952	**Helsinki**	Disley. John Dadds. Graham Taylor. John	**Athletau** 3.000 m Ffos a Pherth **Hoci** **Hoci**
1960	**Rhufain**	Broome. David Whitehead. Nick	**Marchogyddiaeh** Neidio Ceffylau **Athletau** 4 x 100 m Cyfnewid
1968	**Mecsico**	Broome. David	**Marchogyddiaeh** Neidio Ceffylau
1972	**Munich**	Evans. Ralph	**Paffio** Pwysau Pryf Ysgafn
1980	**Moscow**	Probert. Michelle Wiggin. Charles	**Athletau** 4 x 400 m Cyfnewid **Rhwyfo** Parau Heb Llywiwr

1984	**Los Angeles**	Cattrall. Robert	**Hoci**
1992	**Barcelona**	Morgan. Helen	**Hoci**

* Cymru yn cymryd rhan fel Cymru yn Chwaraeon Olympaidd yn 1908 o dan yr enw (GBR Wales)

Fel gwelir yn y tabl 'Poblogaeth Y Byd' **(Atodiad 5),** mae'r Deyrnas Unedig yn ail ar hugain ar y rhestr, a Cymru â 3.063.456 o foblogaeth yn 135, allan o 196 o wledydd.

Mae 41 o wledydd â llai na miliwn o foblogaeth e.e. Lwcsembwrg, Catâr, Ynysoedd Solomon, Bwtan, Giana, Ffiji ac ati, a 30 dan hanner miliwn fel Samoa, Tonga, Malta, Y Bahamas, Belîs, a Monaco, ac ati. Yn bellach lawr ar y rhestr gweler fod gwledydd bychain fel Y Seishêls, San Marino, Monaco, Dominica, Antigwa, Lichtenstein ac eraill â llai na 100,000 o foblogaeth. Rhain i gyd yn cystadlu yn y Gêmau Olympaidd ac yn haeddu gwneud hyn. Pam dim Cymru â dros 3 miliwn?

Mae rhyw 61 o wledydd a llai o boblogaeth na Chymru â'r mwyafrif helaeth o rhain yn cymryd rhan yn y Chwaraeon Olympaidd. Mae 'na ddadl gref i'w rhoi i ddweud dylai Cymru fod yn cystadlu fel gwlad yn Y Chwaraeon Olympaidd. Dylai pobl sy'n tybio bod ganddynt gweledigaeth mewn chwaraeon, - yn fy nhyb i, mae arnaf ofn does dim llawer o rhain yn bod,- anelu am gydnabyddiaeth am hyn gan y Pwyllgor Olympaidd Rhyngwladol (I.O.C.). Wrth gwrs dadl yn y byd gwleidyddol yw hwn, a byddau'r cais yn cael ei wrthod dan rheolau presennol yr I.O.C., ond dylid gychwyn cyn gynted â phosibl ac yna fydd yn rhaid i'r Dirprwyon dal i frwydro. Yn fy mhrofiad i mae dyfal barhad yn aml yn gryfach na phŵer.

Yn anffodus efallai bod rhai o'r bobl sydd mewn grym yn brin o weledigaeth yn y maes hwn, ac hefyd yn brin o'r dewrder anghenrheidiol i wneud unrhyw fath o weithrediad. Oherwydd hyn mae llawer iawn o gystadleuwyr Cymru mewn nifer o gampau, heb gael y cyfle, na'r anrhydedd, o fod yn Olympwyr, er eu bod yn fwy talentog na athletwyr sy'n tarddu o wledydd sy'n llai mewn poblogaith ac sydd wedi cystadlu mewn Gêmau Olympaidd.

Cyn i ryw ddarllennydd dal i gredu bod Cymru ddim yn ddigon da i gystadlu yn y Chwaraeon Olympaidd, gadewch i mi esbonio fod Cymru wedi ennill 11% o fedalau Prydain yn y Gemau Olympaidd yn 2008 ac hefyd 14% o'r medalau yn y Paralympics. Hyn, er fod Cymru ond 5% o boblogaith Prydain!

Yn anffodus mae'r sefyllfa yma'n dal i barhau. Gobeithio bod darllenwyr y llyfr yma'n sylweddoli mai nid Cymru Fach i ni fel mae'n beirdd yn hoffi pwysileisio yn eu cerddi. ac hefyd y Saeson pan eu fod yn gymwys i'w dadl, ac yn anffodus ni ein hunain, naill a'i fel esgus am fethu neu i ymddiheurio pan yn llwyddo. Dyma sut mae'r pwylltreisio yma wedi effeithio ar feddwl ein cenedl, yn enwedig pan fod Prydain yn galw ei hun am rhyw rheswm yn Prydain Fawr. Mae'r meddwl Prydeinig Imperialaidd yn gyfrwys yma, ac oherwydd fod Cymru yn ffinio a Lloegr mae effaith y pwlltreisio hyn wedi bod yn drychinebus i ni fel gwlad, ac ar yr un pryd yn llwyddiant ysgubol i Loegr.

Pam dod a'r ddadl yma mewn i'r llyfr yma? Wel fy nadl i yw fod Cymru yn medru gwneud yn well yn Chwaraeon Y Gymanwlad drwy fod yn medru cystadlu yn y Gêmau Olympaidd. Hefyd os yw Cymru yn medru cymryd rhan mewn cystadleuthau rhyngwladol mae'n deilwng i gymryd rhan yn Y Gêmau Olympaidd. Rwyn cymryd yn ganiatadol mai ystyr y gair **rhyngwladol** yw **rhwng gwledydd**?

Gobeithio bydd y llyfr hwn yn ysbarduno rhyw ddarllenwyr i ymgyrchu dros Gymru mewn chwareuon, ac hefyd mewn nifer helaeth o feysydd eraill lle rydym yn disgleiro. Rhaid pwysleisio mae nid Cymru Fach yw ein gwlad ond CYMRU FAWR, ac yn deiliwng o fod yn aelod llawn o'r Gêmau Olympaidd, ac yn haeddu cystadlu ochr yn ochr a gwledydd eraill ar lwyfan chwaraeon y byd. Byddau ddim yn syndod i mi, petasau Yr Alban sydd yn yr un sefyllfa â ni, yn cael ei dderbyn yn aelod o'r I.O.C. cyn Cymru, â Chymru druan, fel arfer yn dilyn rhyw hanner canrif wedyn?

Dyfal donc a dyrr y garreg.

PENNOD DEUDDEG

GWOBR RHYNGLADOL Y CYNGOR

Yn 1991 cychwynodd Cyngor Chwaraeon Y Gymanwlad Dros Gymru, ei Gwobr Rhyngwladol i dalu teyrneg i rhai oedd wedi gwneud gweithredoedd o safon uchel yn y byd Chwaraeon, ac yn enwedig i Chwaraeon Y Gymanwlad dros Gymru.

Dyliniodd **Dr Wayne Griffiths** blâtiau arbennig i'w cyflwyno i'r derbynnydd mewn achlysur arbennig. Y derbynnyddion yn y cyfnod yma oedd:

1991

Les Davies-Cyngor Dinas Caerdydd
Syr Geraint Evans
Cyng. Wynne Evans-Cyngor Sir Dyfed
Cyril Howell
John Elfed Jones – Dŵr Cymru
David Morgan
Cyng. J.V. Owen-Cyngor Ynys Môn
Allan Owen- Whitbread Welsh
Tommy Rees
Idwal Symmonds – HTV
Syr Cennydd Traherne
Malcolm Waldron
Derek Wignall

1992

Cyng. Jim Davies
Lynn Davies, M.B.E.
Fred Howell
Syr Meynard Jenour, K.T., T.D.

A. de O Salles, C.B.E., Y.H.
Bryn Thomas, B.E.M.

1993

Glyn Jones
Rita Keitch
Ieuan Owen

2000

Dr. Wayne Griffiths, M.B.E.
Myrddin John, M.B.E.
John Jones - Pritchard

Poster y Gemau cyntaf yn Hamilton, Canada

GAN YR AWDUR

Dechreuodd fy niddordeb yng Nghodi Pwysau pan roeddwn yn ddeuddeg blwydd oed a dechreuais gadw cylchgronau yn ymwneud â'r gamp. Datblygodd y casglu nes fy mod yn berchen llyfrgell lawn o lyfrau a chylchronnau. Felly roeddwn yn rhyw fath o gasglwr llyfrau mor gynnar a hyn.

Wedi i mi gynrychioli Cymru fel codwr pwysau yn Chwaraeon y Gymanwlad yn 1958 prynais y llyfr swyddogol sy'n rhoi canlyniadau y Gêmau hyn. Ers hynny os byddwn yn dod ar draws unrhyw fath o daflenni neu lyfrau â chysylltiad â Chwaraeon y Gymanwlad. byddwn yn eu prynu. O ganlyniad i gyfeillgarwch dros blynyddoedd fe wnaeth y diweddar Alun Cooper o Bethlehem, Llandeilo fy merswadio i gasglu o ddifri wedi iddo ddweud wrthyf, 'os na wneud di hyn, pwy arall?'

Mae'r casgliad 'nawr wedi datblygu i fod yn lyfrgell gweddol eang yn arbenigo yn y Gêmau Gymanwlad. y Gêmau Olympaidd ac hefyd y gamp o Godi Pwysau ac yn cynnwys pamphledi. lluniau. llyfrau a medalau. Y tu allan i chwareuon mae hefyd gennyf gasgliad gweddol eang o lyfrau Gwasg Gregynog.

Wedi ysgrifennu'r llyfr hwn â ffeithiau wedi eu casglu yn bennaf allan o'm llyfrgell, rwyn gwerthfawrogi rhywbeth arall ddywedodd Alun sydd wedi dal yn fy meddwl sef, 'mae'r ffeithiau yn iawn achos mae'r llyfr gyda mi yma'. Diolch Alun.

MJ

ENNILL YW Y NOD – CYMRYD RHAN YW Y FUDDUGOLIETH

RHAN 3

Yn ei araith yn y Grafton Galleries ar y bedwaredd ar ugain o Fehefin, dehongliadodd Pierre De Coubertin yr athroniaeth tu ôl i araith Ethelbert Talbot –

"L'important dans la vie ce n'est point le triomphe mais le combat. L'essential ce n'est pas d'avoir vain cu mais de s'être bien batu."

> "The important thing in life
>
> is not the triumph but the
>
> struggle. The essential
>
> thing is not to have won
>
> but to have fought well."

ATODIADAU

ATODIAD 1

Medalau Unigolyon O Gymru Yn Chwaraeon Y Gymanwlad Yn Yr Ugeinfed Ganrif

Enw	Camp	Nifer
Morgan. David	Codi Pwysau	7
Davies. Valerie E.	Nofio	4
Owen. Ieuan W.	Codi Pwysau	4
Weale. Robert	Bowlio	4
Davies. Andrew	Codi Pwysau	3
Hives. Gareth	Codi Pwysau	3
Wade (McDermott). Kirsty	Athletau	3
Arnold. Aled	Codi Pwysau	2
Arthur. Peter J.	Codi Pwysau	2
Burns. John	Codi Pwysau	2
Collins. Malcolm	Paffio	2
Davies. Lynn	Athletau	2
Edwards. D. C.	Rhwyfo	2
Edwards. J.H.M.	Rhwyfo	2
Gray. Paul	Athletau	2

Jackson. Colin	Athletau	2
Johnson. Horace A.	Codi Pwysau	2
Jones. Rita	Bowlio Lawnt	2
Maunder. Roger A.	Cleddyfaeth	2
Perdue. Terry	Codi Pwysau	2
Price. Berwyn	Athletau	2
Price. John	Bowlio Lawnt	2
Richards. Michael J.	Nofio	2
Roach. Mark	Codi Pwysau	2
Skene. Donald	Beicio	2
Watkins. Bill	Saethu	2
Woodroffe. Martyn J.	Nofio	2
Ackland. Janet	Bowlio Lawnt	1
Anstey. Mark	Bowlio Lawnt	1
Arthur. Jamie	Paffio	1
Alford. Jim	Athletau	1
Baulch. Jamie	Athletau	1
Barnes. Albert	Paffio	1
Beavan. Pat	Nofio	1
Beswick. John M.	Beicio	1
Birkett-Evans. James	Saethu	1

Braithwaite. Donald	Paffio	1
Brockway. John	Nofio	1
Brown. W.G.	Paffio	1
Bryce. Jeffrey	Codi Pwysau	1
Cave. Leanda	Treiathlon	1
Chung Kum Weng	Codi Pwysau	1
Cook. Jason	Paffio	1
Craven. Richard.	Saethu	1
Dainton. Ann	Bowlio Lawnt	1
Davies. Dai	Paffio	1
Davies. John	Athletau	1
Davies. Thomas R.	Bowlio Lawnt	1
Duston. Helen	Jwdo	1
Edwards. Paul	Athletau	1
Elias. Matthew	Athletau	1
England. David M.	Athletau	1
Evans. Aneurin	Paffio	1
Evans. Colin	Saethu	1
Evans. John	Bowlio Lawnt	1
Evans. John J.	Cleddyfaeth	1
Evans. Linda	Bowlio Lawnt	1

Freal. Anthony	Paffio	1
Gough. Alex	Sboncen	1
Greenland. Joanne	Nofio	1
Griffiths. Lisa	Jwdo	1
Hackney. Roger	Athletau	1
Haddock. Neil	Paffio	1
Hamer. Ian	Athletau	1
Harding. Aileen	Cleddyfaeth	1
Harries. Colin	Saethu	1
Hatfield. John	Beicio	1
Head. Venissa	Athletau	1
Higgins. Robert	Paffio	1
Hodge. Sally	Beicio	1
Hopkins. Gloria	Bowlio Lawnt	1
James. Charles	Jwdo	1
Jay. Michael	Saethu	1
Jenkins. Ronald	Codi Pwysau	1
Johnson. Nigel R.	Nofio	1
Jones. Berwyn	Athletau	1
Jones. J. D.	Paffio	1
Jones. Karl	Codi Pwysau	1

Jones. Kenneth	Athletau	1
Jones. Steve	Athletau	1
Kerslake. Malcolm	Cleddyfaeth	1
Knowles. Philippa	Jwdo	1
Lawrence. Sonia	Gymnasteg	1
Lewis. Philip	Saethu	1
Longe. Clive	Athletau	1
Luke. J. C.	Rhwyfo	1
Luke. R. T.	Rhwyfo	1
Parker. Linda	Bowlio Lawnt	1
Rickets. Joan	Bowlio Lawnt	1
Thomas. Hafod	Bowlio Lawnt	1
Malcolm. Christian	Athletau	1
McKenzie. Errol	Paffio	1
Morgan. James	Bowlio Lawnt	1
Thomas. William	Bowlio Lawnt	1
Jay. Michael	Saethu	1
Jones. Louise	Beicio	1
Martin-Jones. Ruth	Athletau	1
McCombe. J.	Cleddyfaeth	1
Merriman. John L.	Athletau	1

Miles. Helen	Athletau	1
Moran. Kevin	Nofio	1
Morgan. Anthony	Codi Pwysau	1
Morgan. James	Bowlio Lawnt	1
Morgan. Kelly	Badminton	1
Morgan. Robert	Nofio (Deifio)	1
Morley. Kay	Athletau	1
Morris. Sian	Athletau	1
Page. D. L.	Rhwyfo	1
Perkins. Lyn	Bowlio Lawnt	1
Phillips. Rowland	Saethu	1
Pickering. Shaun	Athletau	1
Pleace. Robert	Paffio	1
Pottinger. Jackie	Paffio	1
Preston. John	Cleddyfaeth	1
Pritchard. D. L.	Rhwyfo	1
Reardon. Dennis P.	Paffio	1
Rees. Neil	Bowlio Lawnt	1
Reynolds. E. O. Robert	Cleddyfaeth	1
Scutt. Michelle	Athletau	1
Shaw. Robert	Athletau	1

Short. Sally Anne	Athletau	1
Slade. Ian	Bowlio Lawnt	1
Smart. Carmen	Athletau	1
Sutherland. Ann	Bowlio Lawnt	1
Sutton. Moira	Jwdo	1
Swansea. Yr Arglwydd J.	Saethu	1
Taylor. Frank	Paffio	1
Taylor. Neil	Codi Pwysau	1
Thomas. Iwan	Athletau	1
Thomas. William	Bowlio Lawnt	1
Tooby. Angela	Athletau	1
Turner. Douglas	Athletau	1
Wakefield. Terry	Saethu	1
Watkins. William	Saethu	1
Weaver. Stan	Bowlio Lawnt	1
Whitehead. Neville	Athletau	1
Wilkins. David	Bowlio Lawnt	1
Williams. Ray	Bowlio Lawnt	1
Wilshire. Spencer	Bowlio Lawnt	1
Williams. Raymond	Codi Pwysau	1
Wilson. Steve	Codi Pwysau	1

Winstone. Howard	Paffio	1
Winter. Neil	Athletau	1
Woodroffe. Martyn J.	Nofio	1
Wrench. Robert	Codi Pwysau	1

ATODIAD 2

Cymru Yn Cystadlu Yn Y Gêmau Olympaidd 1908

Canlyniadau Tîm Hoci Dynion Yn Llundain 1908

1. GBR Lloegr
2. Iwerddon
3. GBR Yr Alban
3. ***GBR Cymru***

Er fod Cymru yn cael ei ystyried yn gyfartal trydydd mae'r canlyniad fel rwy'n dyfalu yn gosod Cymru yn bedwerydd. Pedwar gwlad yn unig oedd yn cystadlu yn Hoci sef Lloegr. Iwerddon . Yr Alban a Cymru. Efallai bod Cymru a Yr Alban wedi eu gosod mewn ar y rhaglen er mwyn gwneud math o gystadlaeth addas a fod rhyw gyfundrefn arbennig wedi ei ddyfeisio ar gyfer hyn ac felly llwyddodd GBR Cymru fod yn gyfartal drydydd.

Oherwydd fod Cymru wedi cystadlu yn y Gêmau Olympaidd hyn mae'n ddyletswydd arnom i enwi y chwareuwyr oedd yn nhîm Cymru yn enwedig pan fod y cyhoeddusrwydd am hyn yn go brin:

Turnbull. W. Bruce
Richards. Edward W.G.
Shepard. Charles. W.
Lyne. Richard
Pallott. William J.
Evans. Llewellyn

Phillips. F. Gordon
Turnbull. Phillip B.
Connah. Frederick
Law. Arthur A.
Williams. James. Ralph

ATODIAD 3 Safle Cymru Yn Y Gêmau

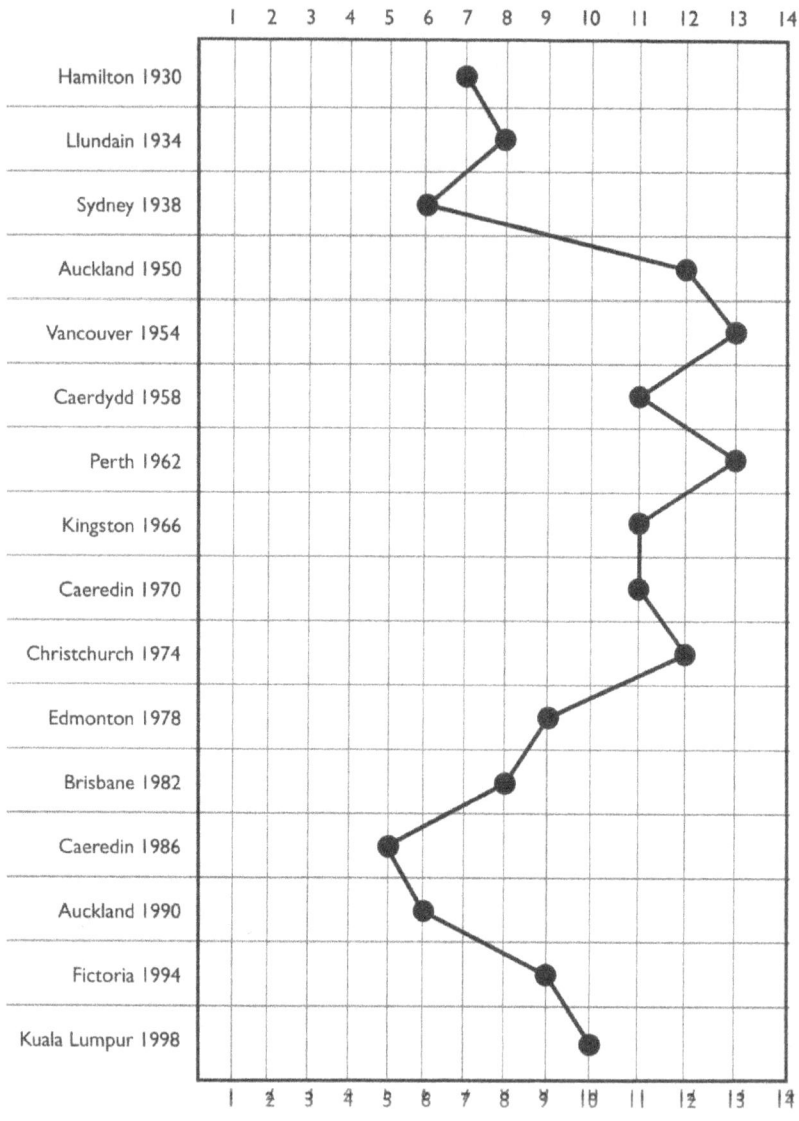

ATODIAD 4

Presenoldeb Mewn Cyfarfodydd Gweithredol A Chyffredinol Ers Cyfarfod Cyntaf Cyngor Chwaraeon Y Gymanwlad Dros Gymru Yn 1933

Enw	Cynrychioli yn y Cyfarfod Cyntaf	Dyddiad y Presenoldeb Cyntaf	Nifer

A

Ackland. Janet	Bowlio Menywod	29.03 1990	1
Acocks. Jack	Codi Pwysau	04.06.1948	32
Aherne. A.	Saethu Reiffl	20.03.1995	1
Allen. Alec L.	Hoci	29.01.1964	25
Allen. Raymond C.	Paffio	13.06.1979	110
Allwood.	?	14.02.1934	1
Anderson. U. Molly	Badminton	24.04.1963	1
Andrew. Fred J.	Paffio	14.02.1934	4
Arnold. G.	?	30.01.1980	1

B

Bailey. Geoffrey	Ymaflyd Codwm	25.01.1960	3
Baird. W.	?	19.07.1933	10

461

Banahan. David	Bowlio Dynion	09.03.1999	1
Banning. Phil A.	Athletau	09.03.1999	1
Banwell-Clode. Mark	Saethu Pistol	27.03.1985	30
Barnes. A.	Codi Pwysau	18.01.1954	1
Barnett. Melville	Codi Pwysau	28.10.1959	5
Barry. J.	Nofio	25.04.1934	3
Barton. J.A.	Gymnasteg	31.03.1949	1
Batty. Gerry G.	Athletau Dynion	10.06.1981	11
Baxter-Wright.Tom	Cyngor Chwaraeon	16.07.1993	6
Beer. P.	Tenis Bwrdd	25.03.1988	1
Bertorelli. Frank	Saethu Reiffl	27.01.1970	3
Best. John L.	Badminton	29.01.1964	3
Billing. Cyril	Gymnasteg	28.01.1958	1
Bingham Cecil D.	Rasio Cerdded	14.03.1967	1
Bingha M Maurice	Rasio Cerdded	30.01.1967	7
Bird. Jack M.	Paffio	31.01.1962	4
Blake. Sally	Athletau Menywod	23.02.1982	5
Bluck. C.	Saethyddiaeth	22.03.1983	2
Blyth. Ella	Nofio	22.03.1983	12
Boaden. Ken J.	Saethu Reiffl	10.06.1981	8
Booker. J.	Hwylio	25.10.1967	1
Booth L.G.	?	19.01.1939	1
Botting. Norman	Rhwyfo	29.01.1964	57
Bowsher. F.W.	Rhwyfo	27.01.1970	6
Braddick. Reginald	Beicio	11.03.1955	24
Brock H.A.V.	Beicio	18.01.1949	6
Brown. Hilton J.	Badminton	26.04.1990	38
Brown. June	Hoci	25.10.1967	11
Brimble. John	Badminton	22.03.1983	9
Allen. Bruce	Pwyllgor Dewis	26.08.1982	1
Bruce. Jeffrey	Saethu Colomen Clai	28.01.1981	4
Bryant. David F.	Gymnasteg	22.01.1968	1
Bryant-Lewis. Diana	Nofio	20.03.1995	1
Buffin. W.	Gymnasteg	03.03.1948	3

C

Calnan. John	Bowlio Dynion	01.10.1988	7
Canning. Graham	Badminton	02.02.1999	3

Name	Activity	Date	No.
Carro Wilfred	Paffio	23.02.1982	2
Chadwick. Tony	Saethu Pistol	27.03.1985	4
Chamberlain. Ron	Bowlio Decbin	24.02.1997	10
Chambers. Royston.	Paffio	28.03.1996	4
Chambers. J. M.	Paffio	19.03.1998	2
Chapman. Herbert	Bowlio	11.03.1955	32
Clark. Dennis A.	Badminton	27.02.1995	3
Clark. Una	Bowlio Decbin	17.06.1999	3
Clarke. P.	?	14.02.1934	4
Claypole. T.L.	Hwylio	08.01.1974	19
Clemo. Tony	Athletau Dynion	27.01.1976	2
Clough. Jane	Badminton	25.03.1988	2
Coates. D.	Pêl-fasged	15.12.1954	1
Cocks. W.J.	?	15.12.1938	1
Cole. Walter F.	Cyngor Chwaraeon	04.01.1984	1
Collard. Jack P.	Athletau	26.01.1965	1
Collins. Glyn	Codi Pwysau	28.01.1969	20
Collins. John H.	Traws Gwlad	29.11.1978	8
Cook. Fred S.	Reiffl Bôr Bach	28.01.1969	5
Cooper. Alun M.	Codi Pwysau	23.09.1992	1
Corrigan. Peter	Swyddog Cyhoeddus	27.01.1970	2
Coulson. Elizabeth	Rhwyfo	25.02.1987	3
Coulthard. Terry	Bowlio Dynion	28.03.1996	10
Courtney. Ray	Athletau Menywod	07.07.1981	13
Cox. Reg A.	Bowlio	29.01.1951	74
Crate. Alec E.	Bowlio Dynion	22.03.1983	1
Crimp. Graham C	Hoci Dynion	29.01.1975	2
Crosby. William	Saethu Reiffl	29.01.1964	1
Cross. Richard W.	Saethu Pistol	25.03.1986	3
Crossling. J.	Nofio	17.02.1937	1
Crosswaite. Alfred	Nofio	26.01.1977	1
Crosswaite. Rosina	Nofio	08.01.1974	1
Crowther. Denise	Saethyddiaeth	31.01.1979	1
Crump. G.	?	05.12.1979	1
Cumbers. Peggy	Nofio	23.04.1986	9

D

Name	Activity	Date	No.
Dallimore. John	Saethu Bôr Bach	19.03.1982	1
Davies. Bronwen	Gymnasteg	25.03.1988	7
Davies. Clyde	Cleddyfaeth	30.01.1967	5
Davies. Colin	Saethu Targed Clai	22.02.1992	2
Davies. Cadfan	Cyngor Chwaraeon	06.07.1973	4
Davies. Desmond	Gymnasteg	30.01.1980	3

Davies. Delyth	Athletau	16.12.1993	28
Davies. Gordon	Codi Pwysau	14.06.1948	3
Davies. Graham J.	Cyngor Chwaraeon	16.12.1993	11
Davies. G.	Saethu	19.03.1998	1
Davies. Gilbert E.	Nofio	29.01.1964	7
Davies. Gerald	Cyngor Chwaraeon	05.02.1975	1
Davies. G.W.	Ymaflyd Codwm	29.05.1958	1
Davies. George W.	Nofio	29.01.1975	2
Davies. H.	Nofio	19.07.1933	21
Davies. H.E.	Paffio	31.01.1961	2
Davies. John	Paffio	10.11.1970	12
Davies. Lynn A.	Gymnasteg	25.03.1987	9
Davies. L.R.J.	Saethu Bôr Bach	20.02.1975	1
Davies. Mary	Bowlio Menywod	11.06.1985	1
Davies. Mari O.	Athletau	02.05.1957	25
Davies. Ormond	Bowlio Dynion	21.03.1994	1
Davies. P.	Cwch Modur	26.01.1977	1
Davies. P.	Gymnasteg	19.03.1992	1
Davies. Ronald	Gymnasteg	22.03.1983	3
Davies. Sonia	Hoci	12.02.1968	23
Davies. S.	Saethu Targed Clai	21.03.1994	1
Davies. S.R.	Trampolin	04.12.1974	1
Davies. William	Paffio	22.01.1953	10
Davies. William E.	Paffio	22.01.1966	1
Davis. K.	Athletau	26.01.1959	1
Davison. Fay	Hoci Menywod	29.01.1975	1
Delaney. Ron	Athletau	20.03.1995	1
Denner. C. Mansel	Codi Pwysau	14.06.1948	1
Dennis. Donald	Codi Pwysau	18.01.1949	1
Dennis-Jones. Glyn	Hoci	06.01.1958	12
Drew. Albert J.	Paffio	26.10.1960	5
Duggan. Frank	Athletau	15.12.1954	7

E

Eddols. G.C.	Rhwyfo	22.02.1992	1
Edmunds. R.J.	Trampolin	09.12.1980	2
Edwards. Mildred	Bowlio Menywod	09.03.1999	1
Elgie. Margaret	Athletau Menywod	18.03.1975	26
Elliott. Geoffrey	Badminton	27.01.1970	2
Ellis. K.	Beicio	29.03.1990	1
Ellis. M. Anne	Hoci	19.09.1996	10

England. Maurice	Hoci	26.10.1960	1
England. D.	Beicio	31.01.1979	1
Enoch. Cyril J.	Saethyddiaeth	22.03.1983	2
Evans. Alwyn	Codi Pwysau	06.01.1958	8
Evans. Athol T.	Beicio	26.10.1960	2
Evans. Colin D.	Saethu Colomen Clai	26.01.1972	1
Evans. E.N.	Rhwyfo	29.01.1964	1
Evans. Geraint	Swyddog Cyhoeddus	04.01.1984	3
Evans. Glyn	Beicio	12.12.1994	20
Evans. John	Corfflunio	30.01.1961	5
Evans. John	Aelod Cyfetholedig	22.10.1985	14
Evans. J.	Nofio	20.03.1995	1
Evans. J.	Saethyddiaeth	07.12.1953	1
Evans. Lynne	Saethyddiaeth	29.03.1990	1
Evans. P.	Beicio	20.03.1995	1
Evans. Ron B.	Athletau Dynion	05.12.1973	20
Evans. R.C.	Ymaflyd Codwm	24.04.1958	4
Evans. Rachel	Athletau	14.03.1967	26
Evans. Roy	Tennis Bwrdd	07.04.1981	6
Evans. W.A.L.	Athletau Dynion	25.01.1978	50

F

Farr. Colin	Saethu Bôr Bach	05.03.1984	3
Farr. Ken	Paffio	25.03.1987	4
Farthing. Glyn	Jwdo	29.03.1990	1
Fearnley. Charles	Paffio	18.10.1956	50
Fifield. Richard	Badminton	11.06.1985	14
Fisher. William E.	Athletau	03.03.1948	17
Fligeltone. P.	Nofio	19.04.1948	5
Forrest. Rod	Hoci Dynion	27.01.1971	2
Foxwell. Gerald	Corfflunio	26.10.1960	1
Francis. Norman	Hoci Dynion	26.01.1972	1
Franklin. A.G.	Rowing	25.01.1960	10
Franklyn. Ann	Apêl	22.01.1991	1
Fraser. Alan	Cyfreithiwr	01.06.1987	16
Friswell. John	Beicio	25.03.1987	3

G

Gage. G. M	Clerc	08.01.1974	1
Gallagher. Steve	Apêl	18.07.1995	16
Ganz. Mrs Judith	Traws Gwlad	07.04.1981	1
Ganz. C. Robin	Traws Gwlad	31.01.1979	1

George. Basil	Saethu Targed Clai	06.10.1971	96
George. David	Saethu	19.03.1998	1
Gilbertson. Richard	Saethu Reiffl	10.06.1981	1
Giles. Howard C.	Badminton	08.01.1974	4
Gilmore. Sidney	Bowlio Dynion	28.01.1981	1
Gimbletie. W.	Gymnasteg	03.09.1948	1
Godfrey. Derek	Badminton	31.01.1979	2
Goode. Derek	?	12.09.1979	1
Grant. Graham	Meddygol	02.03.1959	5
Grace. C.D.	Hwylio	27.05.1964	13
Gray. Stan D.	Saethu Bôr Llawn	05.10.1972	31
Greaves. G.R.H.	Rhwyfo	29.03.1990	1
Green. R.P.	Nofio	20.06.1933	19
Grey. Ted	Hoci Dynion	27.01.1976	1
Griffiths. A.Wayne	Swyddog Meddygol	27.10.1981	67
Griffiths. Bryn	Beicio	31.03.1949	16
Griffiths. G.A.	Rhwyfo	25.03.1960	1
Griffiths. Kenneth	Athletau Dynion	22.03.1983	1
Griffiths. Mark	Paffio	23.01.1956	1
Griffiths. William	Bowlio	01.11.1961	1
Gunning. Kenneth	Codi Pwysau	26.01.1959	1

H

Hall C.	Cwch Modur	26.01.1977	1
Hall. F.	Paffio	03.04.1948	1
Hampt.on. John	Codi Pwysau	18.01.1949	3
Harries Lynette	Athletau Menywod	25.11.1969	8
Harries. Kenneth	Athletau Dynion	30.01.1980	13
Hartland. John	Rhwyfo	02.03.1989	1
Hatto. Frank	Paffio	26.10.1960	2
Hewett. J.	?	24.03.1937	1
Hicks. Ken G	Cleddyfaeth	18.10.1956	9
Hill. Miss Ann	Athletau Menywod	27.01.1971	2
Hill. Robert	Saethu Colomen Clai	26.01.1977	12
Hillman. J.	Cleddyfaeth	29.10.1952	3
Hockley. Norman	Hwylio	26.01.1965	18
Hodge. Eric	Beicio	15.07.1981	4
Holbrook. S.J.	Jwdo	09.03.1999	1
Hole. Gerry	Codi Pwysau	22.01.1968	2
Holland. Steven.	Jwdo	20.03.1985	1
Holmes. John A.	Saethu Reiffl	21.03.1994	5
Holvey. Susan	Pêl-rwyd	06.06.1996	14
Hooper. Berenice	Nofio	29.01.1951	97

Hooper. Wilfred	Nofio	15.12.1954	38
Hope. Michael J.	Cleddyfaeth	26.01.1986	1
Hopkins. Edward	Athletau	18.10.1956	83
Hopkins. L	Saethu Colomen Clai	28.01.1981	5
Hosgood. John B.	Hoci	26.01.1966	1
Howell. Cyril M.	Athletau	24.03.1937	197
Howell. Fred	Beicio	08.12.1958	229
Howell. Phillip E.	Saethu Targed Clai	29.03.1990	1
Hughes. Dyfrig	Bowlio Dynion	19.03.1992	1
Hughes E. M.	Athletau	17.02.1937	1
Hunt E.	?	25.04.1934	5
Huxtable.Graham	Nofio	27.01.1976	5
Hybart. Maureen	Badminton	26.01.1977	12

I

Ingledew.Kenneth	Hoci	03.09.1954	56
Ireland. A. Frank	Athletau Dynion	25.03.1986	13

J

James E.	?	04.05.1937	7
James. Kenneth L.	Nofio	05.03.1984	1
James. Margaret J.	Nofio	30.01.1980	6
James. Robert	Nofio	25.03.1986	2
Jenkins. Dorothy	Saethyddiaeth	31.01.1979	1
Jenkins. Emlyn	Codi Pwysau	11.03.1955	24
Jenkins. J. Powell	Hoci	04.10.1954	4
Jenkins. N.	Rhwyfo	01.06.1987	2
Jenkins. Arthur	CodiPwysau	22.03.1983	8
John. E. Delfrig	Codi Pwysau	27.01.1972	19
John. Myrddin	Codi Pwysau	25.01.1960	169
John. Sheila M.	Clerc	04.01.1984	1
John. Sue	Gymnasteg	19.03.1998	3
John. Glyn	Bowlio	29.01.1975	1
Johns. F.L.	Athletau	17.02.1937	4
Johnson. Rose B.	Athletau Menywod	28.01.1981	10
Johnson. T.	Tennis Bwrdd	16.07.1985	2
Joignant. Peter	Cyngor Chwaraeon	15.05.1974	3
Jones. Anthony	Gymnasteg	19.03.1992	1
Jones. Alban H.	Codi Pwysau	26.10.1960	1
Jones. Arthur S.	Codi Pwysau	01.06.1987	3
Jones. E.R.	Beicio	24.06.1934	13

Jones. I. Rhys	Hoci Dynion	29.011975	1
Jones. John G.	Codi Pwysau	25.03.1954	1
Jones. L. Roy	Athletau	30.01.1967	6
Jones. Michael	Saethyddiaeth	20.03.1997	1
Jones. Philip	Beicio	29.03.1990	9
Jones. Raymond E	Codi Pwysau	26.01.1966	93
Jones. Ron	Cyngor Chwaraeon	07.09.1984	6
Jones. Vivian	Gymnasteg	31.01.1979	1
Jones. Wyndham H.	Rhwyfo	23.01.1956	138
Jones. Wyndham W.	Bowlio	18.10.1956	9
Jones-Prichard. John	Nofio	31.01.1979	120

K

Kannie. P.A.	Saethu Colomen Clai	05.03.1984	1
Keitch. Rita	Gymnasteg	31.01.1979	110
Kelly. T. Eddie	Codi Pwysau	23.01.1956	10
Kendall. Miss D.	Trampolin	27.01.1970	1
Kerslake. M.	Cleddyfaeth	07.12.1953	1
Knock. A.H.	Paffio	15.12.1938	14

L

Lade. Colin R.	Nofio	28.03.1996	1
Lamb. Mrs Gwen	Bowlio Menywod	19.03.1992	7
Lawson. Robert	Cleddyfaeth	29.01.1975	17
Levenson. Maurice	Beicio	29.03.1996	3
Lewis. Gwyn	?	09.09.1937	8
Lewis. John E.	Nofio	29.03.1990	4
Lewis. Morgan E.	Bowlio Dynion	25.03.1987	4
Lewis. Meirion	Apêl	07.07.1971	3
Lewis. R.	Saethu Targed Clai	19.03.1992	1
Lewis. Tom V.	Saethu Reiffl	29.01.1964	1
Lewis. W. Peter	Cyngor Chwaraeon	18.09.1974	3
Liddiard. M.	Athletau Menywod	27.01.1971	5
Lightfoot. W.	Hwylio	29.01.1975	1
Lingard. Gwyneth	Gymnasteg	31.01.1962	8
Lisle. Irene M.	Athletau	30.01.1967	46
Lister. John	Athletau Dynion	27.01.1971	2
Llewellyn. Harry.	Gymnasteg	15.12.1954	19
Llewellyn. John P.	Paffio	26.10.1960	14
Llewellyn. W. E.	Gymnasteg	28.01.1969	1
Llewellyn. Philip J.	Saethu Colomen Clai	22.03.1983	2

Lloyd. Kenneth	Swyddog Meddygol	25.09.1963	43
Lloyd-Jones. J.M.	Cleddyfaeth	30.01.1967	5
Looker. A.T.	?	15.12.1938	3
Lucas. J.	Rhwyfo	27.01.1976	1
Lucas. Ted R.	Cleddyfaeth	04.10.1954	16
Luke. J.	Rhwyfo	20.10.1965	1

M

Mansel-Edwards. Ann	Saethyddiaeth	27.01.1970	8
Mansel-Edwards. Digby	Saethyddiaeth	25.01.1960	89
Maidment. Walter	Gymnasteg	31.03.1948	66
Margerison. M.	Badminton	08.01.1974	1
Mars. D.	Badminton	27.03.1985	1
Matthews. Ivor	Paffio	19.07.1933	21
Mayers. Eugene	Saethyddiaeth	19.03.1993	1
Mayers. Susie	Saethyddiaeth	19.03.1992	1
McCombe.Yvonne	Cleddyfaeth	27.01.1971	10
Mealing.Christine.	Cleddyfaeth	29.01.1975	1
Melen. J. Edward	Jwdo	21.03.1994	3
Melvin.Norma M.	Cleddyfaeth	02.04.1980	3
Monk.C.Anthony	Saethu Bôr Bach	30.01.1980	33
Monk. Diane G.	Saethu Bôr Bach	28.01.1981	4
Morgan. Evan	Bowlio	27.01.1971	2
Morgan. Nan	Bowlio Menywod	19.03.1993	6
Morley. H.	Saethu W.T.G	27.01.1976	3
Morris. T. David	Nofio	01.06.1987	56
Morris. W.	Bowlio	24.04.1958	1
Morrow. Sheila	Hoci Menywod	01.10.1980	16
Mort. David	Cleddyfaeth	26.01.1972	2
Mort. Yvonne	Cleddyfaeth	31.01.1979	1
Moss. Alan J.	Badminton	22.03.1983	2
Mudd. Doris	Bowlio Menywod	23.02.1982	1
Mulrenan Blarney	Cleddyfaeth	18.10.1956	9
Mumford. J. S.	Saethu Targed Clai	25.03.1987	3
Munt. B. John	Saethu Pistol	11.10.1993	12

N

Neale. Reginald G.	Gymnasteg	25.01.1960	26
Nelson. R.	Ymaflyd Codwm	30.01.1961	1
Newham. Charles.	Gêmau 1958	11.03.1955	7
Nicholas. Victor	Saethu Bôr Llawn	23.02.1982	3
Nicholson. A.H.	Paffio	15.12.1938	4
Nilson. Tony	Saethyddiaeth	29.03.1990	1
Noote. P.F.	Nofio	25.03.1938	2

O

Oakes. C. Harold	Cleddyfaeth	25.05.1954	5
Oberholzer. H.A.	?	14.02.1934	1
O'Donnel. Eddie.	Athletau	19.07.1933	27
Osborn. Margaret	Bowlio Menywod	28.01.1981	46
Osborne. John	Saethu Targed Clai	29.03.1990	12
Osborne. Tom	Bowlio Dynion	25.03.1986	1
Owen. David	Paffio	31.01.1962	1
Owen. John	Saethu Bôr Bach	26.01.1972	1
Owen. J. Barrie	Athletau	30.01.1967	2
Owen. D.Glyn	Llundain	13.05.1959	5
Owen. William	Beicio	20.03.1995	1

P

Packer. Harry	Athletau	20.06.1933	2
Padfield. Maurice	Apêl	13.12.1990	7
Pallot. Neil C.	Hoci Dynion	27.01.1970	3
Palmer. M. G.	Rhwyfo	26.01.1972	2
Panter. Phillip	Gwasg	26.01.1972	1
Parfitt. Vernon J.	Rygbi	31.01.1962	23
Parker. Linda	Bowlio Menywod	22.03.1983	41
Parkes. Muriel	Athletau Menywod	10.12.1975	1
Paterson. P. Jeff	Cyfreithiwr	11.04.1979	36
Peach. T. Harry	Bowlio	20.06.1933	28
Pearce. Alfred D.	Cleddyfaeth	06.06.1978	2
Pelopida. Peter	Saethu Colomen Clai	27.03.1985	1
Percival. Geoffrey	Hoci	04.10.1954	23
Perks. D. Steve	Athletau	20.03.1997	2
Perrins. John R.	Jwdo	07.09.1984	66
Perrins. Valerie	Jwdo	29.03.1990	1
Perry. John T	Nofio	22.03.1983	6
Perry. Lorna	Cleddyfaeth	26.01.1977	5
Phelps. W.C.S.	Saethu Bôr Bach	30.01.1980	1
Phelps. W.E. (Bill)	Saethu Bôr Bach	30.01.1980	59

Phillips. Clive	Gwasg	26.01.1966	5
Phillips. D.W. Powell	Meddygol	02.05.1955	5
Phillips. Gordon	Codi Pwysau	23.02.1982	10
Phillips. Ken	Saethyddiaeth	09.03.1999	1
Phillips. W.	Saethu Pistol	29.03.1990	1
Phillips. W.J.	Nofio	15.12.1938	5
Pierce. A.D.	Cleddyfaeth	29.03.1990	1
Pine. S. Gordon	Badminton	30.01.1967	84
Pinney. Randall.	Codi Pwysau	26.01.1959	1
Pomeroy. Margaret	Bowlio Menywod	31.01.1979	1
Pooley. W.R.	?	04.05.1937	9
Pound. J.	?	25.04.1934	1
Powell. Margaret	Bowlio Menywod	02.07.1980	1
Poynton. William	Cleddyfaeth	08.12.1958	3
Prater. Edward H.	CCPR	03.03.1948	46
Price. Margaret A.	Bowlio Menywod	29.03.1990	1
Pryor. John	Saethu Reiffl	22.09.1964	13
Pugh. Richard G.	Cyfreithiwr	20.04.1993	19

R

Radford. Alan	Athletau	27.01.1970	1
Ramsden. Norman	Badminton	31.01.1973	1
Rees. Chris	Badminton	16.12.1999	1
Rees. Tommy	Apêl	29.01.1975	63
Rees. Philip	Gymnasteg	29.03.1990	1
Rees. Philip	Nofio	28.03.1996	1
Rees. Russell	HMI	28.09.1951	28
Regut. R.	Ymaflyd Codwm	02.03.1959	1
Reynolds. Jackie	Cleddyfaeth	29.10.1952	69
Reynolds. Glyn S.	Cleddyfaeth	03.03.1948	5
Reynolds. T.	Paffio	22.03.1983	10
Richards. Betty	Bowlio Menywod	22.03.1983	1
Richards. H.K.	Pêl-fasged	27.06.1955	1
Roberts. Alan	Nofio	19.03.1998	2
Roberts. Glyn	Bowlio Dynion	02.04.1980	28
Roberts. Ieuan	Saethyddiaeth	20.03.1995	3
Roberts. John M.	Bowlio Decbin	19.09.1996	1
Roberts. John P.	Hoci Dynion	09.05.1973	14
Roberts. Marianne	Badminton	30.01.1967	3
Robins. Graham	Nofio	29.03.1990	3
Robinson. Don	Athletau Dynion	30.01.1980	1
Robinson. H.V.W.	Athletau	26.01.1966	1

Roblin. Norma	Hoci Menywod	27.01.1970	4
Ronway. R.	Saethu Colomen Clai	26.01.1977	1
Roper. Alun F.	Traws Gwlad	16.07.1985	8
Roper. Avril	Pêl-rwyd	09.03.1999	1
Rose. Dennis A.	Nofio	07.10.1988	2
Rosser. Gary	Nofio	10.12.1998	3
Rowlands. Clive	Codi Pwysau	31.01.1973	2
Rowlands. D.	Hwylio	27.01.1970	2
Rowlands. Helen	Hoci Menywod	22.03.1983	1
Ruscoe. Arthur R.	Bowlio Dynion	22.01.1953	7
Ryan. Michael	Cleddyfaeth	31.01.1962	1
Ryan. John	Rygbi	03.12.1996	4

S

Salmon.Arthur H.	Nofio	20.07.1949	81
Sanders. C.F.	Sylwedydd	20.06.1933	1
Saunders. David	Badminton	29.02.1996	1
Saunders. Harry J.	Beicio	04.12.1954	23
Savegar.Gertrude	Bowlio Menywod	02.07.1980	1
Scourfield. B.	Saethu Pistol	20.03.1985	3
Seal. R.M.E.	Hwylio	27.05.1964	1
Seaman. Ron	Badminton	10.06.1963	18
Selley. Diane	Sboncen	27.02.1995	18
Sheridan. W.J.A.	?	08.09.1938	1
Sheryn. J.H.	Beicio	14.02.1933	2
Short. Gary H.	Athletau	25.03.1988	1
Sims. Peter A.	Saethu Bôr Bach	21.03.1994	1
Slatter. J.	Athletau	30.01.1963	1
Slaughter. Alan	Gymnasteg	23.02.1982	1
Smith. Barry	Beicio	22.03.1983	1
Smith. Frank C.	Paffio	03.07.1961	2
Smith. Paul J.	Athletau	25.03.1988	1
Snow. Reg C.G.	Athletau Dynion	10.12.1975	5
Spackman. Phyllis	Gymnasteg	26.01.1977	1
Spathaky. Ernest	Paffio	02.11.1953	4
Speck. Terry	Saethu Reiffl	17.01.1979	59
Stammers.Malcolm	Swyddog Cyhoeddus	04.07.1994	26
Stephens.E.Charles	Bowlio Dynion	22.03.1983	1
Stewart. J.	?	08.09.1938	1
Stockwool. H.	Saethu Reiffl	26.10.1960	3
Styles. E.T.	Athletau	14.02.1934	4
Sulman. Stanley	Beicio	19.03.1992	1
Swales. Mansel P.	Codi Pwysau	31.08.1953	1

Swarbrick Ernest	Nofio	17.02.1937	15
Swansea. John	Saethu Reiffl	25.01.1960	4

T

Tame. Harold G.	Paffio		26.01.1966	1
Taylor. Augustus	Nofio		19.04.1948	54
Taylor. G.	Gêmau 1958		26.03.1958	1
Taylor. T.	Ymaflyd Codwm		24.04.1958	13
Thrift-Lee. Arthur	Pêl-fasged		15.12.1954	11
Thomas. Bryn	Apêl		19.06.1991	1
Thomas. Gomer	Cleddyfaeth		03.03.1948	18
Thomas. Lyndon	Apêl		13.12.1990	3
Thomas. Meyrick	Rhwyfo		27.06.1955	2
Thomas. Ray	Athletau		08.12.1958	2
Thomas. Raye	Athletau		30.01.1963	1
Thomas. Reginald	Paffio		01.08.1958	1
Thomas. Vaughan	Nofio		29.01.1975	1
Thomas. Vernon	Paffio		30.01.1967	11
Thompson. Agnes	Bowlio Menywod		22.02.1978	3
Thompson. J.	Bowlio Dynion		31.01.1979	2
Toms. Trevor	Bowlio		27.01.1971	6
Turner. D. Robert	Cleddyfaeth		29.01.1964	68

V

Vanstone. William	Saethu Reiffl	10.06.1981	3
Vater. Colin	Bowlio Dynion	01.10.1980	3
Veysey. Ray F.	Bowlio Dynion	25.03.1987	5

W

Walters. J.A.	Saethyddiaeth	07.12.1953	2
Warfield. Mervyn	Hoci Dynion	26.01.1972	1
Waring. George	Saethu Bôr Bach	23.02.1982	1
Warrington. H.	?	14.02.1934	1
Waterfield. G.	Paffio	28.01.1969	3
Watkins. Gwen	Bowlio Menywod	19.03.1993	1
Watkins. Jack B.	Paffio	29.01.1975	11
Webb. Graham	Athletau Dynion	25.03.1988	1
Welch. Dennis	Codi Pwysau	25.03.1986	1
Wharton. A.	Beicio	25.03.1987	1
Whiteman. Dennis	Saethyddiaeth	25.11.1969	16
Whitford. A. Jack	?	14.02.1934	4

Whyte. Norma	Cleddyfaeth	27.01.1970	1
Williams. Arthur	Athletau	25.01.1960	20
Williams. Alan H.	Bowlio Dynion	15.01.1986	51
Williams. Averil	Athletau Menywod	12.01.1977	115
Williams. Bryn	Apêl	11.06.1985	8
Williams. Dave J.	Athletau Dynion	07.10.1988	19
Williams. D.G.	Trampolîn	27.01.1970	1
Williams. E.	Paffio	03.03.1948	2
Williams. Glen G.	Saethu Bôr Bach	25.09.1963	53
Williams. Gordon	Codi Pwysau	26.01.1972	9
Williams. Jack	Athletau	29.01.1951	101
Williams. John	Codi Pwysau	27.01.1971	1
Williams. J.Clive	Athletau Dynion	31.01.1979	1
Williams. Dr. J.P.R	Swyddog Meddygol	13.06.1979	2
Williams. Lyndon	Badminton	29.03.1990	2
Williams. D. Meurin	Codi Pwysau	26.01.1977	4
Williams. Nancy	Bowlio Menywod	01.10.1980	3
Williams. S. John	Beicio	31.01.1962	6
Williams. S. J.	Trampolin	09.09.1969	2
Williams. S. O.	Rhwyfo	24.04.1963	1
Williams. T. Peter	Codi Pwysau	15.01.1986	57
Wilson. Reg	Bowlio Dynion	27.03.1985	1
Winchcombe. J.	Paffio	27.01.1971	1
Withers. Muriel R.	Badminton	27.01.1970	1
Wood. John A.	Paffio	20.06.1933	15
Worman. J.	Saethu WTC	22.01.1968	1
Wright. D.	Badminton	09.03.1999	1
Wright. Maurice.	Apêl	16.12.1993	31
Wright. Vernon	Beicio	08.12.1958	32
Wyatt. Jean	Hoci Menywod	28.02.1985	7

Y

Young. John	Rygbi	06.06.1986	1
Yeoman. Tom	Bowlio	26.10.1960	1

Presenoldebau Yn y Cyfarfodydd Dros Cant o Weithiau (Gosodiad Olaf 31 Rhagfyr 1999)

Howell. Fred	229
Howell. Cyril M.	197
John. Myrddin	169
Jones. Wyndham H.	138
Allen. Raymond	110
Keitch. Rita	110
Williams. Jack D.B.	101

ATODIAD 5

Poblogaeth Y Byd

Am lawer o rhesymau mae bron yn amhosibl i ddod o hyd i rhifau manwl, ond rwyn ffyddiog bod rhain yn weddol agos. (Gweler Wicipedia)

* Yn Y Gymanwlad.

** Yn Cynnwys Cymru. Gogledd Iwerddon. Lloegr a Yr Alban

*** Hefyd wedi ei nodi o dan Y Deyrnas Unedig

SAFLE	GWLAD	NIFER	
1	Tseina	1,349,585,838	
2	India	1,220,800,359	*
3	Unol Daleithiau	316,668,367	

4	Indonesia	251,160,124	
5	Bil	201,009,622	
6	Pacistan	193,238,868	*
7	Nigeria	174,507,539	*
8	Bangladesh	163,654,860	*
9	Rwsia	142,500,482	
10	Siapan	127,253,075	
11	Mecsico	113,724,226	
12	Philipinau	101,833,938	
13	Ethiopa	90,873,390	
14	Fietnam	90,549,390	
15	Yr Aifft	82,079,636	
16	Yr Almaen	81,471,834	
17	Twrci	78,785,548	
18	Iran	77,891,220	

19	Gweriniaeth Ddemocrataidd Congo	71,712,867	
20	Gwlad Thai	66,720,153	
21	Ffrainc	65,922,727	
22	Y Deyrnas Unedig	63,277,244	**
23	Yr Eidal	61,016,804	
24	Myanmar	53,999,804	
25	De Affrica	49,004,031	*
26	De Corea	48,754,657	
27	Sbaen	46,754,784	
28	Werâin	45,134,707	
29	Colombia	44,725,543	
30	Tansania	42,746,020	*
31	Yr Arianin	41,769,726	
32	Cenia	41,070,934	*
33	Gwlad Pwyl	38,441,588	

34	Swdan	36,787,012	
35	Algeria	34,994,937	
36	Uganda	34,612,250	*
37	Canada	34,030,589	*
38	Moroco	32,475,521	
39	Irac	30,399,572	
40	Affganistan	29,835,392	
41	Nepal	29,391,883	
42	Periw	29,248,943	
43	Maleisia	28,728,607	*
44	Wsbecistan	28,128,600	
45	Feneswela	27,635,743	
46	Sawdi Arabia	26,131,703	
47	Ghana	24,791,073	*
48	Gogledd Corea	24,457,492	

49	Iemen	24,133,492	
50	Taiwan, Gweriniaeth Tseina	23,071,779	
51	Mosambîc	22,948,858	*
52	Syria	22,517,750	
53	Madagascar	21,926,221	
54	Romania	21,904,551	
55	Awstralia	21,770,878	*
56	Yr Arfordir Ifori	21,504,162	
57	Sri Lanca	21,283,913	*
58	Camerŵn	19,711,291	*
59	Yr Iseldiroedd	17,132,729	
60	Tsili	16,888,760	
61	Bwrcina Ffaso	16,751,455	
62	Niger	16,468,886	
63	Malaŵi	15,879,252	*

64	Casacstan	15,522,373	
65	Ecwador	15,007,343	
66	Cambodia	14,701,717	
67	Mali	14,159,905	
68	Sambia	13,881,336	*
69	Gwatemala	13,824,463	
70	Angola	13,338,541	
71	Senegal	12,643,799	
72	Simbabwe	12,084,304	*
73	Rwanda	11,370,425	
74	Ciwba	11,087,330	
75	Portiwgal	10,760,305	
76	Gwlad Groeg	10,760,136	
77	Tsiad	10,758,945	
78	Tiwnisia	10,629,186	

79	Gini	10,601,009	
80	Gwlad Belg	10,431,477	
81	Bwrwndi	10,216,190	
82	Y Weriniaeth Tsiec	10,190,213	
83	Bolifia	10,118,683	
84	Hwngari	9,976,062	
85	Gweriniaeth Dominicaidd	9,956,648	
86	Somalia	9,925,640	
87	Haiti	9,719,932	
88	Belarws	9,577,552	
89	Benin	9,325,032	
90	Sweden	9,088,728	
91	Aserbaijan	8,372,373	
92	De Swdan	8,260,490	
93	Awstria	8,217,280	

94	Hondw	8,143,564	
95	Y Swistir	7,639,961	
96	Tajicistan	7,627,200	
97	Israel	7,473,052	
98	Serbia	7,310,555	
99	Bwlgaria	7,093,635	
100	Togo	6,771,993	
101	Libia	6,597,960	
102	Gwlad Iorddonen	6,508,271	
103	Laos	6,477,211	
104	Paragwâi	6,459,058	
105	Papiwa Gini I I Newydd	6,187,591	
106	El Salfador	6,071,774	
107	Eritrea	5,939,484	
108	Nicaragwa	5,666,301	

109	Cyrgystan	5,587,443	
110	Denmarc	5,529,888	
111	Slofacia	5,477,038	
112	Sierra Leone	5,363,669	
113	Y Ffindir	5,259,250	
114	Emiriaethau Arabaidd Unedig	5,148,664	
115	Twrcmenistan	4,997,503	
116	Gweriniaeth Canolbarth Affrica	4,950,027	
117	Singapôr	4,740,737	*
118	Norwy	4,691,849	
119	Gweriniaeth Iwerddon	4,670,976	
120	Bosnia a Hertsogofina	4,622,163	
121	Siosia	4,595,874	
122	Costa Rica	4,576,562	
123	Croasia	4,483,804	

124	Moldofa	4,314,377	
125	Seland Newydd	4,290,347	*
126	Gweriniaeth y Congo	4,243,929	
127	Libanus	4,143,101	
128	Liberia	3,786,764	
129	Lithwania	3,535,547	
130	Panama	3,460,462	
131	Wrwgwai	3,308,535	
132	Mawritania	3,281,634	
133	Mongolia	3,133,318	
134	Oman	3,027,959	
135	CYMRU	3,063,456	* * *
135	Albania	2,994,667	
136	Armenia	2,967,975	
137	Jamaica	2,868,380	*

138	Cowait	2,595,628	
139	Latfia	2,204,708	
140	Namibia	2,147,585	*
141	Macedonia	2,077,328	
142	Botswana	2,065,398	*
143	Slofenia	2,000,092	
144	Leswtw	1,924,886	*
145	Cosofa	1,825,632	
146	Y Gambia	1,797,860	*
147	Gini-Bisau	1,596,677	
148	Gabon	1,576,665	
149	Gwlad Swasi	1,370,424	
150	Mauritius	1,303,717	*
151	Estonia	1,282,963	
152	Trinidad a Thobago	1,227,505	*

153	Bahrein	1,214,705	
154	Dwyrain Timor	1,177,834	
155	Cyprus	1,120,489	*
156	Ffiji	883,125	*
157	Catâr	848,016	
158	Comoros	794,683	
159	Djibŵti	757,074	
160	Giana	744,768	*
161	Bwtan	708,427	
162	Gini Gyhydeddol	668,225	
163	Montenegro	661,807	
164	Ynysoedd Solomon	571,890	*
165	Cape Verde	516,100	
166	Lwcsembwrg	503,302	
167	Swrinâm	491,989	

168	Malta	408,333	*
169	Brwnei	401,890	
170	Ynysoedd Y Maldifs	394,999	*
171	Belîs	321,115	*
172	Y Bahamas	313,312	*
173	Gwlad yr Iâ	311,058	
174	Barbados	286,705	*
175	Fanwatw	224,564	*
176	Samoa	193,161	*
177	São Tomé a Principe	179,506	
178	Sant Lwsia	161,557	*
179	Grenada	108,419	*
180	Taleithiau Ffederal Micronesia	106,836	
181	Tonga	105,916	*

182	Ynys San Finsent a'r Grenadîns	103,869	*
183	Ciribas	100,743	*
184	Y Seishêls	89,188	*
185	Antigwa a Barbiwda	87,884	*
186	Andora	84,825	
187	Dominica	72,969	*
188	Ynysoedd Marshall	67,182	
189	Sant Kits a Nefis	50,314	*
	Liechtenstein	35,236	
191	San marino	31,817	
192	Monaco	30,539	
193	Palaw	20,956	
194	Twfalw	10,554	*

| 195 | Nawrw | 9,322 | * |
| 196 | Dinas y Fatican | 832 | |

ATODIAD 6

Indecs O'r Enwau-Tudalennau

A

A'Court. Peter Holmes 225
A'Hern. Nicholas 113 114
Aberdâr. Yr Arglwydd 81
Abrahams. A.G. 38
Acfield. D.L. 169
Achike. Onochie 116
Achurch. James D. 120
Ackland. Janet 319 326 338 376 394 400 461
Acocks. Jack 290 461
Adair. Craig 151
Adam. Marcus 103 124
Adams. Anne W. 305 313
Adams. Douglas 156
Adams. Mike 171
Adams. Paul 183
Adams. Philip Maxwell 235 240 241
Adams. Ralph A. 121
Adams. Robert S. (Bob) 294
Addy. Ebenezer Charles O. 123
Addy. James Aryee 123
Adefope. H.E.A. 48 49
Adegbehingbe. Lawrence 123
Adeyanju. Iziaq 123
Adeyemi. Abayoni 213
Adkins. Karl 318
Adrian. George Bruce Ian 161 165
Affleck. Keith 233
Agnew. D.G. 199
Agostini. Michael G. 102
Aherne. A. 461.

Ahey. Michael 114
Ahmed. Omaar 218
Aitken. Brett 153 157
Akabusi. Kriss. 110 127
Akhasamba. Joseph 218
Alder. James N.C. 112
Aldridge. Maurice A. 291
Aldridge. Tom 39
Alexander. A. 199
Alford. J.W.L.(Jim) 84 106 271 273 277 371 389 398 451
Ali. Tan Sri Hashim 39
Allan. Alistair 232 233
Allday. Susan 136
Allen. Alec L. 461
Allen. Janet 365
Allen. Katie 188
Allen. Malcolm 366
Allen. Monique Marie 185
Allen. Ray 339 342 461 475
Allen. William (Billy) 306
Alli. Yussuf 114
Allotey. Stanley Fabian 103 123
Allwood. 461
Alsop. Ian 156
Alsop. Jonathan 319 328
Altmann. Fred 241
Amasio. Valence 230
Amberg. Michael J. 168 169
Andeh. Anthony 213
Anderson. David Rollo 223
Anderson. Gary John 151 152 156 198
Anderson. Graham D. 354
Anderson. Philip 154

Anderson. R.J. 166 169
Anderson. Tim D. 116
Anderson. U. W. Molly 461
Anderson. W.H. John 164
Andreou. Antonis 141
Andrew. Fred J. 295 461
Andrews. M. 188
Andrews. Susan 143
Ang. Kenny 157 158
Ankudey. Emma F. 215
Annan. Alyson 189
Anstey. Mark 360 375 393 451
Antao. Seraphino 102 103
Antonie. Peter Thomas 220
Appleby. Thelwyn 288
Apps. Sylvanus 116
Archer. Simon 147 148
Arkell. Simon 116
Armstrong. Duncan 199
Arnold. Aled 337 377 393 450
Arnold. David J. 226 319 331
Arnold. G. 461
Arnold. Malcolm 309 316 322 334
Arthur. Alex 213
Arthur. Jamie 389 451
Arthur. Lindsay 240
Arthur. Peter J. 90 286 290 298 376 390 393 450
Asati. Charles 104 126
Ashcroft. Chris 362
Ashcroft. Christina 231 232
Ashton. Anthony F.(Tony) 294
Ashurst. Andrew 116
Ashworth. Robyn 37

Aspin. David A. 245
Asselin. Roland G.A.R. 169
Astbury. A. 197 199
Atherton. Andrew 188
Atkinson. H. 162
Atkinson. Leigh 313 318 320
Aubin. Jack 195
Audain. Anne 1323
Awome. Julius 218
Ayinla. Fatai 217
Ayling. Geoffrey 234
Ayres. Andrew 347

B

Bacher. Adam 182
Backley. Steve 120
Bacon. S.V. 28
Baddeley. S. 144
Badger. Stephen 197
Baharin. Nurul Hudda 231
Baildon. Andrew 192 193 194
Bailey. Donovan 124
Bailey. Geoffrey 285 461
Bailey. George 111
Baird. Donald 116
Baird. W. 461
Bairstow. Angela 144 146
Baker. Geoffrey Noel 221
Baker. Simon 113
Baldwin. Dave 163
Ball. Geoffrey 359
Banahan. David 461

Banning. Phil 355 461
Bannister. Roger G. 85 106
Banwell-Clode. Mark 461
Baptiste. Jeanetta 141
Barberis. Vern 173
Barker. Ian 440
Barkley. Julia 298
Barnes. A. 462
Barnes. Albert 272 380 391 400 451
Barnes. J.E. 225
Barnett. J. 277 285
Barnett. Melville 280 462
Barr. Kathryn 228
Barrett. Alan W. 39
Barry. J. 462
Barry. Steve 113 316 372
Bartels. Peter 150
Bartholomew. Phyllis 134
Barton. J.A. 462
Basse. Deborah 228
Bateman. Thelwyn 294
Bates. Anna 158
Bates. Christopher 222
Batten. Malcolm William 227
Battle. Ceri 365
Batty. Gerry G. 462
Baulch. James 343 355 374 393 440 451
Baumann. Alex 198 200
Baxter. Nick 237 240
Baxter-Wright. Tom 462
Bayi. Filbert 106
Beasley. Glenys Anne 139
Beattie. Phil 110
Beatty. Yr Iarll 48

Beaulieu. Claude 340
Beaumont. Charles-Louis De 167
Beavan. J.E. 281 286
Beavan. Pat 305 309 380 451
Beavers. William J. 107
Becher. Daniel W. 218
Becher. Hester 159
Beck. Margaret 144 146
Beckett. Mathew 358
Beer. Alan 336
Beer. P. 462
Beiliador. Egon 244
Bell. Darren 124
Bell. Diane 190
Beng. Kiang Soo 145
Beng. Teong Ong 145
Benjamin. Matthew 367
Benkenstein. D. 182
Benko. William A. 246
Bennett. Joyce Elaine 139 140
Bennett. Terry 297 298 304 311
Bennett. Tod Anthony 127
Bennett, Wayne 306
Bennion. Catherine 337
Bergin. Mickey 214
Bernard. Kent Bede 126
Bernard. Linda 312
Berry. Kevin 194
Berry. Yr Anrh. Anthony 424
Bertorelli. Frank 462
Bessette. Lyne 149
Bessey. Chris 216
Best. John L. 46
Beswick. John M. 302 384 393 451

Bettles. George H. 163
Bevan. Julia Lynne 290
Bevan. Nigel 334 343 355
Bevan. Randall 13 15 17
Bevan. Ronald 306
Beveridge. J. 224
Bickle. Trevor S. 116
Biddle. Bruce W. 153
Biggin. F. 162
Biki. Sapok 210
Billing. Cyril 462
Billington. T. 277
Biln. S. 226
Bingham. Cecil D. 462
Binneman. Hendrick 153
Bird. Jack M. 462
Birkett-Evans. James 349 366 383 391 400 451
Birkmyre. Nicholas J. 221
Black. Lisa 337
Black. Roger Anthony 104 127
Blackett. Andrea 133
Blackhouse. Claire 146
Blair. Saskia 354
Blake. Linda 310
Blake. Martyn 369
Blake. Sally 462
Blay. Eddie 213 216
Blenman. Blair 175
Bluck. C. 462 320 462
Blumberg. A. 162
Blyth. Ella 462
Boa. Gilmour 233
Boaden. Ken J. 462
Boak. Robin 140

Boardman. H.C. 224
Bobkin. Lorne 188
Bodman. W. 284
Boegman. Nicole 134
Boit. Mike 105
Boje. Nicky 182
Boldon. Ato 102
Bole. Elswood 220
Booker. J. 462
Boot. Vernon P. 105 130
Booth. C.C. 281
Booth. Neil 165
Boothe. Lorna 133
Booty. Ray 153
Borlase. J. 219
Borthwick. Kenneth 39
Botha. Riaan 117
Botting. Norman 261 462
Boucher. Mark 182
Boumann. Alex 200
Bourke. Peter 105
Bourne. Munro 192
Bowden. Anthony 319
Bowes. Sharon 231
Bowsher. F.W. 462
Boxall. Keith 178
Boxall. Margaret 146
Boxer. Christina 132
Boyd. Denise 131
Boyd. I.H. 85
Boyd. Ray 116
Boyle. A. Raelene 90 91 128 129 130 140
Brace. Steve 334 355
Bradbury. Julie 148

Braddick. Reginald Kenneth 263 273 462
Bradley. William 220
Brady. Jacqueline 183
Braithwaite. Don 283 348 381 393 452
Braithwaite. Winfield 214
Brangwin. Kenneth Colin 125
Breaker. Adrian Francis 122
Brechin. Herbert 38
Brechin. M.J. 166
Brekke. Johanne 366
Brennan. George J. 217
Breton. Adrian 236
Brewer. Graeme 203
Brewer. Ross 188
Briggs. Grant 348
Briggs. Karen 189
Brill. Debbie A. 135
Brimble. John 316 462
Brimble. Susan 310
Brinks. G.M. 434
Britton. William 76
Brock. H.A.V. 462
Brockway. John 195 274 276 281 379 391 399 452
Brookes-King. Reginald 440
Brooks. J. 434
Brooks. Neil 193
Broome. David 441
Brough. F. 222
Brown. Allen William 226
Brown. Dale 218
Brown. Damian 174 175
Brown. David 311
Brown. Fred 366

Brown. G.H. 284
Brown. Garry 110
Brown. Harold 113
Brown. Hilton J. 462
Brown. Ian 199
Brown. Jackie 210
Brown. James R. 121
Brown. John 122
Brown. June 462
Brown. Lynda M. 298
Brown. Michael (Mike) 304 311
Brown. Philip Andrew 127
Brown. Richard 338
Brown. W.G. 283 381 393 452
Browne. Ian 156
Browning. Shelagh 274
Bruce. Ian 164
Bruce. Jeffrey 462
Bruce. Robert 200
Bryant. David F. 462
Bryant. David J. 160 163
Bryant-Lewis. Diana 462
Bryce. Donald 299
Bryce. Jeffrey 311 317 326 337 393 452
Buckley. Peter 153
Buffin. David 337
Buffin. W. 462
Bull. Michael 90 91 116 121
Bunyan. David 362
Burge. Diane Marie 128 140
Burge. Peter 114
Burge. T.C. 294
Burghley. David 76 78 109 110
Burke. Barbara 132

Burkett. Neil Anthony 164
Burleigh. George 192
Burley. Kristan 188
Burne. Judith 229
Burns. Alayna 156
Burns. John 179 304 311 317 389 391 450
Burns. Robert 157
Burrowes. Newton 176
Burton. Neil 347 361
Butler. Arlington 49
Butler. William H. 211
Butt. Mohammed Latif 55

C

Caira. Philip 176
Callender. Beverley Lanita 140
Callus. Ashley John 202
Calnan. John 336 462
Calvert. David Peter 233 239
Cameron. Bert 104
Cameron. Bruce 55
Campbell. Daren Andrew 125
Campbell. Lisa 145
Campbell. Malcolm 275 276
Canning. Graham 462
Capes. Geoffrey 117
Capon. S.H. 272
Cardinal. Jean-Marc 181
Carlin. Sean 119
Carmichael. W. 19 38 49
Carr. Edwin William 104 125
Carro. Wilfred (Wilf) 319 462

Carroll. Julian 198
Carroll. William 223 452
Carruthers. Alistair 364
Carter. Leonard Walter 123
Cartwright. Cyril 152
Casella. Robert de 112
Castiglione. Salvatore 176
Caterson. Dale 227
Cave. Leanda 392 452
Cecil. David 126
Chadwick. Anthony (Tony)H. 452
Chalmers. Angela 132 133
Chaloner. Mark 243
Chamberlain. Laura 361
Chamberlain. Ronald 462
Chambers. Carlton 125
Chambers. Dwain Anthony 125
Chambers. J. M. 462
Chambers. Royston J. 462
Chambul. Borys 119
Champion. Malcolm 32
Chand. Udey 245
Chandra. Harish 245
Chaplin. Ricky 339
Chapman. Alex B. 50 51
Chapman. Gary 199
Chapman. Herbert (Bert) 259 463
Chapman. Karen 147
Chapman-Pope. Susan Claire 227
Charles. James 338
Chaston. Justin 343
Chataway. Christopher J. 107
Cheah. Soon Kit 147
Chesang. Reuben 106

Childs. Wilfred 38
Chin. Siew Foong 39
Chipchase. Ian 119
Chok. K.F.R. 164
Choong. Han Wang 144
Choong. Tan Fook 145 147
Choquette. Jean 188
Christie. John 161
Christie. Linford 98 103 125
Chung. Kum Weng 90 172 290 297 298 304 376 389 399 452
Ciancio. Nick 176 178
Clark. Anthony 235
Clark. Darren 104
Clark. Dennis 344 463
Clark. Duncan M. 119
Clark. Gillian 146 147 148
Clark. Kerry 163
Clark. Lyn 229
Clark. Marjorie 132 135
Clark. Olivia 338
Clark. Una 463
Clarke Robin 229
Clarke. Arthur 233
Clarke. Glenn 152
Clarke. J.H. 314
Clarke. P. 463
Clarke. Rhian 355
Clarke. S. 193
Clarke. Tina 228
Clay. M.C. 224
Claypole. T.L. 463
Cleal. C.L. 38
Cleghorn. R. Harold 180

Clemo. Tony 303 309 309 315 463
Clerk. Blair 38
Cleveland. A. 196
Cliff. Adam 223
Clough. Jane 463
Clough. Noel S. 105
Clover. Charles 120
Clubb. David 331 337
Cubbe. Stuart 331
Coales. Philippa 354
Coates. D. 463
Cocks. W.J. 463
Coe. Wallace 215
Cohen. R.A. 169
Colbert. Gregory 242
Colclough. Tony 362
Cole. Billy 117
Cole. Walter. 463
Coleman. Melody 165
Coleman. Jean 139 142
Coleman. Johannes 112
Collard. Jack P. 463
Collins. Glyn 463
Collins. John H. 463
Collins. Malcolm 276 283 380 381 390 450
Colloby. Stephen 344
Colmer. W. David 296
Colquhoun. Cephos 216
Colquhoun. Robert 159
Colyear. Sharon 140
Comins. Jacqueline L. 299
Connor. Keith 115
Connors. William 364
Conteh. John 216

Cook. Fred S. 463
Cook. Gary Peter 127
Cook. Jason 348 391 452
Cook. Kathryn Jane 141
Cook. Leslie 213
Cook. M.J. 277
Cooke. Geoffrey 154
Cooke. H. 166
Cooke. John 234
Coombes. Richard 25
Coombs. Joanne 362
Cooper. Alun 463
Cooper. Andrew Dollman 227
Cooper. Astley 24 25 26 27
Cooper. Bradford 197
Cooper. Bradley 118
Cooper. Brent 190
Cooper. Gareth 367
Cooper. Mair 17
Cooper. Malcolm 232 239
Cooperman. Arnold 166 168 169
Cooperman. Ralph
Corbett. Marius 121
Corrigan. Peter 463
Corsie. R. 161
Cosgrove. Matt 359
Costain. Daniela
Cotter. Jeanette 364
Cotteral. Charles 213
Cottrall. Robert
Coubertin. Pierre De 6 27
Coulson. Elizabeth 463
Coulthard. Terry O. 463
Courtney. Ray 463

Courtwright. James 121
Cowdell. Patrick 212
Cowhig. William 441
Cowley. Simon Peter 194 197 203
Cox. Brenda Joyce 141
Cox. Reg A. 259 261 265 463
Coy. Eric E. 119
Craft. Steve 368
Craig. Christine S. 296
Craig. R. 170
Cram. Steve 106 107
Crampton. Peter 128
Crane. Julie 357
Cranswick. Donald G. 293
Crapp. Lorraine 89
Crate. Alec E. 463
Craven. Richard 351 369 385 392 452
Creagh. Frank 219
Creedy. Rebecca 209
Crimp. Graham C. 463
Crippin. H.
Cripps. Sharron 141
Cripps. Winsome 139
Croft. June 206
Crookes. Derek 182
Crooks. Charmaine. A. 143
Crosby. William (Bill) 463
Cross. Martin 223
Cross. Richard (Dick) W. 306 463
Crosse. S.C. 223
Crossling. J. 463
Crosswaite. Alfred 463
Crosswaite. S. Rosina 312 463
Crowe. Norton H. 25

Crowther. Denise 463
Crump. G. 463
Crutchlow. Ernest 154
Cullen. C. 230
Cumbers. Nicky 326
Cumbers. Peggy 463
Cupid. C.G. 271
Curran. P. 154
Currer. H. 162
Currie. Allan 20
Currie. Brenda 20
Currie. Richard 210
Curry-Kenny. Lisa 203 204 205 208
Curtis. Cameron 162
Cusack. Loretta 190
Cusack. Nicole 219
Cuthbert. Elizabeth 140
Cuthbert. Linda 209
Cutts. Ian G. 291

D

D'Arcy. Lawrence 123
D'Hondt. I.W. 226
Da Silva. Roberto E. 163 164 431
Dadds. Graham 441
Dagger. Barry 2439
Dainton. Ann 324 336 345 375 393 452
Dale. William 125
Dallah. O.K. 164
Dallimore. John 340 349 463
Daltry. Michelle 363
Daltry. Stuart 367
Daly. Keevil 177

Danier. Stephen 245
Danilowitz. Phineas 160
Dar. Asif 214
Darkey. Joe 216
Darling. George 234
Davidge. C.G.V. 224
Davies. Andrew 181 326 337 377 378 389 394
          450
Davies. Anthony 301
Davies. Bronwen G. 463
Davies. Cadfan 463
Davies. Christine 299
Davies. Cristopher 306
Davies. Clyde 463
Davies. Colin 463
Davies. D. Hedydd 294
Davies. Dai 381 391 452
Davies. Daniel 338
Davies. David 349 367
Davies. David I. 301
Davies. Delyth 343 355 463
Davies. Desmond 237 340 349 367 463
Davies. E. Valerie 273 379 390 398 399
Davies. E.G. 272
Davies. Emma 356
Davies. Gareth 347 362 367
Davies. George W. 464
Davies. Gerald 464
Davies. Gilbert E. 464
Davies. Graham J. 464
Davies. Gwyn 366
Davies. H. 464
Davies. H.E. 464
Davies. Hilary 294

Davies. Howard G. 288 294
Davies. Jim A. 96
Davies. Joanne 1489
Davies. John 201 302 303 306 309 372 391 439 452 464
Davies. John G. 196
Davies. John R. 277
Davies. L.R.J. 464
Davies. Lynn 114 285 288 371 372 439 450
Davies. Lynn A. 464
Davies. Mari O. 464
Davies. Mark 354
Davies. Mary 345 464
Davies. Maurice G.(Mal) 294
Davies. Ormond 464
Davies. Phillip 301
Davies. Richard 269
Davies. Robert 367
Davies. Ronald 464
Davies. S. 464
Davies. S.R. 464
Davies. Sonia 260 464
Davies. Terence Rodney 226 288
Davies. Terry 294
Davies. Thomas R. 272 394 399 452
Davies. Tim 333
Davies. T.R.H. 284
Davies. Vivian J. 299 305
Davies. William E. 464
Davies. Elizabeth 305
Davis. Everard Inseal 121
Davis. Gwynne C. 294
Davis. Julia M. 289
Davis. K. 464

Davis. Ron 440
Davis. Victor 193 196
Davison. Fay 464
Davison. Russell 341 342
Dawkins. Duncan 177 178
Dawson. Alan 182
Dawson. Catherine 343
Day. Anthony 318 326 339
Day. Gordon Raymond 126
De Beaumont. C.L. 167
Dearnley. Audrey 142
Defiagbon. David 215
Delaney. Michael 303 309 355
Delaney. Ron 464
Delesalle. Philip L. 186 188
Delgado. Clement C. 161 163
Denison. William 160
Denman. Helen 203
Denmark. Robert 107
Denner. C. Mansel 464
Dennis. Donald 464
Dennis-Jones. Glyn 464
Dent. Ivor 50
Deschatelets. Richard 245
Devitt. John 88 192
Devonald. R.S. 275
Devonish. Marlon 124
DeWit. William 218
Diamond. Michael 237
Dick. Allan 125
Dickison. Ian 160
Dion. Michel 232 234 240
Disley. John 275 277 441
Dixon. J. 381

Dixon. David 54 587
Dixon. Robert 120
Dobson. Louise 189
Dodd. J.B. 285
Dodd. R. 277
Dokiwari. Duncan 219
Doms. John 196
Donaldson. Rowan 217
Donaldson. Stephen 364
Donnelly. Nigel 152
Donovan. Dawn 365
Douglas. Reginald 221
Douglas. Rod 217
Dourass. Gloria 288 295 303
Downey. Bill 213
Dowrick. Brennan James 186
Doyle. Mark Andrew 227
Drayton. Jerome 91
Drew. Albert J. 464
Driver. Peter B. 108
Drummond. K.J. 225
Drysdale. Sidney 163
Du Plessis. Andries S. 116
Du Plessis. Stephanus J. 118 430
Dubbins. Robbie John 164
Dubnicoff. Tanya 155
Duggan. Frank 464
Duncan. K.S. 48 55
Dunlop. James 241
Dunn. Thomas W. 291
Dunne. Matthew Stephen 203
Duprez. Brett 162
Duston. Helen 388 378 391 399 452
Duston. Noel 338

Dutton. Brett Allan 152
Dwyer. Thomas H. 291
Dyer. Darren 215
Dyer. Douglas 292
Dyer. John 292
Dyer. Ray 328
Dynevor. Geoffrey 212

E

Eady. Roger J. 299
Earwicker. Robert 361
Easton. Paul 317
Eastwood. Arthur H. 222
Eaton. David 362
Ebert. Anthony J. 175
Eddols. G.C. 464
Edmunds. George 346
Edmunds. Glenys 346
Edmunds. R.J. 464
Edney. J. 162
Edwards. Ceinwen B. 299
Edwards. Chris 326
Edwards. D. Mildred 464
Edwards. D.C. 285 289 382 383 392 395 401
        439 450
Edwards. Diane 131
Edwards. Dr. Richard 366
Edwards. E. 281
Edwards. H.R.H. 224
Edwards. Hugh 439
Edwards. Ian Llewellyn 298
Edwards. Jeremy 329

Edwards. John 284 319 382 394 400
          450
Edwards. Margaret 363
Edwards. Marilyn J. 294
Edwards. Malcolm 322
Edwards. Paul 334 362 373 394 452
Edwards. Phil 81 105
Edwards. Prys 434
Egan. Graeme 363
Elder. Verona Marolin 142
Elder. Stewart 222
Elgie. Margaret 322 334 464
Elias. Matthew 356 391 452
Elliott. Fiona 148
Elliott. Freda 158
Elliott. Geoffrey 116 464
Elliott. Herbert J. 105 106
Elliott. Malcolm 154
Elliott. Peter 10
Ellis. Elizabeth 219
Ellis. K. 464
Ellis. Louise 363
Ellis. M. Anne 464
Ellis. Michael J. 119
Ellis. Vivienne 286
Ellison. Adrian 223
Elworthy. Steve 182
Emmerson. Ian 51
England. D. 285 371 394 452 464
England. Maurice A.H. 464
Englehart. Stanley E. 1043
Enoch. Cyril J. 4645
Eregbu. Obinna 114
Eseme. Ikpoto 123

Evans. A. 322
Evans. A. E. 286
Evans. Alwyn 276 281 465
Evans. Andrew 367
Evans. Aneurin 391 452
Evans. Athol T. 465
Evans. Colin 340 383 391 400 452 465
Evans. D. 368
Evans. D. S. 284
Evans. Dr W.A.L. (Bill) 465
Evans. E.N. 465
Evans. Ellis. 269
Evans. Emrys 434
Evans. G.J. 271
Evans. Geraint 465
Evans. Geraint (Syr) 93 99 445
Evans. Gerald Greig 126
Evans. Glyn 465
Evans. Gwyn 311
Evans. J. John 280 375
Evans. Joanne 339
Evans. John 309 321 335 374 394 452 465
Evans. John Russell 311
Evans. Kevin 364
Evans. Linda 159 324 336 345 374 389 398 452
Evans. Lynne 465
Evans. Mair 365
Evans. Mark 349
Evans. P. 465
Evans. R. 273
Evans. R. A. 281
Evans. R.C. 465
Evans. Rachel (Raye) 261 294 465
Evans. Ralph 441

Evans. Richard 152
Evans. Ron B. 465
Evans. Roy 465
Evans. Stephen Frederick 227
Evans. Russel 304
Evans. W. lorrie 281, 304
Evatt. Peter Maitland 223
Eve. James 38
Exelby. P. 161
Eyre. Len 107

F

Faiz. Muhammed 245
Falardeau. Johanne 146
Famuina. Beatrice 137
Farmer. Peter 119
Farquharson. Stewart 221
Farr. Colin 465
Farr. Ken 465
Farthing. Glyn 340 465
Fasala. Greg 193
Favell. Bruce Ian 237
Fearnley. Charles E. 258 261 290 294 465
Fell. Graeme 112
Fennell. Michael 54
Ferguson. Adair Janella 229
Ferguson. Richard K. 86
Ferguson. Shonel 135
Ferragne. Claude 116
Fifield. Richard 326 465
Finlay. Donald Osborne 110
Finney. Carl 190

Fisher. William E. 465
Fitzgerald. Colin John 153
Fitzpatrick. Johnny R. 122
Fitzsimons. John 121
Fleming. George T. 164
Flemming. Barry 347
Flemming. Jane 139
Fletcher. Colin 279
Fligelstone. P. 465
Flintoff-King. Debbie 131 134
Flook. B. 243
Floyd. M. Pat 218
Flynn. Mark 366
Flynn. Oliver 114
Fogarty. Nancy N. 140
Forbes. Alexa 230
Forbes. Stuart 222
Ford. Bruce 221
Ford. Michael 337
Ford. Michelle Jan 206
Ford. Tony 177
Forder. Anne Marie 231
Foreman. Paul 114
Forrest. Rod 465
Forster. Debra Lynne 204
Forster. Stephanie 228
Forsyth. Timothy 116
Fortin. Roger 217
Fortt. Cynthia 359
Foster. Brendan 108
Foster. Margot Elizabeth 227
Foster. Mark 192
Fouche. Louis A. 117
Fowles. Dennis 316

Foxwell. Gerald 465
Francis. G. 282
Francis. Norman 465
Francis. Willie 194
Franklin. A.G. 465
Franklin. Ron. G. 278
Franklyn. Ann 465
Fraser. Alan 465
Fraser. Dawn 88 430
Frazier. Kim 231
Fredericks. Frankie 103
Freeman. Catherine 100 130 141
Freeman. Michelle 133
Freeman. Noel F. 113
Freisenbruch. Don 76 78
Frich. J. 162
Friswell. John 332 465
Fritz. William Duncan 125
Fry. Courtney 218
Fry. Kaylynn Maree 227
Fryar. Diane 316
Fryer. Peter Goodwin 125
Fuzesi. Mary 184
Fydler. Christopher J. 202

G

Gabriel. Brian 241
Gaffley. Reg 171
Gage. G. M. 465
Gallagher. Steve 351 352 465
Galloway. James Chester 227
Gammer. Ralph 364

Ganz. C. Robin 465
Ganz. Judith 465
Garden. Roy 160
Gardener. Jason John 124
Gardner. Keith A. 102 109
Gardner. Peter J. 19
Gargano. Nicholas 215
Garon. Denis 179
Gathercole. Terry 196
Gault. Michael 235 237 240
Gayzer. Phillip Arthur 225
Gazard. R. 278
Gear. Rico 230
Gedge. George Valentine 125
George. Basil 258 261 267 306 315 319 333 465
George. David 314 366 464
George. Emma 136
Gibbon. Roger 151 156
Gibbons. Robert 246
Gibbs. Herschelle 182
Gibbs. Katrina 136
Gibbs. Lisa 345
Gibbs. Scott 136
Gilbert. Glenroy 125
Gilbertson Richard M. 321 333 465
Gilbody. Martin 364
Giles. Howard C. 465
Gill. Elizabeth A. 290
Gill. Peter 435 436
Gilliland. Henry 213
Gillingham. N. 197
Gilmore. Sidney(Sid) G. 465
Gimbletie. W. 465

Gimotea. Madonna 185
Girling. Brian Edward 237
Gitanga. Charles 105
Gittins. Harold 174
Giustinano. Michaelangelo 236 237
Gladstone. Albert 439
Glasenbury. D. 284
Glen-Haig. Mary A. 166
Gleria. Robert 198
Goddard. Beverley 141
Godfrey. Derek 466
Godfrey. Peter Charles 301
Goermann. Monica 183
Gold. P. 275
Golding. Julian Anthony 104 125
Golinsky. Stanley John 234
Golley. Julian 116 148
Goode. Derek 466
Goode. Joanne 147 149
Gooding. A.J. 97
Gordon. Alastair Kinnaird 123
Gordon. Elvis 192
Gordon. Maurice 234
Goring. Carlton 174
Gosper. R.Kevin 105
Goss. Sandy 198
Goswell. Andrew 348 363
Goswell. Bruce Henry 226
Gourlay. David 162
Gowland. Yvonne 233
Gowrie. Yr Iarll 48
Goyder. Joe W. 218
Grace. C.D.466
Grant. Dalton 117

Grant. Dr Graham 266
Gratton. Gerry A. 175 177
Gray. Edgar 151 156
Gray. Paul 345 358 394 450
Gray. Sonya 207
Gray. Stan D. 308 466
Greatrex. John M. 296
Greaves. G.R.H. 466
Greaves. Wilfred 216
Green. R. P. 19 466
Green. S. 168
Greenland. Joanne 275 276 380 392 453
Greenwood. Claire 337 346 360
Grenda. Michael Ronald 153
Greville. Julia 209
Grey. Paul 368 374 375
Grey. Ted 466
Grey-Gardner. Robyn 228
Greyling. Joseph A. 215
Griffin. Leon 166 177
Griffiths. Bryn 306 466
Griffiths. Cecil 439
Griffiths. D. Gwynne 295
Griffiths. David 337
Griffiths. Dr Wayne 10 12 17 315 321 334 341 342 353 445 446 466
Griffiths. Jack A. 279
Griffiths. Kenneth 466
Griffiths. Lisa 338 394 399 453
Griffiths. Mark M. 466
Griffiths. Pamela 336 345
Griffiths. Peter J.L. 295
Griffiths. S. 285
Griffiths. William 440

Griffiths. William (Bill) T. 466
Griffiths-Jones. Owen 363
Grimes. Andrew 363
Grinham. Judy 88
Grondein. Colleen 159
Grosset. Blair 39
Groulx. Sebastien 173 174
Groves. Harry 213
Groves. W. 424
Groves-Burke. Andrew 357
Groves-Burke. Natasha 357
Gudgeon. E.F. 162
Guest. Paul Marshall 226
Guinn. Thomas 235 240
Guistiniano. Michaelangelo 242
Gully. Stephen J.(Steve) 296
Gunalan. Punch 144
Gunnell. Sally Jane 133 143
Gunning. Kenneth 466
Gwilt. Peter 318

H

Hack. Roderick Douglas 241
Hacker. David 363 523
Hackett. Grant 201
Hackney. Roger 316 323 334 373 391 453
Hadjiandreou. Marius 115
Haigh. Geoffrey 55
Haining. Peter 222
Haisley. Ernest 115
Haist. Jane 136
Halbaus. Frank J. 27

Halberg. Murray G. 85 107
Hale. Ian Maxwell 237
Hale. Victoria 347
Haley. Patrick 122
Hall C. 466
Hall. F. 466
Hall. Leonard A. 215
Hallam. Chris 344 438
Hallam. Ian 151 152
Hallam. Jan 151
Hallam. Tracey 148
Halliday. Jim 173 175
Halstead. Eleanor 139
Hamer. Clare 347
Hamer. Ian 334 373 394 453
Hames. Jagan 121
Hamil. Gerard 213
Hamilton. Jane F. 299
Hamilton. Norman 195
Hamilton. Peter 314
Hampson. Thomas 105
Hampton. John 27 28
Hamzah. Tan Sri 50
Handley. Ann 364
Hansard. C. 282
Hansen. Ashia 135
Harby. A.J. 224
Harby. Kathryn 219
Hardiman. Marius 361
Harding. Aileen 276 375 394 399 453
Harding. Rowe 424
Hardwick. Harold 28
Hare. William 235
Harman. Kenneth 237 241

Harper. Brian 218
Harries. Kenneth W.B. 272 466
Harries. Lynette 466
Harris. Anthony J. 285 289
Harris. Colin 307 319 331 383
Harris. Ian 367
Harris. John 344
Harris. K.M. 424
Harris. Martin 195
Harris. Madonna 154
Harris. Rachel Amanda 207
Harris. Thomas M. 225
Harrison. Audley 219
Harrison. Thomas 155
Hart. Hendrick B. 117 118
Hart. Roy A. 289
Hartland. John 329 466
Hartland. Kathryn 329
Hartland. Nicholas 329
Hartley. Donna Marie L. 130 142
Hartop. Susan 349
Hartwell. Lesley 158
Harvey. E. 285
Harvey. Horace 160
Harvey. Roger 238 241
Haskell. Graham 123
Haslam. Juliet 189
Hassan. Majid 164
Hassell. Robert S. 292
Haswell. Madeline 290
Hatfield. John T. 302 307 384 394 453
Hatto.Frank 466
Hawco. Sherry Louise 183
Hawkes. Graham 310

Hawkes. Rechelle 189
Hawkins. Clare 365
Hawkins. David 196
Hawksworth. L.J. 301
Hayde. Darren 364
Hayman. Greg 170
Hayward. Bernard L. 295 303
Head. Venissa 310 316 323 373 391 453
Heap. Craig 188
Heatly. Peter 47 53 88
Hector. Chris 239
Heffernan. Stephen 156
Heller. George 39
Hemasiri. Fernando 55
Hemery. David 109
Henderson. K. 48
Hendricks. Jon 192
Heng. Ben 158
Henley. C. 167
Henning. Cameron 198
Henricus. Anadale 212
Henry. Edmund Olufemi 49 50
Henry. Robert 161
Henthorn. Jamie 356
Henwood. Julia 339
Hepburn. Doug 180
Herbert. John 115
Heseltine. William 156
Heselwood. K.J. 223
Heuke Peter 236
Hewett. J. 466
Heycock. Yr Arglwydd 254
Heywood. John 281 428
Hibbert. Curtis 186 187 188

Hicks. Ken G. 466
Hidayat. Muhamad 173
Higgins. A.Robert 283
Higgins. Ernest W. 155
Higgins. Francis Peter 125
Higgins. Robert 381 391 453
Higgins. Robina 137
Hill. Darryn 115
Hill. J. M. 27
Hill. James 220
Hill. Len 31 279
Hill. Robert 466
Hill. Ronald 112
Hillman. J. 466
Hills. Tommy C. 160
Hirst. A. June 295
Hiscock. Eileen Mary 128 129 139
Hives. Gareth 326 337 346 361 378 393 450
Hobbs. Justin 343
Hobson. Percy F. 115
Hockley. Chris 331 340 349 367
Hockley. Norman 466
Hodge. Eric 466
Hodge. Sally 344 39 398 453
Hodges. Gillian 229
Hodges. Ralph F. 160
Hoey. Brian 434
Hoffman. Abigai 130
Hoffman. Marion 140
Hogan. Katrina 368
Hogan. Peter Ross 187
Holbrook. S.J. 466
Holden. Jack T. 84 112
Hole. Gerry 466

Holland. Steven G. 201 466
Holley. Tom P.J. 294 303 308
Hollick. Hilary 310 316
Holloway. P. 272
Holmes. Andrew 221 223
Holmes. Cyril B. 102 103
Holmes. John A. 466
Holmes. Kelly 131
Holt. E.J. 54
Holvey. Susan 466
Honey. Gary 114
Honeychurch. Cara 157 15
Hooiveld. Lara 205
Hooper. Berenice 258 260 281 302 305 312 466
Hooper. Jocelyn C. 282 287
Hooper. Michael 55
Hooper. N. 284
Hooper. Wilf 260 263
Hope. Michael(Mike) J. 466
Hopkins. Edward (Ted) 257 260 267 277 285 294 467
Hopkins. Elgar 269 321
Hopkins. Gloria 346 375 392 453
Hopkins. Ken 346
Hopkins. Kevin 365
Hopkins. L. 467
Hopkins. O.B. 275
Hopkins. Sara 347
Hopkins. Thelma E. 135
Horrell. A. 278
Horsfield. Neil 323 334
Hosgood. John B. 467
Hoskins. Jim 345

Hoskins. John 55
Hoskins. Sheila H. 134
Hoskyns. Henry 166 168 169
Hoskyns. William 167
Hough. Karen 3253
Hough. P. 162
Housman. Glen 201
Howard. Bruce 268
Howard. M.J.P. 168
Howat. J. 158
Howell. Cyril 49 255 258 262 263 266 292 302 309 330 424 467 476
Howell. Fred 258 260 309 315 321 333 342 467 476
Howell. Katy 357
Howell. Phillip E. 467
Howell. Valerie 345
Howell. Walter Neville 226
Howells. Gwyn 297
Howland. Suzanne 138
Howley. Robert 365
Howson. J.F. 38
Hoyte. Wendy Patricia 141
Hoyte-Smith. Joslyn Y. 142
Hudson. Andrew 182
Hudson. Bret 187
Huegill. Godfrey. A. 194 202
Hughes. C. 284
Hughes. Dyfrig 467
Hughes. Mary 336
Hughes. Matthew 357
Hughes. Megan 358
Hughes. Norman 333 335
Hughes. R. 268. 335 345

Hughes. Susan (Sue) 296
Hughes-Rowlands. Ian 363
Humphreys. G. 284
Humphrys. Gareth 304 360
Humphreys. James William 125
Hung. Tho Fook 171
Hunt. Chris 147 148
Hunter. Alan 110
Hunter. E. A. 53 54
Huot. Jean-Pierre 235
Hurford. E.C. 424
Hurn. Sally A. 299 305
Hurring. Gary 198
Hutcheon. Simon 187
Hutton. Leonard 113
Huxtable. Grahame R. 274 305 467
Hybart. Maureen 467
Hyman. Dorothy 128 129 139

I

Ibrahim. Alias 269
Ifeajuna. Emanuel A. 115
Igorov. Metodi 236
Igun. Samuel 114
Ikeda. Richard 188
Ilahi. Ikram 246
Ilitch. Janine 219
Imison. Rachel 189
Imrie. Thomas 216
Ingledew. Kenneth H. 257 259 425 467
Ingram. Steve 3453
Inverarity. Allison 135
Ionesco. Carmen 137

Iqbal. Muhammad 119
Ireland. A. Frank 467
Irwin. Gareth 347 362
Irwin. John 213
Issajenko. Angella 129 143

J

Jacks. Ronald B. 194
Jackson. Colin 109 334 356 373 389 392 440
        451
Jackson. Kara 365
Jackson. Marjorie 128 129
Jackson. Ron 200
Jacobs. David 439
Jacobs. Peter 168
Jacobson. Mark 162
James. Alun A. 295
James. Amanda 313
James. Dafydd 365
James. Emma 364
James. John 307
James. Jonathan 349
James. Kenneth L. 467
James. Margaret E.J. 467
James. Robert M. K. 326 338 467
James. William 222
Jameson. Andrew 194
Jarrett. Anthony Alexander 109 124
Jay. Allan Louis N. 165 166 167
Jay. Michael 236 340 349 383 384 389 394 453
        454
Jeltkov. Alexander 187

Jenkins. Andrew 338 467
Jenkins. D. Leighton 297 304
Jenkins. David 123
Jenkins. Dorothy 467
Jenkins. Emlyn 265 467
Jenkins. Graeme J. 302
Jenkins. J. Powell 467
Jenkins. N. 467
Jenkins. Nicola 186
Jenkins. Ron 276 281 286 290 376 394 399 453
Jenkins. Ronald H. 290
Jenkins. W. Arthur 326 467
Jennings. Howard R. 289 296 304
Jenour. Maynard 254 424 445
Jerome. Harry 1032
Jipcho. Ben W. 107 111
John. Delfrig 311 361 467
John. E. Aeron 297
John. Glyn 467
John. Myrddin 1 2 5 9 10 11 12 13 14 51 55
93 94 95 96 256 258 260 264
266 267 268 281 311 317 321
467 476
John. Penelope 305
John. Richard 425
John. Sheila 467
John. Sue 361 467
John. Wilfred 280
Johns. F.L. 461
Johnson. Ben 103 125
Johnson. Chris 217
Johnson. David 123
Johnson. Derek I. 106 126
Johnson. Edward 223

Johnson. Gordon 155
Johnson. Horace 90 288 292 377 393 394 451
Johnson. Kerry 142
Johnson. Nigel R. 301 381 395 453
Johnson. Paul 243
Johnson. Rose B. 467
Johnson. Sian 370
Johnson. T. 467
Johnson. W.R. 169
Johnston. Graham M. 201
Johnston. Margaret 159
Johnston. Rex Winfred 162
Johnstone. Charles 223
Johnstone. Verna 143
Joignant. Peter G. 467
Jolly. Gordon 164
Jones. A. Roy 298
Jones. Alban H. 467
Jones. Anthony 467
Jones. Arthur S. 467
Jones. Caroline 366
Jones. Chris 19 330
Jones. Christopher 348 439
Jones. D.H. 278
Jones. David Henry 122
Jones. Debbie 339
Jones. E.R. 467
Jones. Evan 280
Jones. Gareth Lloyd 265 353
Jones. G. Rowland 299 305
Jones. I. Rhys 467
Jones. J. Howel 55
Jones. J.D. 380 392 453
Jones. John C. 278

Jones. Jim 364
Jones. John G. 298 467
Jones. Karl 337 377 392 453
Jones. Ken 275 371 394 398 440 454
Jones. L. Roy 468
Jones. Leigh 337
Jones. Louise 155 335 358 384 389 398 454
Jones. Mark 339 348
Jones. Michael 468
Jones. Phil 335 344 357 468
Jones. Raymond E. 292 302 309 315 468
Jones. Rhian 365
Jones. Rita 159 324 336 345 360 374 375 389
    392 395 398 399 451
Jones. Roderick S. 290
Jones. Ron 2878 285 289 295 371 395 468
Jones. Sally 278
Jones. Sion 358
Jones. Stephen 310 316 323 334 373 394 454
Jones. Susan 300
Jones. Vivian 312 468
Jones. William K. 289
Jones. Wyndham H. 259 262 264 265 266 268
    269 294 304 311 468 475
Jones. Wyndham W. 260 468
Jones. Zak 365
Jones-Prichard. John A. 260 262 266 268 269
    320 335 343 344 353
    354 435
Jonker. Ron 155
Joseph. Tracy Carol 86 144
Joslyn. Alan L. 297
Joubert. Johannes 211
Jowett. Donald W. 104

Juko. Justin 211
Julian. Angela M. 291
Justice. George C. 221

K

Kabaga. Raphael 50 55
Kabbas. Robert 176 178
Kallis. Jacques 182
Kalule. Ahub 213
Kane. Charles 214
Kannie. P.A. 468
Kariuki. Julius 111
Karunkaran. Ekambaram 170
Kawasaki. Mitchell 243
Kay. Urszula Anne 227
Keino. Kipcho 90 106 107
Keitch. Rita 259 261 267 312 315 321 333 347
    351 352 434 446 468 476

Kelevitz. Zigmund 244
Kellog. Donna 146 148
Kelly. Nigel 237
Kelly. Shane 151
Kelly. T. Eddie 280 468
Kelsall. Karen Barbara 183
Kemp. W.G. 272
Kendall. D. 468
Kendrick. Claire 365
Kennedy. Florence 158
Kennedy. Ruth 142 143
Kennedy. William R. 195

Kenny. Michael 219
Kent. Harry D. 150
Kent. Judy 55
Keogh. Linda 143
Kerr. George Ezekiel 104 126
Kerr. Harry 222
Kerslake. M. 280 376 395 454 468
Khalili. Hussein 214
Khan. Lawrence G. 126
Khan. Tony 328
Kidd. Bruce 108
Kidd. Marilyn Joan 227
Kilburn. Pamela 90
Kilby. Brian 112
Killey. Ron. 50
Kim. Chua Pung 171
Kimaiyo. Daniel 110 127
Kimaiyo. Fatwell 109
Kimutai. Japheth 105
King. J. M. 280
King. Norman 161 163
King. Rachel 356
Kini. William 218
Kinsbeck. Mary 143
Kipkemboi. Simeon 127
Kipkoech. Johnstone 111
Kipkurgat. John 105
Kitchell. Abdul R. 163
Kitur. David 127
Kitur. Samson 127
Klepp. Mart 238
Klim. Michael 193 202 203
Klimpel. Carol 204 208
Knight. Jack 243

Knight. William 217
Knock. A.H. 468
Knowles. Peter 149
Knowles. Philippa 338 379 395 454
Kolff. Johannes Van Der 216
Komen. Daniel 107
Konchella. Patrick 105
Konrads. Ilsa 88
Konrads. Jon 88 19 200
Konyewachie. P. 213
Korir. Julius 111
Kosgei. John 111
Koskei. William 127
Kounev. Kiri 177 178
Kourtellas. Christos 242
Kowalski. Daniel S. 203
Krasa. Leslie 169
Kulasalu. John 199
Kumar. Ashok 243
Kumar. Sudesh 243

L

Lade. Colin R. 468
Ladejo. Duaine 128
Lamb. Gwen 468
Lambert. Walter 221
Lambrechts. Burger 117
Lameck. Agutu 108
Lamy. Jennifer Frances 140

Lanaman. Sonia May 128 140 141
Lancaster. Brett 153
Landy. John 85
Lane. Suzanne Louis 149
Langford. Garry 178
Langham. Bianca 189
Langley. Eric Osborne 225
Langshaw. Maxwell 151
Larmour. David B. 211
Latham. Ronald 2i3
Lavery. Tom P. 109
Lawrence. Gareth 348
Lawrence. Jan 363
Lawrence. Sonia 347 362 378 392 399 454
Laws. Geoffrey 171
Lawson. Carl 123
Lawson. Robert 468
Lawton. Barbara 135
Lay. Peter A. 294
Lay. Stanley A. 120
Laycock. Ron 174 175
Layzell. Alyson 356
Lazdins. Raymond 118
Lean. David F. 110
Lease. David N. 295 303
Leatherdale. Paul 242
Leblanc. Guillaume 113
Leckie. Alexander 168
Lee. Alan 361
Lee. Alex 53
Lee. James 234
Lee. Ronald 317
Lee. Sharon 191
Lee. Soloman 235

Lee. Wan Wah 145 147
Lee-Nicholson. James 221
Lehman. Charles James 226
Leigh. Cyril T. 295
Leigh. David 193
Leigh-Wood. James 38 52 54 81 82
Leigh-Wood. Roger 125
Leisching. Leonard 212
Leivers. Robert H. 200 202
Lekie. Alexander 165
Lemare. J. 282
Lerwill. Alan 114
Leung. John 352
Levenson. Maurice 468
Lewis. Alan 290
Lewis. Anthony 320 340
Lewis. Clive. M. 300 305
Lewis. Colin 292
Lewis. Debbie 138
Lewis. Geraint 344 357
Lewis. Gregory 123
Lewis. Gwyn 468
Lewis. Gwyneth 278
Lewis. Jack H. 280
Lewis. John E. 468
Lewis. Lenox 219
Lewis. Meirion 468
Lewis. Morgan E. 468
Lewis. Paul 319 328
Lewis. Phillip J. 295 303 307 382 395 400 454
Lewis. R. 468
Lewis. Steve 364
Lewis. Tom V. 468
Lewis. Tony 350

Lewis. W. Peter 468
Liddel. Darren 178 179 181
Liddell. Eric 161
Liddiard. M. 468
Lightfoot. W. 468
Limpert. Marianne 207
Lindley. Martin 362 363
Line. Peter A. 161
Linguard. W. 282
Linton. Phyllis Margaret 276
Lisle. Irene M. 468
Lister. Alan 232 233
Lister. John 468
Livingston. Nicole 205
Llewellyn. Godfrey 425
Llewellyn. Harry 468
Llewellyn. John P. 261 283 301 314 468
Llewellyn. Phil 319
Llewellyn. W. Edward(Ted) 468
Llewelyn. Trevor 316
Lloyd. Alun 17
Lloyd. Andrew 107
Lloyd. J.E. 280
Lloyd. Kenneth 468
Lloyd-Jones. J. M. 468
Loaring. John Wilfrid 110 122 125
Lock. Kim 316
Locking. Alan 311 317
Lofthouse. Alan 164
Lomu. Jonah 229
Londsdale. Iarll 31 32 81 82 83
Longe. Clive C. 299 371 392 454
Lonsborough. Anita 89
Looker. A.T. 469

Loomer. L.K. 226
Loubscher. Henry J. 214
Love. Denis 164
Lovell. Jocelyn 91 150 154 156
Lovelock. Jack E. 81 106
Loveluck. Paul 434
Lowe. D.C. 85
Lowing. Larissa 183
Lowndes. Timothy Quentin 232
Lowther. Cecil 31
Lucas. Derek J. 298
Lucas. Frankie 217
Lucas. J. 469
Lucas. T.R. 280 469
Lucitt. Natalie 362
Lucking. Martin 117
Luke. J. 288 382 392 400 454 469
Lukin. Dean 181
Lund. Ivan Bernard 167
Lundie. Ian 348
Lunn. Gladys 81 130 137
Lusack. Zita 183
Lyon. Dorothy 205
Lyon. John 211
Lyons. Timothy 153

M

MacDonald. A. Byron 194
MacDonald. Daryl. 225
MacDonald. Gary 201
MacDonald. Herbert 19 38

MacDonald. Ken 180
MacDonald. Michael 128
MacDonald. Robert M. 161
McInnon. A.A. 226
Macey. Lance L. 160
Macleod. Emma 362
Madi. Syed 144
Madigan. Anthony M. 217
Maguire. Elsie Evelyn 139
Maher. Sean L. 300 306
Mahoney. William 193 196
Mahorn. Atlee 103 124
Maidment. Walter 258 260 469
Main. Grant 224
Maina. Simon 17 108
Mainwaring. Aled 17
Mainwaring. Paul 17
Mainwaring. Penri 17
Mair. Angharad 356
Maitland Peter 343
Malar. Joanne 207
Malarczyk. Tony 358
Malcolm. Christian 373 392 454
Malcolm. Julie 350 367
Malin. Frederick 216
Mallon. Robert 211
Mamine. Pavel 187
Mann. Harold 216
Mann. Julia 148
Manning. Anthony P. 111
Manning. W.H. 283
Mansbridge. Sarah 360
Mansel-Edwards. Ann 469
Mansel-Edwards. Digby 320 469

Mansfield. Helen 339
Manweeler. M. 272
Maplestone. Robert N. 295
Maranga. Jackline 131
Margerison. M. 469
Markham. Richard 363
Marks. Ernest Samuel 38
Mars. D. 469
Marsden. Ian 241
Martens. Camille 185
Martin. Eamonn 108
Martin. Gail 136 137
Martin. Lisa 133
Martin. Louis 177 178
Martin. Louise 54
Martin. Michelle 242 243
Martin-Jones. Ruth 295 303 372 395 454
Masanda. Benson 218
Maskell. Edna 132
Mason. (Brown) Michelle M. 135
Mason. Lisa 186
Mason. Wesley 153
Matete. Samuel 110
Mathews. J. F. 76
Mathews. Jason 340
Mathews-Willard. Marlene J. 129
Matthews. Cecil H. 107 108
Matthews. Ivor 259 263 469
Matthews. Wyn 345
Maunder. Roger A. 280 286 375 376 393 451
Maunton-Gardiner. Jennifer 362
Maxfield. William W. 156
May. Graham 181
May. James 187

May. Philip J. 115
May. William James 301
Mayers. Eugene 469
Mayers. Susie 469
Mbathi. Musembi 53
McAndrew. Ronald 295
McCallum. Midrai 215
McCarney. Wayne Connell Craig 152 156
McCleave. David 215
McCloy. Gary 165
McClure. Ian 165
McCluskie. Michael 301
McColgan. Liz 132
McColgan. Richard 51
McColl. Don N. 39
McCombe. J. 280 286 376 395
McCombe. Yvonne 469
McCook. Neville 55
McCormack. Kevin 328 340 348
McCourt. James 214
McCreadie. John 311
McCreadie. Susan 230
McCullough. Wayne 211
McDermott. John 212
McDermott. Kirsty 131 316 372
McDermott. Lee 187
McElwaine. Philip 217
McFarlane. James Donald 92 103 122
McGee. Bradley John 151 153
McGhee. Joe 85 112
McGibbon – Weekes. Charlotte 137
McGrath. John 289 298
McGregor. Yvonne 156
McGuigan. Finbar (Barry) 91 212

McHugh. Martin 164
McIntosh. Alex 161
McIntosh. Trudy 183 185
McKay. Michael Scott 227
McKenzie. David 127
McKenzie. Jack 315
McKenzie. Precious 170 171
McKenzie. Sally 335
McKenzie. Stuart A. 220
McKeon. Ronald 197 199 203
McKerlich. W.A. 226
McKinnell. Maxine 327
McKinnis. S. 219
McKoy. Marcus 124
McKoy. Mark 109
McLaughlin. Zeena 183 184
McLeay. Glen 153
McLennan. Gretchen 185
McLeod. Robert 156
McMahon. Sharelle Jane 219
McMaster. Andrew 123
McPaul. Louise 138
McTaggart. Richard 213
McVeigh. Charles E. 269 303
Meacham. F.R. 212
Meade. Neville 218
Meade. Richard 439 440
Meagher. Eileen Aletha 142
Meakin. Alfred F. 122
Mealing. Christine A. 469
Medlow. Margaret 363
Megennis. Maurice 171
Melen. J. Edward (Eddie) 469
Melhuish. Philip 348

Melvin. Norma M. 469
Mends. Banner K. 123
Mercier. Michel 172
Merfyn. G.A. 226
Merriman. John 88 278 285 371 392 398 454
Mery. Roland E.R. 302
Metcalfe. Jack P. 114
Metzker. Max 201 203
Miles. Gill 319 360
Miles. Helen 323 334 372 395 455
Millar. Martin 239
Millard. Edward H. 245
Miller. Graeme John 154 194
Miller. Leigh 121
Miller. Lennox 123
Miller. Scott 194
Milligan. Terry 85 216
Mills. Leslie R. 118
Mills. Margaret 158
Mills. Roger 146
Mills. Sharron 191
Milward. Andrew R. 302
Mitchell. Alfred 120
Mitchell. Frank N. 163
Mitchell. Richard 104
Mitchell. Roy 114
Mizler. Hyman 211
Mo. Karen 206
Mockridge. Russell 150 155
Mohammed Sabo 212
Molitor. Jeremy 215
Monckton. John J. 195
Mondal. Karnadhar 174
Moneghetti. Stephen 112

Monk. Diane 469
Monk. Tony 319 331 469
Moohabi. Thabiso 112
Moorcroft. David 106 107
Moore. Sarah 152 356
Moore. Tyrone 363
Moore. William 152
Moorhouse. Adrian 193 196
Moran. Jim 317
Moran. Kevin 291 300 306 380 395 455
Morgan. Betty 346 360
Morgan. David 174 175 176 318 326 337 346
361 377 378 389 390 450
Morgan. Dinsdale 110
Morgan. Evan 469
Morgan. G. C. 282
Morgan. Helen 442
Morgan. J. 296
Morgan. James 164 311 317 374 395 399
454 455
Morgan. Kelly 145 344 357 375 398 455
Morgan. Mark 193 203
Morgan. Nan 469
Morgan. Robert 318 327 339 380 395 455
Morgan. Terrence 278
Morgan. Tony 346 361 378
Morgan. Trevor G. 300
Morin. Janet 183
Morley. H. 469
Morley. Kay 133 323 334 373 389 455
Morris. Adrian 350
Morris. Andrew 338
Morris. Jane 191
Morris. John M. 161

Morris. Lyn 354
Morris. Paul 362
Morris. Peter 313 318
Morris. T. David 469
Morris. W. 469
Morris.Trevor 161
Morrow. Sheila 469
Mort. David 469
Mort. Yvonne 469
Mortimer. Janine 347 362
Moss. Alan J. 469
Mott. Claire 189
Mott. Nikki 189
Mounty. Trevor 336
Muchoki. Stephen 210
Mudd. Doris 469
Muggeridge. Jo 146 149
Mukora. Charles 53
Mulhall. Gail 136
Mulrenan. Blarney W. 469
Mumford. J.S. 469
Mumford. Patricia 366
Munt. B.John 469
Munz. Lori M. 208 209
Murray. Patrick Brian 236
Murray. Tania 135
Murray. Yvonne 132
Muruli. Muhamad 214 215
Mutola. Maria 131
Mutua. Michael 211
Mwale. Lotti 216
Mwanzia. Stephen 127
Mysyoki. Francis 126

N

Nable. Maxine 157
Narh. Raymond 214
Nash. Hayley 343 356
Nat. Prem 244
Ndukwu. Edward 212 213
Neale. Reginald G. 469
Needham. David 211
Neiwand. Gary Malcolm 155
Nelson. Azuma 213
Nelson. Harold P. 122 108
Nelson. Marjorie 139 142
Nelson. R. 469
Nelson. W. Harold 108
Neufeld. Kevin 224
Neufville. Marilyn 90 130
Neville. Joseph Martin 241
Newcombe. John 255
Newcombe. Rachel 356
Newham. Charles E. 8 424 430 470
Newman. B. 282
Newman. Gordon 281
Newman. Lee 356
Newton. George 172 174
Ng. Boon Bee 145
Ng. Sylvia 144
Ngetich. Joel 127
Niblett. Charlotte 348
Nicholas. Victor R.J. 470
Nicholls. Kevin 152 156
Nicholson. A.H. 470
Nicholson. John M. 155

Nicol. Peter 242
Nicolaides. Antonis 238
Nielsen. Anders 149
Nilson. Tony 470
Nitsch. Peter J. 297 298 305
Njiri. Washinton 127
Nolan. Louise 150
Nolet. Alan 187 188
Noote. P.F. 470
Norgate. Philip 316
Norman. Decima 128 129 134 139 14
Northaver. Robert 234
Ntini. Makhaya 182
Nunn. Glynis 138
Nwakpa. Obisia 214
Nyakana. Godfrey 214
Nyamau. Hezakiah 126

O

O'Brien. Ian 193 196
O'Brien. John 223
O'Brien. N. 282
O'Connor. Lawrence Gerard 122
O'Donnel. Eddie 470
O'Donnell. S. 219
O'Grady. Stuart Peter 156
O'Leary. Dion 320 340
O'Neale. Colin 303
O'Neil. Susan 206 207 208
O'Reilly. P.Jack 77
O'Rourke. Michael 120

O'Sullivan. Clive 363
O'Sullivan. Maurice A. 301
O'Sullivan. Shawn 216
Oakes. C.Harold 470
Oakes. Heather Regina 129 141
Oakes. Judith 136
Oberholzer. H.A.O. 470
Odam. Dorothy B. 135
Odwari. James 210
Oladapo. Joyce 134
Oldcorn. Richard 169
Oliver. Brian T. 1154
Oliver. Don 180
Oliver. Hugo 55
Oliver. Percy 195
Oliver. Stella 336
Oliver. Wynne 17 278 429 430
Olsen. Phil 120
Olson. Scott 210
Olukaju. Adewale 118
Ong. Ewe Hock 147
Onyali. Mary 129
Onyango. George 218
Orewa. Joe 212
Organ. Simon 363
Orok. Oliver 179
Orr. Lee 125
Osborn. Margaret 470
Osborne. Gail 357
Osborne. John 340 349 366 470
Osborne. Thomas 218
Osborne. Tom 470
Oshikoya. Modupe 134
Ossai. Christopher 214

Ottey. Merlene 129 130
Ottey. Milton 116
Ottey. Wendell M. 126
Ottley. David 120
Ouko. Robert 105 126
Outrim. Patricia 359
Ovett. Steve 107
Owen. Alun 345 358
Owen. Bill 344 470
Owen. Brenda 592
Owen. D.Glyn 425 470
Owen. David 470
Owen. Ieuan W. 17 89 286 290 298 305 311 376 390 399 450
Owen. J. Barrie 470
Owen. J.R. 55 92
Owen. J. V. 445
Owen. John 470
Owen. Sarah 316
Owusu. Joshu 115
Oyeledun. Samson Olajidie 124
Oywello. George 218

P

Packer. Harry 251 470
Padfield. Maurice 470
Padukone. Prakash 144
Page. D.L. 395 455
Page. John L. 284 381 400
Paice. Terry E. 245
Pain. Edward Oscar 225

Palfreyman. David 227
Pallot. Neil C. 470
Palmer. M. G. 470
Palmer. Lilian Emily 142
Palmer. Patrick 210
Panchacharam. 145
Pandian. K. Arumugan 171
Pandit. Ashok 234 241
Pantane. Rebecca 148
Panter. Phillip 470
Parfitt. Vernon J. 260 470
Paris. Dick 150
Parker. Alan 359
Parker. Harry 262
Parker. Linda 159 317 325 37 398 454 470
Parker. Margaret 137
Parker. Reginald 221
Parker. Robert 221
Parker. Shirley A. 167
Parkes. Muriel 470
Parlett. John 105
Parnell. William 106
Parrella. Ron 160
Parsons. Elizabeth M. 289
Parsons. Janice M. 300
Pascoe. Alan 110
Patching. Glen Scott 195
Paterson. P. Jeffrey 470
Paton. James 233 426
Patrick. Adrian 127
Patterson. G.M. 223
Pattimore. William E. 297
Patton. Casey 213
Paul. Barry R. 166

Paul. Grahame A. 166
Paul. June Florence 139
Paul. Raymond R.R.V. 166
Paul. Rene Roy R.C. 165 166 168
Paulding. Steven 333 335
Pauletto. Bruno 117
Paulson. James E. 144
Pawar. Raghunath 245
Payne. A. Howard 119
Payne. C. Rosemary 137
Payne-Wiggins. Manta 143
Pazera. Anna 137
Peach. T. Harry 251 252 262 470
Peacock. Cyril F. 155
Peake. Thelma 142
Pearce. Alfred D. 470
Pearce. Cecil 220
Pearce. H. Robert (Bobby) 220
Pearce. John 217
Pearce. Joyce L. 167
Pearce. Kathy 360
Pearce. Maureen L. 295
Pearson. Charles 319
Pearson. K. 298
Peau. Jimmy 218
Peckham. Judith 131
Peden. Robert 212
Peek. Allison 189
Pekham. Lawrence W. 115
Pelling. John A. 168
Pelopida. Peter 320 470
Pemberton. W. 278
Pengelly. Stephen 340 367
Penny. Arthur W. 108

Pepperall. Sean 364
Percival. Geoffrey 470
Perdue. Terry 290 297 298 376 377 392 395 451
Perdue. Terry (lau) 346
Peris-Kneebone. N. 130 141
Perkins. E. 273
Perkins. Kieran 197 199 201
Perkins. Lyn 317 325 374 392
Perks. Steve 343 470
Perlette. Kelly 216
Perrins. George 172
Perrins. John 351 352 470
Perrins. Valerie 470
Perrot. Rebecca 206
Perrow. A.E. 273
Perry. Bruce 318 32
Perry. John T. 470
Perry. Lorna 470
Perry. Nora 146 147
Perry. Reginald D. 291
Pery. Russell Neville 175
Peterkin. Richard 55
Peters. Jim 85
Peters. Mary E. 91 136 138
Petterson. G. M. 233 238 240
Pettet. Susan 142
Phelps. Brian 89
Phelps. W.C.S. 470
Phelps. W.E. (Bill) 267 315 352 470
Phillips. Clive 470
Phillips. David 310
Phillips. D.W. 470
Phillips. F. 459
Phillips. Glenda May 287 291

Phillips. Gordon 337 447 471
Phillips. Jacqueline 323 334
Phillips. Kevin M. 278
Phillips. Ken 471
Phillips. Leanne 365
Phillips. Martin 3031
Phillips. Max 47 54
Phillips. Nicola 321 334 341 342 353 354
Phillips. Peter 275
Phillips. Rowland 383 395 455
Phillips. W. 471
Phillips. W.G. 283
Phillips. W.J. 471
Phillips. Walter F. 163
Phipps. Rachel 344
Pickard. Victor 116
Pickering. Ron 288
Pickering. Shaun 323 356 373 395 455
Pierce. A.D. 471
Piggford. Angela Mary 143
Piketh. Donald 164
Pilkington. Richard E. 161
Pillbrow. Arthur G. 168
Pilon. Claude A. 245
Pine. Gordon 260 267 296 302 308 309 315 471
Pinney. Randall 471
Pinsent. Stephen 175
Pirie. R. 192 199
Pirret. James 160
Pitts. Edward 55
Plain. Bernard John 295 304
Platt. Susan 137
Pleace. Robert 283 381 395 455

Ploog. Richard 150 155
Plummer. Jason 201
Plymouth. Iarll 252 255
Pollinger. Jack 400
Pollock. Judy F. 130 182
Pollock. Shaun 182
Pomeroy. Margaret 317 325 471
Ponting. Nick 149
Poole. Keith Frank 164
Pooley. W.R. 471
Pope. R.D.E. 224
Pora Ion 227
Porritt. Arthur 47 53 432 433
Porter. C.F. 223
Porter. Hugh 151
Porter. Robert 150
Postle. Matthew 336 345 358
Potgietor. Gerthardus C. 110 126
Pottinger. Jackie 272 380 395 455
Pound. J. 471
Pound. Richard 89 192
Powell. Bethan 347
Powell. Katrina 189
Powell. Kenneth 27
Powell. Lisa 189
Powell. Margaret 471
Powell. Richard 344
Powell. Vince 364
Power. Greg 76 78
Power. W. David 88 108 112
Poynton. William (Bill) 471
Prakash. Ved 243
Prater. Edward (Ted) 257 259 263 264 267 275 426 471

Pratt. Roger T. 292
Preston. John 280 376 395 455
Pretorious. Anna 159
Pretty. D.W. 226
Price. Berwyn 91 109 295 304 308 310 316 372 389 392 451
Price. Fiona 330
Price. Jimmy 217
Price. John 336 346 360 372 375 390 451
Price. Margaret A. 471
Price. Neville 113
Price. Ross Edward 125
Price. Stephanie R. 300
Priday. Kevin 363
Priestley. David 291
Prior. Russell 180
Pritchard. Ceri 358
Pritchard. David L. 284 382 396 400 455
Pritchard. Edward V. 301
Pritchard. Huw 358
Pritchard. John 302 307 314
Probert. E. L. 286
Probert. Michelle 441
Prosser. Danny 280
Pryor. John 292 471
Puce. George 118
Pugh. Richard G. 471
Pulman. Clive 434
Pulman. D.W. 223
Pumfrey. Anthony 278
Punnusway. Ranguswamy 170 171
Pyatt. Christopher 215

Q

Quarrie. Don 91 102 103 123
Quartey. Clement 214
Quick. Bruce James 241
Quigley. Carolyn 231

R

Radford. Alan 471
Radford. Peter Frank 122 471
Radmilovic. Paul 438 439 440
Raghavan. Chandekharan 170
Rahman. Ateequr 242
Rai. Satheesha 174
Raininen. Leo J. 120
Ralph. Caleb 230
Ramadhani. Haman 210
Rampling. Godfrey Lionel 125
Ramsden. Norman J. 471
Rana. Jaspal 234 241
Rand. David 358
Rand. Mary 134
Randall. Wilfred A. 163
Randerson. Jenny E. 434
Randle. Roger 230
Rangeley. Walter 121
Rao. Sharad 54
Ratcliffe. Andrew 123

Ratcliffe. Terence 215
Rathbone. Denis Lyle 125
Rayden. William J. 169
Rayfield. Robert De 164
Razak. T.Abdul 48
Raziq. Ghulam 119
Reagan. Gillian 316 323
Reardon. Catherine Susan 150
Reardon. Denis P. 216 274 380 390 398 400 455
Redgrave. Steve 220 221 223
Redman. O.T. 224
Reed. Ian M. 118
Reed. Jim 39
Reeder. Annika 183 185
Rees. Allan 342
Rees. Ann 303
Rees. C. 284
Rees. Christopher 324 335 344 357 471
Rees. Dyfrig 279
Rees. Elizabeth 365
Rees. G. W. 287
Rees. J. 272
Rees. Keith D. 291
Rees. Neil 361 375 396 455
Rees. Philip 471
Rees. Roger 307
Rees. Tommy 93 255 256 258 266 324 434 445 471
Rees. W. Russel 257 259 471
Reeve. Claire 327
Reeve. Susan 134
Reeve. Thomas 225
Regis. John Paul Lyndon 124
Regut. R. 471

Reid. Ian 242
Reihana. Bruce 230
Reiser. Glenda 131
Reiterer. Werner 118
Rendell. Max 154
Rendell. Stuart 119
Rendina. Charlene 131
Rendle. Sharon 190
Rensburg. Johannes Van 211
Reynolds. Andrew S. 289 298
Reynolds. B.A. 286
Reynolds. E.O.Roberts 276 376 396 455
Reynolds. Frances R. 289 299
Reynolds. Glyn S. 298 471
Reynolds. Jackie 257 259 292 471
Reynolds. John 434
Reynolds. Peter 195 197 199
Reynolds. Robert G. 286 289 292 299
Reynolds. T. 471
Richard. Paul 346
Richards. Betty 471
Richards. Bob 220
Richards. David Y.H. 278 304
Richards. Edward W.G. 458
Richards. Gwerfyl 269 342
Richards. H.K. 471
Richards. Lindsay 185
Richards. Mark 316
Richards. Martin 300
Richards. Michael J. 151 197 300 379 380 390
          392 396 451
Richards. R. W. 284 301
Richards. Sandie 130
Richards. Tom 274 440

Richardson. Jillian Cheryl 143
Richardson. Earl 39
Richardson. Peter 214
Richardson. Roger C. 295
Richardson. Sam 113
Rickets. Joan 159 325 374 390 399 454
Ridley. Rita 131
Rigby. Ray 181
Riley. Hugh 210
Riley. Murray 220 221
Riley. Samantha L.P. 205
Rindel. Mike 182
Ringer. Jamie 364
Ritchie. Margaret 137
Rivers. Petra 138
Rixon. Dale 343 356
Roach. Lynne 346
Roach. Mark 337 347 377 393 451
Roach. R. S. 284
Roach. Simon 361
Robberds. Lionel Phillip 223
Roberts. A. 282 471
Roberts. Anthony M. 301
Roberts. David Lloyd 310
Roberts. David M. 313
Roberts. David W. 279
Roberts. E. M. 301
Roberts. Edwin Anthony 126
Roberts. Glyn 471
Roberts. Heulyn H. 96
Roberts. Ieuan 471
Roberts. Iestyn 330
Roberts. John M. 471
Roberts. John P. 471

Roberts. Jonathan 361
Roberts. Lesley 324
Roberts. Luke 153
Roberts. Marianne 471
Roberts. Martin 197
Roberts. Michael 313
Roberts. Robin 330
Roberts. Stuart 318
Roberts. J. Clive 275
Roberts. William 104
Robertson. Bruce 50 51
Robertson. Chris D. 367
Robertson. Denise 140
Robertson. H. Alec 162
Robins. Graham 471
Robinson. Andrew 349
Robinson. Don 471
Robinson. Edna 26
Robinson. H.V.W. 471
Robinson. Matthew 366
Robinson. Melville Marks (Bobby) 25 26 28 38 79 561
Robinson. Tom Augustus 88 103
Roblin. Norma 471
Robson. Hugh H.J. 161
Robson. J.B. 283
Roche. Dorothy 159
Roche. Ken .J. 110
Rogers. Edgar. 51
Rogers. Michael 150 153
Rogers. Neil 194
Rogers. Philip 193
Roles. Philippa 356
Rolland. James 213

Rolph. Sue 203 204
Romagnoli. Travis 188
Rono. Henry 107 111
Ronway. R. 471
Rooney. Giaan 204
Roper. Alun F. 472
Roper. Avril 365 471
Roscoe. Janette Veronica 142
Rose. Dennis A. 471
Rose. Murray 199 200
Ross. Alexander 543
Ross. Bill 364
Ross. K. 291
Rosser. Gary 347 477
Rosser. Ian 327 339
Rosser. R. David 298
Rothwell. Nigel 188
Rotich. Laban 1077
Rouillard. Carole 133
Rowe. Arthur 117
Rowe. Mark 216
Rowe. Sarah 316
Rowland. Craig 243
Rowland. Michael 295
Rowlands. Clive 472
Rowlands. D. 472
Rowlands. Donald 220
Rowlands. Helen 472
Rowlands. Michael 310
Rowlands. Philip 346
Roy. Kevin 180
Ruckwood. Adam 198
Rumpling. Godfrey L. 104
Ruscoe. Arthur R. 472

Rush. Eric 229
Russell. David J. 302
Russell. Gillian 133
Russell. Kelvin 269 309 315
Rutherford. Dorothy 159
Ryan. Francis 158
Ryan. Freddy 211
Ryan. John 365 472
Ryan. Michael (Mike) 472
Ryan. Noel P. 198 200 241
Ryan. Pamela 140
Ryan. Sarah 208

S

Sainsbury. Jeff 434
Sales. A. de O 47 49 53
Salmon. Arthur H. 257 259
Salmon. Peter 192
Sambell. Kathy 141
Sander. C.F. 250 472
Sanders. Rebecca 219
Sanderson. Tessa 98 138
Sandor. Akos 178 179
Sandos. Bertram M. 222
Sandstrom. Bengt Olaf 235 240 241 242
Sandstrom. Eric 122
Sang. Julius 126 127
Sani. Fine 217
Santos. Manny 177
Saraanan. Gavindaswamy 113
Sattar. Abdus 242

Saunders. Clarence 116
Saunders. David 472
Saunders. George Thomas 121
Saunders. Harry J. 472
Saunders. Yvonne 130
Savegar. Gertrude 472
Savidge. John A. 117
Savidon. John W. 108
Saville. Jane 134
Saxton. Andrew 176 179
Scadgell. George H. 163
Scarsbrook. Stanley 111
Schalkwyk. Theunis Van 216
Schlegel. Elfi. 183
Schreiner. Andrea 229
Schuback. Ian 161
Schwende. Carl 169
Scott. A. 285
Scott. Donald 217
Scott. Ronald Stewart 39
Scourfield. B. 472
Scutt. Michelle 316 372 392 455
Scutt. Steven 129
Seaborne. H. 277
Seal. R. M. E. 472
Sealey. Austin 54
Seaman. Peter A. 289
Seaman. Ron 472
Sefton. K. Clyde 154
Segal. David Hugh 123
Selignan. D.J. 434
Selley. Diane 472
Selmad. Ross Lincoln 225
Selvey. Warwick P. 118

Senecal. Jean-Francois 238
Sexton. Brian G. 279
Sexton. Charles 235
Sexton. Katy 206
Seymour. Dallas 230
Shaddick. C. 282 287
Shahanga. Gidamas 91 108 112
Shakell. K.J. 224
Shanley. Patricia 142
Shannos. Arthur 142
Sharma. Paramesh Chander 172 173
Sharma. Paramjit 174
Sharp. Cameron 123
Sharpe. Herbert 164
Shaw. Daphne 159
Shaw. Robert Douglas 275 279 371 396 455
Shawyer. Alfred 216
Sheen. Gillian 165
Sheil. Norman L. 151
Shepherd. Paul 211
Shepherd. Robert Michael 311 318
Sheridan. W.J.A. 472
Sherlock. Nigel E. 296
Sherman. Donald Percy 164
Sherry. Dan 216
Sherwood. John 110
Sherwood. Sheilia 134
Sheryn. J.H. 472
Shiels. Patrice Margaret 296
Shittu. Sulley 211 212
Short. Gary H. 472
Short. Kevin 364
Short. Sallyanne 323 334 372 396 456
Short. Wilf 272

Sidek. Jalaria 145
Sidek. Rashid 144
Sidek. Razif 145
Simmons. Anthony Derrick 310
Simmons. Mark 218
Simpson. Bruce 116
Simpson. Judy 138
Simpson. Nigel K. 300
Sims. Peter A. 472
Simson. Matthew 117
Sinclair. Neil 215
Singh. Jagrup 244
Singh. Manavjit 234
Singh. Mansher 234
Singh. Milkha 88 104
Singh. Mukhtiar 245
Singh. Raja Randir 51
Singh. Rajinder 245
Singh. Sathir 244
Singleton. Gordon 154
Skene. Donald 277 284 287 384 393 398 451
Skinner. Lisa 183 185
Slade. Ian 361 375 396 456
Slater. Allana 183
Slater. R. 162
Slatter.J. 472
Slaughter. Alan 472
Sloman. Peter 338
Sloper. Valerie I. 136 137
Smallacombe. Gordon A. 76 114
Smallwood. Kathryn 140
Smart. Carmen 316 323 335 372 396 456
Smart. Edward C. 292
Smedley. H.W. 223

Smethurst. John 188
Smillie. John W. 211
Smith. Alan 233
Smith. Barry 302 472
Smith. Colin G. 120
Smith. David 119
Smith. Fiona 144
Smith. Frank C. 472
Smith. Geoffrey J. 121
Smith. George W. 198 200
Smith. Glen W. 226
Smith. Graham 193 196 198 200 202
Smith. Jacob N. 210
Smith. Michael 121
Smith. Michelle 296
Smith. Paul J. 472
Smith. Phyllis 143
Smith. S.V. 38
Smith. Terry 348
Smith. Tricia 228
Smith. W. George 199
Smith. W.H. 425
Smith. William 215
Smyth. Michael 340
Snell. Peter G. 89 105 106
Snow. Reg 303 309 315 472
Sobrian. Jules 235
Solly. Jonathan 108
Somerville. John 163
Soon Kit Cheah 145
Sorensen. Wayne 234 239
Sosimenko. Deborah 137
Southby. David 190
Souza. George A. 163

Sowry. Justine 189
Spackman. Phyllis 472
Spathaky. Ernest 472
Speck. Terry 315 331 340 472
Spence. Mal;colm Clive 126
Spence. Malcolm A.E. 126
Spence. Melville 126
Spracklen. Michael 221
Sprot. Robert 159
Springbett. Edward Bruce 122
Squire. Peter 338
St. Jean. Pierre 175
Staden. Piet Van 213
Staite. Neil 222
Stammers. Malcolm 344 342 351 352 472
Stankovich. Dushan 227
Stanton. Christine 135
Starre. Kate 189
Statt. Anne 146
Steed. Trent Joseph 200
Steen. David 117 439
Steer. Irene 439
Stellios. Bill 174 175
Stephens. Charles 317
Stephens. C.L.V. 286
Stephens. E.Charles(Charlie) 472
Stephens. Gail F. 300
Stephens. Marcus 171 172 173 493
Stephens. W. T. 223
Stephenson. Christian 356
Stevens. A. J. 282
Stevens. Marion 159
Stevens. Raymond 145 191
Stewart. Errol 123

Stewart. Gale 240
Stewart. Ian 90 107
Stewart. J. 472
Stewart. J, Lachie 90 108
Stewart. Mary 1321
Steyn. Trish 159
Still. Colin 362
Stirling. Rosemary O. 131
Stockden. Julie 296
Stone. R. 190
Stoute. Jennifer Elaine 143
Stoyel. Rebecca 185
Strange. Michael 214
Stratis. Costas 236 242
Street. K. 273
Strickland. Shirley Barbara 132 139 142
Strong. Lori 183 185
Strong. Shirley 133
Stuart. Elliott 145
Stuart. Marian 208
Stuart. Victor A. 218
Sturrock. John 225
Sturrup. Chandra 129
Styles. E.T. 472
Sullivan. Betsy 90
Sullivan. Mike 240
Sulman. Stanley 472
Sunee. Richard 211
Surin. Bruny 124
Sutherland. Ann 360 375 396 456
Sutherland. George W. 119
Sutherland. Hector 153
Sutherland. Ian 304 311
Sutter. Sarah 219

Sutton. Gary John 152
Sutton. Moira 97 338 378 396 456
Sutton. Philip 317 324
Sutton. Shane Edwin 152 357
Swales. Mansel P. 472
Swanpoel. Magdalena C. 137
Swansea. John 90 233 292 307 320 382 390 400 456 472
Swarbrick. Ernest 264 472
Sweeney. Arthur Wellington 102 103 122
Sweet. Jay 149
Swift. Alfred 150 425
Sykes. Graham 195
Szymko. Karin 183
Szmidt. Peter Charles 201

T

Tait. John Lyndsay 27
Tait. Robert D. 1198
Takahashi. Kasumi 184 185
Takahashi. Ray 243
Talbot. Derek 145 146 147 591 592
Talbot. Ethelbert 4 572 594 595
Tame. Harold G. 474
Tan. Aik Mong 144
Tan. Howe Liang 173 175
Tan. Ser Cher 172
Taransky. Alexander 236 241
Tatham. Lin 434
Tawton. H. 279
Tayler. Richard 108

Taylor. G. 474
Taylor. A Gus 257 259 262 474
Taylor. Gary 97 318
Taylor. John 441
Taylor. Mark Grahame 313 319
Taylot. Michael 201
Taylor. N. Frank 272 380 392 456
Taylor. Neil 325 326 347 361 377 396 456
Taylor. Paul 330
Taylor. Phillip 307 314
Taylor. Simon 358
Taylor. T. 474
Taylor. Wally 212
Teague. Billy 348
Temu. Naftali 108
Tewksbury. Mark 195
Thacker. Edwin T. 115
Thedosius. Ymerawdwr 24
Thiele. Michael 239
Thomas. A. Ivor 275
Thomas. Adrian 355
Thomas. Alfred (Fred) 275
Thomas. Alun 317
Thomas. Bryn 474
Thomas. Carol M. 279
Thomas. Cheryl 300
Thomas. Dafydd 338
Thomas. David 255
Thomas. Gareth 366
Thomas. Glyn 328
Thomas. Gomer 474
Thomas. Guy 331
Thomas. Hafod 325 374 390 399 454
Thomas. Havard 164

Thomas. Howard 426
Thomas. Iwan 104 343 357 373 374 390 396 440 456
Thomas. Karl 349 364
Thomas. Lyndon W. 474
Thomas. Malcolm 304
Thomas. Mark 180 314
Thomas. Meyrick L. 474
Thomas. Michelle 363
Thomas. Neil 186
Thomas. Paula 141
Thomas. Petria Ann 204
Thomas. Phillip L. 296
Thomas. Ray 474
Thomas. Raye 474
Thomas. Reginald 79 80 106 474
Thomas. Rhodri 347
Thomas. Vaughan 474
Thomas. Vernon J. 474
Thomas. William 164 325 336 346 361 374 390 396 399 454 456
Thompson. Agnes 474
Thompson. C. Henry 297
Thompson. Daley 91 121
Thompson. Dan 194 202
Thompson. Eric G. 153
Thompson. Ian 112
Thompson. John 311 474
Thompson. Leslie 228
Thornton.Colin 307 314
Thorpe. Ian James 197 199 202 203 425
Thrift-Lee. Arthur J. 474
Thrower. Norma C. 132
Tierney. John 52

Tighe. Roger 217
Tilbury. J.W. 224
Tinning. Robert Noel 225
Tippett. John W. 194
Tippings. Greg 368
Tirop. Samuel 105
Titt. William 441
Tomanovitis. Martin George 227
Tombiri. Mary 141
Tombs. Andrew 347
Tombs. Carissa 219
Tomlin. Stanley A. 107
Tomlinson. Ian R. 114
Tomlinson. P.D. 162
Toms. Trevor 296 304 311 474
Tomson. Glen 157
Tonelli. Mark 195
Tong. Kog Eng 172
Tong. Neville 150
Tongue. Len W. 272
Tonks. David 346
Tooby. Angela 323 335 373 396 456
Tooby. Susan 323
Towers. Kristen 189
Townend. Henry 125
Townsend. J. M. 283
Toynbee. Thomas A. 226
Traherne. Cennydd 254 423 434 445
Travis. David H. 120
Tredgett. Michael 145 147
Treffers. Mark 200
Trefrey. Christine 231
Tregunno. Janet 228
Treloar. John Francis 102 103 122

Tremelling. John 240
Trempe. Yvon 235
Trigwell. Lorna 159 331
Troke. Helen 144 148
Tucker. Audrey 147
Tucker. Clare 319 328
Tucker. Kenrick Gregory 155
Tuicakau. Mataika 117
Tunstall. Arthur 51
Turland. Heather 133
Turner. B. 279
Turner. D. Robert (Bob) 264 290 299 309 328 474
Turner. Douglas 357 374 396 456
Turner. Herbert J. 220
Turner. Inez 131
Turner. Pat 224
Turner. J. T. 225
Turner. Terry 236
Turtur. Michael Colin 151 152

U

Umeh. Stella 183 184
Unnikrishnan. Roopa 230
Urungu. Michael 211

V

Vakakis. G. 176
Vamplew. Desmond 233

Van Rhyn. Gavin 239
Van Vliet. M.I. 39
Vanstone. William (Bill) 474
Varaleau. Jack 176
Vasil. George 170
Vasiliades. George 172
Vater. Colin 474
Vaughan. D.W. 255
Vaughan. Richard 357
Vernon. Judy 133
Versfeld. Mark 195 198
Veysey. Ray F. 474
Victor. Loraine 159
Victor. Rachel Marianne 150
Vidiri. Joel 230
Vigurs. J.P. 223
Viljoen. Johannes H. 115
Vincent. Trevor A. 111
Vinnicombe. Martin 151
Visaniari. Lisa-Marie 137
Voorthuis. Annelies 228
Voukelatos. Nick 170 171
Vowles. David 336
Vowles. Richard 349
Vuuren. Piet Van 217

W

Wachire. Abraham 210
Wade(McDermott).Kirsty 131 324 372 389 450
Wakefield. Terence 340 367 383 396 456
Wakihursi. Douglas 112

Walker. Angela 184
Walker. H. 314
Walker. John 92
Walker. Kim 306
Walker. N. S. 163
Walker. Nigel 324 335
Walker. Pam 365
Wallace. Gwendoline Leticia 139
Wallace. Nigel 239
Wallwork. Ron 113
Walstrom. Owen Carl 188
Walter. Pat 221
Walters. E. John 296
Walters. J.A. 474
Wanjiru. Esther 132
Ward. Stephen 176
Wardell-Yerburgh. Janet C. 165 167
Warfield. Mervyn 474
Warhurst. John 113
Waring. George H. 474
Waring. P. R. 277
Warlow. Craig 366
Warrington. H. 474
Waruinge. Philip 212
Waterfield. Gordon 474
Waters. E.A. 222
Waters. G. M. 283
Waters. W. 283
Watkins. Gwen 474
Watkins. Jack B. 474
Watkins. Michael 339 348
Watkins. Norman D. 279
Watkins. William (Bill) 307 320 382 383 396 456
Watkiss. Ron 434 435

Watson. John 161
Watson John L. 163
Watson. Josh 202
Watson. Judith 361
Watson. Percy 161
Watson. P. Maria 158
Watt. Kathryn Anne 150 154 157
Watts. Gerry 339
Weale. Robert 164 325 336 346 361 374 375 390 392 399 450
Wearne. Alice Eileen 139
Weaver. Stan 272 374 396 399 456
Weavers. Charmaine 135
Webb. Graham 296 474
Webb. James 216
Webber. Kerry 328
Webber. Robert 426
Webster. A. Grant 215
Webster. Harold 112
Webster. Jack 221
Webster. Ken 326
Wedley. Daniel 345
Weir. Robert 118 119
Welch. Dennis 317 325 326 337 346 474
Wells. Allan 92 102 103 123
Wells. Pat C. 301
Welsh. R.Peter 111
Wendell. Michael 91
West. Gary Martin 152
West. Lawrence. Ray 226
West. Michael 195
Weston. Helen 365
Weston. Violet 139
Wharton. Alexander 474

Wheeler. Charles 255
Wheeler. Robert 423 425
Whetnall. Susan 146
White. Caroline 335
White. Densiogn 190
White. Duncan 110
White. Graham 199
Whitehead. Jean A. 279
Whitehead. Neville 279 285 371 396 441 456
White-Lewington. Betty 142
Whiteman. Dennis 474
Whitford. A. Jack 474
Whyte. A.E. (Norma) 475
Wiggin. Charles 441
Wiggin. Michlle 441
Wightman. Brian 51
Wignall. Derek 96 445
Wild. Jackie C. 195
Wilkes. Rodney 172
Wilkie. David 196 198
Wilkins. David 297 336 346 361 375 396 456
Willey. Dean 172 174
Williams. A. Bernard 280
Williams. Alan 301
Williams. Alan H. 475
Williams. Arthur 475
Williams. Averil 257 259 261 267 296 309 321
        342 475
Williams. Bryn 96 318 326 475
Williams. Bob 332
Williams. C. 272
Williams. Chris 359
Williams. Cliff 317
Williams. Daphne H. 279

Williams. Dave 261 322 327 334 475
Williams. D.G. 475
Williams. D. Meurin 298 305 475
Williams. Desai 124
Williams. Edward 475
Williams. Gareth 328
Williams. Gary 347
Williams. Glen G. 260 306 314 475
Williams. Gordon 475
Williams. Gwynfryn J. 296
Williams. Henri 1832
Williams. Hywel Lloyd 275 279
Williams. James 459
Williams. J.Clive 475
Williams. J.D.B. 288 475 476
Williams. J.L. 280
Williams. John 340 475
Williams. John (Johnny) 307
Williams. John M. 279
Williams. John J. (J.J.) 296
Williams. J.P.R. 474
Williams. Justine 364
Williams. K.A. 283
Williams. Kevin 357
Williams. Lauren 364
Williams. Lyndon 324 475
Williams. Lynn 132
Williams. Nancy 475
Williams. P. 324
Williams. Percy 78 79 102
Williams. Ray 121 274 317 374 377 396 456
Williams. Raymond 173 311 326 337 374 377 390 456
Williams. Robert 335

Williams. Robin 331
Williams. Sam J. 302 475
Williams. S.O. 475
Williams. Sarah 335
Williams. Simon 117
Williams. Stuart 153
Williams. T. Peter 261 267 352 475
Williams. Yvette 134 136
Williamson. Geoffrey 223
Williamson. Michael 363
Willis. Dixie 130
Willis. Salli 185
Willsie. Harry 237
Wilmarans. Nicholaas 217
Wilmshurst. Kenneth S. 113 114
Wilshire. Spencer 317 325 374 393 400 456
Wilson. Alex W. 104
Wilson. Anna 149
Wilson. Dharmaraj 171
Wilson. George L. 163
Wilson. J. Greenwood 265
Wilson. Robert A. 226
Wilson. Steven 318 326 337 377 397 456
Wilson. Vicki 219
Wiltshire. Lee 343
Winchcombe. John 475
Windeatt. Graham 201
Windeyer. Gordon 115
Windle. Robert 199
Windsor. Ann 209
Wink. Jason 362
Winn. Julian 359
Winstone. Howard 88 211 283 381 390 457
Winter. John A. 115

Winter. Neil 117 343 373 390 457
Wirdum. Karen Van 205
Wise. Joanne 134
Wishart. Wyatt 245
Withers. Muriel R. 475
Wohlberg. Eric 149
Wood. John A. 264
Wood. Merfyn Thomas 220 221
Wood. Tom C. 279
Wood. William 160 164
Woodhall. Richard 216
Woodhouse. Robyn 135
Woodland. Joan 142
Woodroffe. Martyn J. 291 301 379 380 393 397
  451 457
Woods. Alexander 329
Woods. Dean Anthony 151 152
Woods. Simon 338
Woodward. Annette 232
Wooles. Richard 345
Workman. Marion 320
Worman. J. 475
Wrench. Robert 297 298 305 376 397 457
Wright. D. 475
Wright. Duncan McLeod 77 78 112
Wright. George W. 160
Wright. Gordon 55
Wright. Joanne 146 149
Wright. Maurice 95 257 475
Wright. Sue 243
Wright. Vernon G. 475
Wright. Will 345
Wruck. Leon 269 315
Wyatt. Chris 366

Wyatt. Gareth 366
Wyatt. Jean 475
Wyke. Rhian 367

Y

Yagci. Mehmet 170
Yap. Kim Hock 147
Yates. Nick 148
Yates. R.D. 285
Yearwood. Lennox 126
Yelavich. Gregory 235
Yeoman. Tom 279 47
Yomba. Michael 212
Yong. Hock Kin 147
Young. D.R. 224
Young. Heather Joy 139
Young. H. J. 49 50
Young. John 475
Young. Valerie 90 136
Yusuf. Fatima 130

Z

Zaslona. Jackie 310 354
Zloklikovitis. H.J. 226

ATODIAD 7

Neges Y Frenhiness Yn Y Seremoni Gaeëdig 1958

"By a cruel stroke of fate I have been prevented from visiting North and South Wales and seeing something of the British Empire and Commonwealth Games. I regret particularly not being with you in Cardiff today for the closing ceremonies of this great meeting of Commonwealth athletes.

I am glad to say that I have been able to watch many of the competitions on television, and I was especially impressed by the atmosphere of good-natured sportsmanship which attended all the events.

The Games have been an undoubted success from every point of view and I would like to congratulate all the many people who have worked so hard to perfect the arrangements.

I would also like to congratulate the medal winners on their remarkable achievements, and to all competitors I send my very best wishes, You have given a wonderful demonstration of the strength of those links of friendship which bind us all together in the Commonwealth.

I want to take this opportunity of speaking to all Welsh people, not only in this arena but wherever they may be.

The British Empire and Commonwealth Games in the capital, together with all the activities of the Festival of Wales, have made this a memorable year for the Principality.

I have, therefore, decided to mark it further by an act which will, I hope, give as much pleasure to all Welshmen as it does to me.

I intend to create my son Charles Prince of Wales today. When he is grown up I will present him to you at Caernarvon.

And now I proclaim the Sixth British Empire and Commonwealth Games of 1958 at Cardiff to be concluded: and in accordance with tradition, I call upon the youth of the Commonwealth to assemble in four years' time in Perth, Western Australia, there to celebrate the Seventh British Empire and Commonwealth Games.

May they display cheerfulness and concord, so that the spirit of our family of nations may be carried on with ever greater eagerness, courage and honour for the good of humanity and the peace of the world."

ATODIAD 8

Llythyr Oddiwrth David Dixon, Ysgryfennydd Ffederasiwn Chwaraeon Y Gymanwlad

WITHERS
SOLICITORS

20 ESSEX STREET LONDON WC2R 3AL
TELEPHONE 01-836 8400   FAX 01-240 2278
TELEX 24213 WITHER G   DX 160 LONDON/CHANCERY LANE

DMD/jc

28th March 1990

Myrddin John
Commonwealth Games Council for Wales

Dear Myrddin

I am glad to confirm my thanks to you for the action you took over the weightlifting problems in Auckland.

The Federation imposed certain procedures on the CGAs of the competitors involved and you, for Wales, and those concerned for India, carried out those procedures correctly and to the satisfaction of the Federation.

With all good wishes.

Yours ever

ATODIAD 9

Llythyr Oddiwrth John Powell, Cadeirydd Cyngor Chwaraeon Cymru

The National Sports Centre
for Wales,
Sophia Gardens,
Cardiff. CF1 9SW
Telephone: 0222 397571

Chairman/Cadeirydd: John H. Powell MC
Director/Cyfarwyddwr: Linford Tatham

Canolfan Chwaraeon
Cymru,
Gerddi Sophia,
Caerdydd. CF1 9SW
Teleffôn: 0222 397571

Our Ref.
SCW1(86)

Your Ref.
--

Date
5 August 1986

Dear Myrddin,

Congratulations as General Team Manager on an excellent Commonwealth Games.

First of all I thought the turn-out and sheer presence of the Team on the Opening Ceremony was easily the best of all of the competing countries. I thought the number of medals that we won reflected the greatest credit on all those who had worked so hard with the athletes to achieve success.

Secondly, I thought the organisation at the Village was very good and the office made everybody feel very welcome indeed. I think your staff worked extremely hard and it was very nice to see some old faces there again from Brisbane.

Lastly, congratulations on your appointment to the Federation. I think this is a very great feather in your cap.

I look forward to hearing your report to the Council on how you consider the various aspects of the Games and any other improvements that were noticeable to you.

Well done Myrddin.

Chairman

Myrddin John, Esq., MBE
Hon General Secretary/Team Manager,
Commonwealth Games Council for Wales,
Pennant,
Blaenau,
Ammanford, Dyfed

ATODIAD 10
Llythyr Oddiwrth Robert Cole, Western Mail

WESTERN MAIL & ECHO LTD., THOMSON HOUSE,
HAVELOCK STREET, CARDIFF. CF1 1WR. TELEPHONE CARDIFF (0222) 33022
Registered Office. Registered Number 49646 England.

6 August, 1986

Dear Myrddin,

Just a quick note to thank you once again for all your help during the Commonwealth Games. It was not merely confined to the splendid two weeks spent in Edinburgh itself, but also in the build up to the great event.

You can rightly take great credit, not only in the fantastic performances of your team, but also from the large amount of press coverage their efforts gained. For both David Facey and myself your honest, easy going style of management made our job easier and all the more enjoyable.

The achievements of the team speak for themselves. Boycott or no boycott, 23 medals is an amazing haul. More than that, the performances of those who didn't win medals were equally commendable.

Your team at the 13th Commonwealth Games helped raise the standard and reputation of Welsh sport immeasureably. Let us hope the Edinburgh experience is only the starting point of a great revival and that in Auckland in four years time the success continues.

With Cardiff bidding for the 1994 Games I am sure there will be plenty of interesting stories developing. Please keep us well informed as we would like to help in any way to bring the Games back to Wales.

Yours sincerely,

Robert Cole

Myrddin John Esq., MBE.,
Pennant,
Blaenau,
AMMANFORD, Dyfed.

ATODIAD 11
Llythyr Oddiwrth Mark Robinson, A.S.

Y SWYDDFA GYMREIG
GWYDYR HOUSE
WHITEHALL LONDON SW1A 2ER
Tel. 01-233 3000 (Switsfwrdd)
01-233 7172 (Llinell Union)

Oddi wrth yr Is-Ysgrifennydd Seneddol

WELSH OFFICE
GWYDYR HOUSE
WHITEHALL LONDON SW1A 2ER
Tel. 01-233 3000 (Switchboard)
01-233 7172 (Direct Line)

From The Parliamentary Under-Secretary

19 August 1986

Dear Mr. John,

The Secretary of State and I wish to congratulate the Welsh team on their achievements in the Commonwealth Games in Edinburgh. It was heart-warming to hear of the growing list of medal-winners day by day and to see Wales placed fifth in the final table with an unprecedented total of twenty-three medals.

I am writing individually to the gold medal winners but would be grateful if you could pass on our congratulations to the whole team for an outstanding performance.

My visit to the Games was most enjoyable and I was grateful for the time you were able to spend with me. It was a particular thrill to see three gold medals in the making (bowls) or won (Kirsty Wade).

With best wishes,
Yours sincerely,

MARK ROBINSON

Myrddin John Esq MBE
Pennant
Blaenau
AMMANFORD
Dyfed

ATODIAD 12
Llythyr Oddiwrth Cerith Williams, B.B.C.

Y GORFFORAETH DDARLLEDU BRYDEINIG
CANOLFAN Y BBC
LLANDAF, CAERDYDD CF5 2YQ
TELEPHONE: 0222 572888
FAX. 0222 552973

BRITISH BROADCASTING CORPORATION
BROADCASTING HOUSE
LLANDAFF, CARDIFF CF5 2YQ

Medi 13, 1994

Annwyl Myrddin,

Dim ond gair i ddiolch am eich holl cyd-weithrediad yn ystod Gemau'r Gymanwlad mis Awst yn Victoria.

O ran teledu, roedd y rhaglenni uchafbwyntiau bob bore ar S4C yn llwyddiant mawr, ac o'r herwydd mae'r angen am sylw manwl i hynt a helynt tim Cymru yn y dyfodol yn amlwg.

Ga'i hefyd fanteisio ar y cyfle i estyn diolch i Malcolm Stammers am ei barodrwydd (a'i amynedd) wrth drefnu cyfweliadau, sesiynnau ymarfer ac unrhyw geisiadau anarferol eraill y gofynwyd amdanynt yn ystod y pythefnos. Heb os, hwyluswyd ein gwaith ni o ganlyniad.

Unwaith eto, mawr ddiolch am bopeth - braint oedd cael y cyfle i adlewyrchu ymgyrch lwyddiannus arall gan y Cymry yng Nghemau'r Gymanwlad.

Yr eiddoch yn gywir,

(Cerith Williams)
(Cynhyrchydd, Adran Chwaraeon)

ATODIAD 13
Llythyr Oddiwrth Brenda Owen, Mam Un O'r Cystadleuwyr.

RED HOUSE
PENPERGWM
ABERGAVENNY
GWENT NP7 9UU

TEL: 0874 840530
FAX: 0873 840552

7th September, 1994

Mr. Myrddin John M.B.E.
Pennant
Blaenau
Ammanford
Dyfed SA18 3BZ

Dear Mr. John,

I should like to thank you very much for arranging my accommodation in Victoria for the Commonwealth Games, especially when you did it at such short notice, when I am sure you were extremely busy.

The people where I stayed were very friendly, and apart from Alun breaking his collar bone I enjoyed my stay very much.

I appreciate all the work yourself and your committee put into organising the Welsh Team for the Commonwealth Games.

Yours sincerely,

Brenda

Brenda Owen

ATODIAD 14
Llythyr Oddiwrth Linda Parker, M.B.E.

WELSH WOMEN'S BOWLING ASSOCIATION
Affiliated to the Commonwealth Games Council for Wales

Hon Treasurer:
Mrs Gwen Lamb
32 Glaslwch View
NEWPORT
South Wales NP20 3RJ
Tel/Fax: 01633 892073

Hon Secretary:
Miss Linda Parker MBE
Ffrydd Cottage
2 Ffrydd Road
KNIGHTON
Powys LD7 1DB
Tel/Fax: 01547 528331

President:
Mrs. Barbara Hunt, Port Talbot.
3rd September, 2002.

Mr. Myrddin John, MBE.,
Chief Executive,
Commonwealth Games Council for Wales,
Pennant, Blaenau,
Ammanford, Dyfed. SA18 3BZ

Dear Myrddin,

I don't know how to start to thank all the Headquarters Staff for all their kindness and efficiency at The Games. Everything was just splendid and they were – certainly as far as Wales was concerned – the 'Friendly Games'.

To everyone who worked so hard to see that we had everything we needed, a big 'thank you'. A very big 'thank you' too to Dr. Wayne for his superb leadership; to Chef de Mission, John, for all his kindness and, as I have said, to everyone in Headquarters. To all the medical staff and physiotherapists, too, weren't they just super. I felt that we were extremely lucky in having such dedicated people looking after us.

Many congratulations, too, on all our clothing. Although the parade uniform arrived late it was superb and we had many compliments. At the bowling green, too, they loved our track suit and tops and many told us that Wales was the smartest team there and, believe me, we felt good in it!

We all know that a great deal of work was put in to make everything so perfect and I can assure you it was much appreciated by our team. Many, many thanks once more to everyone connected with Manchester 2002. You must all have felt very proud of your work as we were certainly proud of what you did for us. Special thanks to you too Myrddin; what a great workload it was for you but with such splendid results you must have been very, very pleased. Many, many congratulations!

Kindest regards,

Yours sincerely,

Linda Parker, Team Manageress Ladies' Bowls.

ATODIAD 15

Araith Y Gwir Barchedig Ethelbert Talbot, Esgob Canolbarth Pensylfania yn Cynhadleth yr Esgobion yn Eglwys Gadeiriol St. Paul.

"We have just been contemplating the great Olympic Games. What does it mean? It means that young men of robust physical life have come from all parts of the world. It does mean, I think, as someone has said, that this era of internationalism as seen in the Stadium, has an element of danger. Of course, it is very true, as he says, that each athlete strives not only for the sake of sport, but for the sake of his country. Thus a new rivalry is invented.

If England be beaten on ther river, or America outdistanced on the racing path or that America has lost the strength which she once possessed. Well, what of it? The only safety after all lies in the lesson of the real Olympia – that the Games are better than the prize. St. Paul tells us how insignificant is the prize. Our prize is not corruptible, but incorruptible, and though only one may wear the laurel wreath, all may share the equal joy of the contest.

All encouragement therefore, be given to the exhilarating – I might also say soul – saving interest that comes in active and fair and clean athletic sports".

GEIRFA

Cymraeg   **Saesneg**

A

Agored — Open
Amryddawn — Allround
Athletau — Athletics

B

Bar Llorwedd — Horzontal Bar
Barrau Anwastad — Asymmetrical (Uneven) Bars

Barrau Cyflin — Parallel Bars
Barrau Llorweddd — Horizontal Bars
Beicio — Cycling
Bôr Bach — Smallbore
Bôr Llawn — Fullbore
Bowlio Lawnt — Lawn Bowls
Brydeinig — British
Bwlyn Ceffyl Pren — Pomelled Horse
Bwrdd — Board (Diving)

C

Cadlywydd — Commandant
Campau — Sports
Canol — Middle. Centre
Canol Trwm — Mid Heavy
Cerdded — Walking
Cerdded ar Ras Heol — Road Race Walk
Cipiad — Snatch
Cleddyfaeth — Fencing

Cleddyf	Sword
Cleddyf Blaenol	Epee
Codi Pwysau	Weightlifting
Corfflunio	Bodybuilding
Crymgledd	Sabre
Cwch modur	Power Boat
Cyfanswm	Total
Cyfnewid	Relay
Cyfnewid Cymysg	Medley Relay
Cylchdaith	Circuit
Cylchoedd	Hoops
Cylchynau	Rings (gymnastics)
Cymysg	Mixed. Medley

D

Decbin	Tenpin
Dechrau Torfol	Massed Start
Deifio	Diving
Dirprwy Rheolwr	Deputy Manager
Disgen	Discus
Dosbarth	Category
Dosbarth Canol	Middleweight Class
Dosbarth Gor Drwm Class	Superheavyweight
Dros Glwydi	Over Hurdles
Drwm	Heavy
Dryll Peledu	Pellet Gun

E

Erlid Tîm	Team Pursuit
Erlid Unigol	Individual Pursuit

FF

Ffoil — Foil
Ffos a Pherthu — Steeplechase

CH

Chwaraeon — Games. Sport
Chwaraeon Y Gymanwlad Games — Commonwealth
Chwaraeon Olympaidd — Olympic Games

G

Gêmau'r Gymanwlad Games — Commonwealth
Gêmau Olympaidd — Olympic Games
Go Drwm — Lightheavy
Gor Drwm — Super Heavy
Gwarchodydd — Chaperone
Gwarchodwraig — Female Chaperone
Gwaywffon — Javelin
Gwn Saethu — Shotgun
Gŵyl — Festival
Gymanwlad — Commonwealth

H

Hanner Canol — Semi Middleweight
Hanner Plu — Semi Featherweight
Hanner Trwm — Semi Heavyweight
Heb Llywiwr — Coxless
Herc Cam a Naid — Hop Step and Jump
Hwb — Jerk

I

Iau   Junior

LL

Llath   Yard
Llorwedd   Prone
Llywiwr   Helmsman

M

Milltir   Mile
Morthwyl   Hammer

N

Naid Driphlyg   Triple Jump
Naid Hir   Long Jump
Naid Polyn   Pole Vault
Naid Uchel   High Jump
Nofio   Swimming

O

Olympaidd   Olympic

P

Paffio   Boxing
Parau   Pairs
Pedwarawdau   Fours

Pencadlys	Headquarters
Pistol Aer	Air Pistol
Pistol Canol	Centre Pistol
Pistol Cyflym	Rapid Fire Pistol
Pistol Rhydd	Free Fire Pistol
Plu	Feather
Plu Ychwaneg	Featherweight Extra
Pry	Fly
Pwysau (athletics)	Weight. Shot
Pwysi	Pounds

R

Ras Heol	Road Race
Reiffl	Rifle

RH

Rhodli Parau	Pairs Sculling
Rhodli Sengl	Individual Sculling
Rhodli Ysgafn	Light Sculling
Rhwyfo	Rowing
Rhwyfo â Llywiwr	Rowing with Cox
Rhwyfo Heb Lywiwr	Coxless Rowing
Rhythmig	Rhythmic

S

Saethu	Shooting
Saethu Cyflym Pistol	Pistol Rapid Fire
Saethu Sgît	Skeet Shooting
Saethu Targed Clai	Clay Target Shootin
Saethu Trap Clai	Clay Trap Shooting
Saethyddiaeth	Archery
Safle	Position.

Sboncen — Squash
Sgît — Skeet
Sgrats — Scratch Race
Springfwrdd — Springboard
Steil Rydd — Free Style
Swm — Total
Swyddog Cludiant — Transport Officer

T

Taflu — Throw
Tenis Bwrdd — Table Tennis
Tîm — Team
Tir Newydd — Newfoundland
Tor-orwedd — Prone Lying
Traws Gwlad — Cross Country
Trawst — Beam
Treial Amser — Time Trial
Treial Tîm ar Ras Heol — Road Race Team Trial
Tri (3) Safle — Three (3) Position

U

Ugeinfed Ganrif — Twentieth Century
Unigol — Individual
Uwch-frigadydd — Major General

Y

Ymaflyd Codwm — Wrestling
Ymarfer Llawr — Floor Exercises
Ymerodraeth — Empire
Ysgafn Canol — Light Middle
Ysgafn Welter — Light Welter

www.ingramcontent.com/pod-product-compliance
Lightning Source LLC
Chambersburg PA
CBHW071430300426
44114CB00013B/1372